温良にして厳正

良寛さん

—幸せに生きる心—

目次

はじめに

越後の自然・風土を生きた良寛さん

良寛禅師の墓

一、良寛の生活した地を知りたい

良寛ゆかりの地を訪ね始めて五十年。自分の生き方の理念を良寛という人の何かに求めたいという心情が、心のどこかにひそんでいるように思われてなりません。

隆泉寺の良寛の墓の前に立つたびに限りない思いが浮かびます。

「温良ニシテ厳正」（『良寛禅師奇話』）という良寛の人間性です。良寛の人格の究極を表わしていると思います。

良寛は、どうしてこのような人であったのでしょうか。

その生活はどこでどんな風に行われていたので

しょうか。

その時々の良寛の心は、どうであったのでしょうか。

二、良寛という人の真価を求めたい

「師　平生ノ行状、詩歌中ニ具在ス」(『良寛禅師奇話』)と、いわれています。

良寛の詩歌そのものに、良寛の生活の実態や人格の様相が存在しているというのです。

まさに良寛という人の真価は、彼の詩歌や書の芸術性に求めることができるものと思います。

また一方、良寛自身の修行、宗教性に見出せるものと思います。座禅による真理の追求、悟りへの自覚が、日々の生活の姿として表われているのです。

子どもらとの手まり遊びなどに具現されているのだと思われます。

自らに厳正である姿としての詩歌や、書への厳しい錬磨と、座禅の修行による悟りの境地が、子どもらとの手まり遊びとなって温良な人間性のみなぎる姿が平生の生活に見られたのではないでしょうか。

人は、その人となりによってのみ幸福たりうるものと考えます。

良寛は自らの生活の中で無心に自らの人となりを高めることを幸せに思っていたのではないでしょうか。

三、越後の自然・風土を生きた良寛ゆかりの地＝その七十有余の地域をＤＶＤに＝

他人にはつきせぬ深さ、あたたかさ、自らにはきびしい人となりの良寛。その日々、平生の生活の中でねり上げられた詩歌や書の芸術が生まれた越後の自然・風土を見極めることに願いを込め、藤田均氏とその地を訪ねて現在に残るゆかりの地をＤＶＤに制作しました。その内容構成は次のようであります。

㈠　良寛ゆかりの地を訪ねて―良寛の生涯編―

・橘以南生誕地・良寛堂（良寛の生誕地）
・大森子陽の墓・光照寺・郷本空庵跡・五合庵・乙子神社・照明寺密蔵院・原田家
・解良家・阿部家・塩入峠・木村家・隆泉寺（良寛の墓）・閻魔堂（貞心尼）

㈡　市町村編（四巻）
(1)・三島郡出雲崎編・長岡市与板編・長岡市寺泊編・弥彦村編・新潟市、新飯田編
(2)・燕市分水編・長岡市編
(3)・長岡市和島編・三条市編・柏崎市貞心尼編・魚沼市貞心尼編
(4)・新潟市編・糸魚川市編・柏崎市貞観園編

㈢　「良寛ゆかりの地」テーマ別内容編
(1)　良寛の生涯をたどる
(2)　良寛と貞心尼ゆかりの地
(3)　良寛と出家
(4)　良寛と手まり
(5)　良寛と親しかった家々
(6)　良寛の住まいした庵など
(7)　良寛とその資料館
(8)　良寛とその像・詩歌碑

企画監修　中川幸次
撮影制作　藤田　均

（全十三巻。各巻約三十分〜六十分）

このＤＶＤは、新潟市古町通二番町の「ふるまち良寛てまり庵」に保管し、ご利用いただいております。又、新潟県内の出雲崎・良寛記念館、長岡市・中央図書館などの公共施設に所蔵されています。

四、良寛の「温良厳正」を求める内容構成

「世の中にまじらぬとにはあらねどもひとりあそびぞ我はまされる」

五合庵、乙子神社の前に立って思い浮かべてはじーんとくる歌です。

この庵で自己に厳しく、じっと〝寒山詩〟をひもどき、〝萬葉集〟を極め、〝秋萩帖〟や懐素の〝自叙帖〟等にいどみ、学芸の道に励んだのです。

五合庵

決して世の人々とおつきあいしないわけではないが、ひとりあそびの方が良寛にとってまさっていたのです。

良寛のひとりあそびとは、国上山の草庵にこもって、忍耐強く、座禅に徹し、詩歌、書に心を打ち込むことにあったのです。

厳しく、美しい心で良寛の生き抜いた越後の自然・風土の中での日々の生活を通して、「温良厳正」な人となりが形成されていくのです。その内容の要旨を記述したいと思います。

第一章では、良寛さんの人となりの温良にして厳正について、その意味を述べます。

国仙和尚の与えた「印可の偈《げ》」と、解良栄重《けらよししげ》のみた良寛『良寛禅師奇話』により解明を試みます。

次に「愛語」の心を大切にし、自らに「戒語」を持って生活した様子を述べます。そして、「平生の行状、詩歌中にあり」を取り上げ、「生活即芸術」について、その実践の姿を述べたいと思います。そして良寛の〝手まり遊び〟と〝座禅の修行〟を述べ、彼の人となりとしての「温良にして厳正」の中味を明確にしていきたいと考えています。

第二章では、良寛自らの人間形成の基盤について、㈠家での学び、㈡大森子陽塾での人間づくり、㈢出家と禅の修行、㈣自らを試す諸国行脚の様相を述べたいと思います。

手まり遊びに興ずる良寛さん（こしの千涯画）

第三章では、生活即芸術の探求について、㈠帰郷への心意と越後の自然風土への憧れをさぐり、㈡乞食草庵生活に徹した姿を探っていきたいと考えています。さらに㈢芸術への修錬の厳しい生活の様相を、「歌の心」、「詩の思想」、そして「書は人なり」の項を立て、良寛自身の歌、詩、そして書の実際を通してその人となりの実相を探りたいと思います。

第四章では、余り研究途上に示されていない長岡とのかかわりについて、良寛の長岡への托鉢行脚の事実を紹介したいものと考えております。長岡への托鉢の道、どこへ来たのか、どんなかかわりがあったのかを述べてみたいと思います。

とりわけ、良寛の晩年に出会った貞心尼を取り上げ、主として二人の愛の相聞歌『蓮の露』により、良寛の深い人間愛に着目したいと考えております。

最後の第五章では、〝今、良寛さんを学ぶ〟として、良寛さんの人間性に何を学ぶことができるのか謙虚に探求の心を尽くしてみたいと思います。

第一章

温良にして厳正　—良寛さんの人となり—

良寛の「温良厳正」の人となりについて、その事実の大切な記録が二つ残されています。

その一つは、大忍国仙の与えた「印可の偈《げ》」であります。

その二は、解良栄重の『良寛禅師奇話』であります。

これらの二つの記録に基づいて、良寛の人となりを述べてみたいと思います。

一、国仙和尚の与えた「印可の偈」

良寛は十八歳で出雲崎の曹洞宗光照寺玄乗破了和尚のもとに剃髪参禅し、座禅に励み、二十二歳の頃、越後へ巡錫《じゅんしゃく》してきた大忍国仙和尚に得度を受け、和尚について備中玉島（現倉敷市）円通寺で厳しい禅の修行に励みます。

三十三歳、国仙和尚から「印可の偈」（一種の卒業証明を詩の形で述べたもの）を与えられました。

良也如愚道転寛
騰騰任運得誰看
為附山形爛藤杖
到処壁間午睡閑

良や愚の如く道転《うた》た寛《ひろ》し
騰騰任運《とうとうにんうん》誰か看るを得ん
為に附す山形爛藤《さんぎょうらんとう》の杖
到る処の壁間午睡の閑

良寛は、まるで愚のようだが、その悟りは、いよいよ、ひろやかである。

何もはからうことなく、道を行じるその境涯を、誰がのぞきえよう。

良寛の悟りの証明のために、山にあった自然のま

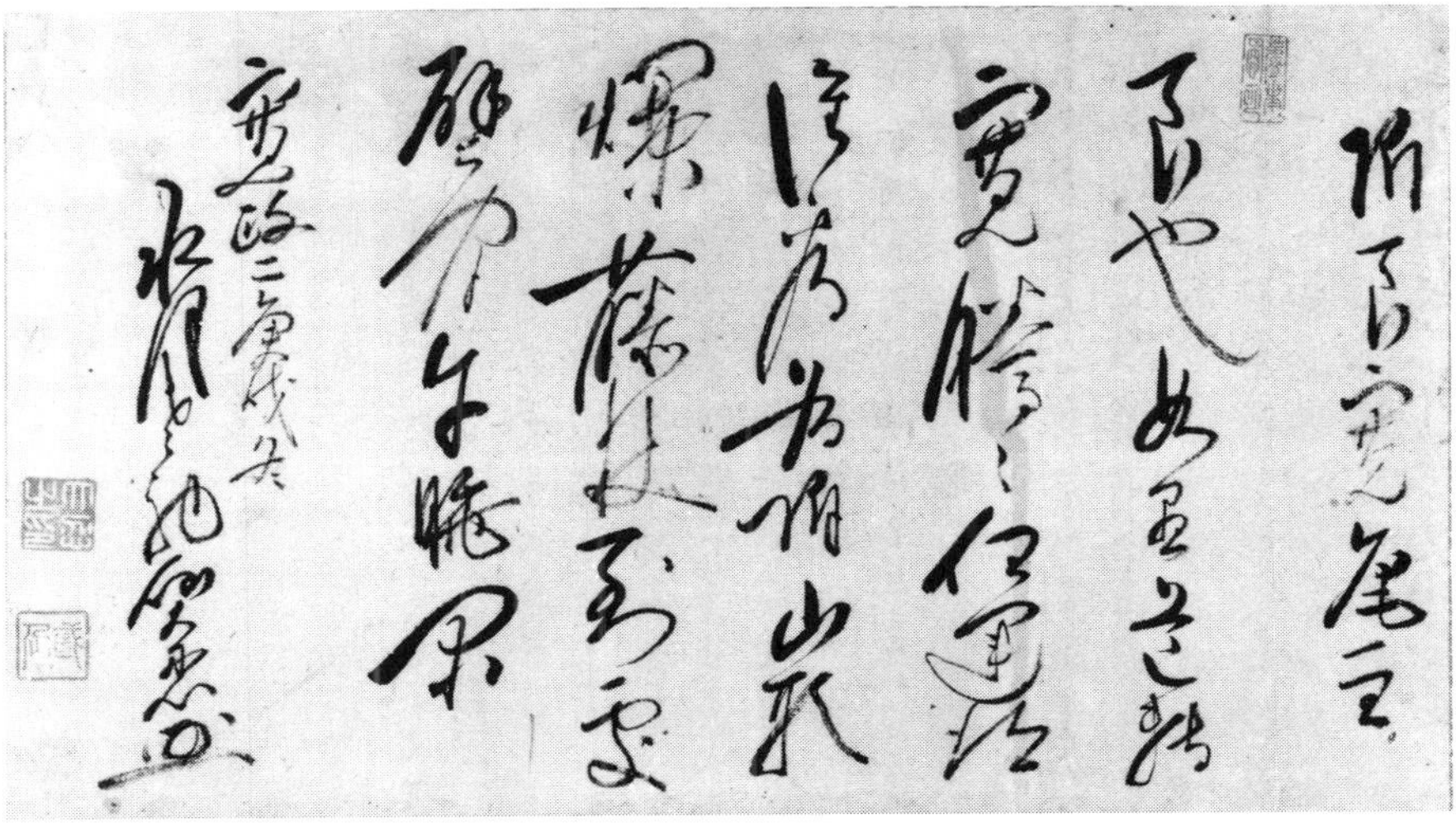

国仙和尚から与えられた「印可の偈」

まの杖を授けよう。

どこでも、昼寝のときは壁にでも、よせておけばよい。さらに聖胎長養《しょうたいちょうよう》（悟りの境地を生活の中でさらに練りあげていくこと）していくように。

（竹村牧男氏本『良寛』）


国仙和尚ほど青年時代の良寛の人間形成をよく理解していた人はいないと思います。

「良や愚の如くして道うたた寛し」、「騰々任運、誰か見ることを得ん」といい、良寛の人となりを見抜いて述べているのです。

外見はまるで愚人のように見え、ゆったりと自然にすべてを任せて行動し、内実は、黙々と自己に厳しく正しい道を修め、実践につとめて、真理の道を求める人として生きている姿を、誰も見抜くことができないだろうというのであります。

この偈に込められている意味は、良寛のこの後の約四十年に及ぶ生涯の生き方の根本を成しています。良寛はこれを死ぬまで身から離さなかったといわれています。

「良や愚の如く道うた寛し」。この第一句に「良」と「寛」を示し、まさに良寛の名を言い表わしているのではないかと考えられます。そして「愚の如く」といい、一見愚の如く見えるけれども、愚そのものではなく大悟の境地にあることを意味しているのではないでしょうか。だから、第二句の「騰々任運《にんうん》誰か看るを得ん」と言い、騰々としてすべてを天真に任せきっている良寛の資質、人柄を表わしているのではないでしょうか。

それで国仙和尚は、良寛の悟りの証明のために、山にあった自然のままの杖を授けたのです。

そして、どこでも昼寝をしているときは、壁にでもよせておきなさい。そのように閑《のどか》な姿で、これからずっと、悟りの境地を生活の中でさらに練りあげていくようにしなさいと言っているのです。

この偈にこそ、良寛の人となりを見抜き、言い表わし、座禅の境地を得る生活を生涯やり通すようにさし示しているように思われます。

良寛は、その後、約四十年にわたる生涯の生活に、この師の教えを心に秘め、生を全うしたのです。

良寛は諸国行脚の後、国上山の庵住生活の様子を多くの詩に残しています。

生涯懶立身　生涯、身を立つるに懶《ものう》く、
騰々任天真　騰々、天真に任《まか》す。
嚢中三升米　嚢中《のうちゅう》三升の米、
爐邊一束薪　炉辺一束《いっそく》の薪《たきぎ》。
誰問迷悟跡　誰か問はん、迷悟の跡、
何知名利塵　何ぞ知らん名利の塵《ちり》。
夜雨草庵裡　夜雨草庵の裡《うち》、
雙脚等閒伸　雙脚等閑に伸ばす。

世の中に身を立てて、何事をか仕出かすということがいやで、ぼんやりとして、あるがままの天然自然の真理に自分を任せきっている。

頭陀袋の中には托鉢でえた三升の米があり囲炉裏のそばには、一たばの燃し木がある。米と燃し木、この外に何が要《い》ろうか。

迷いだ、悟りだというようなことは、もはや自分

円通寺本堂前の若き日の良寛像

にはどうでもいい世界だし、まして名誉や利益など、自分の関《かか》わり知ったことではない。
夜の雨降る静かな庵の内に、二本の足を所在なく伸ばしているだけだ。（吉野秀雄氏本『良寛和尚の人と歌』）

これは、良寛の五合庵時代における詩です。「印可の偈」の「騰々任天真」や「雙脚等閒伸」の句は、「騰騰任運得誰看」や「到処壁間午睡閑」の句の境地を受け継いでいる心境での生活の表われと思われます。

日が沈めば国上の山路を越え、五合庵に入り、独座して座禅に励み、越後の雪の冬はもとよりのこと、雨の降る日には、庵にあって、歌を詠じ、詩を賦して、寒山詩等や万葉集を読み、懐素の自叙帖、伝道風の秋萩帖の古典書の練習に厳しく励んだことでしょう。

円通寺を去ってからの生活の心境を詠じた次のような詩があります。

自出白蓮精舎会　白蓮精舎《びやくれんしょうじゃ》の会《え》を出でしより
騰騰兀兀送此身　騰騰兀兀《とうとうごつごつ》として此の身を送る
一枝烏藤長相随　一枝《し》の烏藤《うとう》長く相随う
七斤布杉破如烟　七斤《きん》の布杉《ふさん》破れて烟の如し
幽窓聴雨草庵夜　幽窓雨を聴く草庵の夜
大道打毬百花春　大道毬を打《だ》す百花の春
前途有客如相問　前途客有りて如《も》し相問わば
我是昇平一閑人　我は是れ昇平《しょうへい》の一閑人

円通寺僧堂を脱け出して以来、
何もはからわず、無心の境涯を長養して日々すごしている。
一本の黒い杖はずっとたずさえてきたが、身体をおおう衣は、どこも破れて形をのこしていない。
静かな夜、草庵の窓を叩く雨の音に聞きいったり、
街に出ては、花の下で手まりをついたりして日々を送っている。
いつか、誰かがこの私の心を問うとするなら、私は、妄情を払い尽くして閑に生きるのみと答えよう。（竹村氏本）

また次のような「柱杖詩」があります。

一条烏藤杖　一条の烏藤杖《うとうじょう》
不知誰氏伝　知らず、誰氏の伝うるかを
皮膚長消落　皮膚長く消落し
唯有真実存　唯《た》だ真実の存する有るのみ
多年試深浅　多年、深浅を試み
幾度経艱難　幾度艱難《かんなん》を経たり
如今靠東壁　如今《にょこん》東壁に靠《よ》り
等閑打孤眠　等閑に孤眠を打《だ》す。

一本の黒々とした藤の古木の杖。
どのようにしてもらったかも忘れた。
まわりの皮はすっかりはげおちて、
ただその内実のみがのこっている。
この杖をひきいて、長いこと多くの師匠の境涯の深浅をさぐり、
何回かあぶない目にもあった。
今は、草庵の東壁に何事もなかったかのようにた

てかけて、
何の気がねもなく、一人うたたねするばかりだ。
（竹村氏本）

また「一枝の杖」について次のような詩もあります。

我是西天老僧伽　我は是れ西天《さいてん》の老僧伽《そうぎゃ》
晦跡国上不記春　跡を国上《くがみ》に晦まして春を記さず
幾領布杉朽烟霧　幾領の布杉《ふさん》烟霧に朽ち
一枝烏藤永随身　一枝の烏藤永く身に随う
行遠碧澗吟歌曲　遠く碧澗《へきかん》に行きて歌曲を吟じ
坐見白雲出嶙峋　坐して見る白雲の嶙峋《りんしゅん》を出ずるを
悲底浮世名利客　悲しい底《かな》浮世名利の客
生涯区区走風塵　生涯区区として風塵に走る。

私はインドに発する仏教の年老いた僧である。

国上山の庵に退いて何年たったであろうか。

わずかな衣も破れはててなきものに等しく、
ただ一本の黒い杖のみが、ずっと私とともにある。

あるときは遠い渓谷を訪ねてその風光を味わい、
あるときは、庵に居ながら白雲が重なり合う山の間からわくのを見ている（こんな無心、自由の生活よりすばらしいものがあろうか）。

世間で名利にのみ生きる者は、悲しいことである。

一生、あくせくして、俗世の煩悩にかかり立てられるだけだ。（竹村氏本）

良寛は恩師大忍国仙の死後、円通寺を出でて以来「印可の偈」を胸にし、師からもらった「山形爛藤杖」をたずさえていたことを詩に残しておりました。

「白蓮精舎の会を出でしより」「一枝の烏藤長く相随う」ということから、諸国行脚を始めて以来持ち続けていたことがわかります。

さらに、「柱杖詩」に「一条の烏藤杖」を持ち続け「多年の深浅を試み、幾度か艱難を経たり」と詠じ、自らの印可された悟りが、諸国の禅門の老師に認められるかを問答し合い、商量していたのです。

　良寛にとって此の「一枝の杖」は、師国仙に自らの生涯の生き方を認められたと同時に、宗団を離れて仏道の示す真理を求めて生活していこうとする、禅の修行に徹しようとする唯一のしるしであるといえるのではないでしょうか。

　さらに良寛は、諸国行脚の後、国上山麓の五合庵と乙子神社の草庵生活が三十年余り続けられました。

「我は是れ西天の老僧伽」（私はインドに発する仏教の年老いた僧である。）と詠じ、自らを老僧伽と詠じていることから、五合庵生活の終り頃か、乙子神社草庵時代の生活の詩と考えられます。そして「一枝の烏藤永く身に随う」（ただ一本の黒い杖のみが、ずっと私とともにある。）と詠じていることから、良寛が晩年まで、師国仙に学んだ禅修行の精神が一貫して良寛の生き方の根本となっていたと言えると信じます。

良寛の人となりの形成の本質が「一枝の杖」に込められていたものと考えます。

　そして、先に述べたように「生涯、身を立つるに懶《ものう》く」「騰々、天真に任《まか》す」という良寛の人となりの本性が、師国仙の「印可の偈」によって見抜かれ、良寛自身が生涯をかけて徹し続けられて形成されたものと信じます。

「騰々、天真に任《まか》す」という良寛の真意について見てみましょう。

　先にも述べましたが「騰々兀兀として此の身を送る」は何もはからわず、無心の境涯を長養して日々すごしているというのです。

此生何所似　　此の生《しょう》何の似たる所ぞ
騰騰且任縁　　騰騰《とうとう》且つ縁に任す
堪笑兮堪嘆　　笑うに堪えたり嘆くに堪えたり
蕭蕭春雨裡　　蕭蕭《しょうじょう》たり春雨の裡《うち》
庭梅未照筵　　庭梅は未だ筵《むしろ》を照らさず
終朝囲爐坐　　終朝爐《いろり》を囲んで坐し
相対也無言　　相対して也《ま》た言《ことば》なし

背手探法帖　手を背にして法帖を探《さが》し
薄云供幽間　薄《いささ》か云《ここ》に幽間《ゆうかん》に供す

いったい、この生き様をどういえばよいのだろうか。

何のはからいもせずに、縁に任せるのみだ。
自嘲もし、一人嘆きもするが、
自分は俗人でもないし、僧でもない、根っからの自由人なのだ。
わびしく春雨のふる中、
庭の梅はまだ咲くには早い。
一日中、いろりのそばにあって、
火を見つめつつ黙っている。
おもむろに書の手本を取り出して、
この静かな時間の楽しみとした。（竹村氏本）

良寛は自分の生き様を何のはからいもせずに、気ままにのんびりと自然の因縁に任せることに明け暮れていたというのではないでしょうか。あとでも述べますが、良寛はひとり遊びを此の上ない悦びと思って生活していたのです。良寛のいうひとり遊びとは、普通の遊びではないのです。学芸への挑戦としての詩を作り、和歌を詠み、古典法帖の書の練習に励み、経典の勉強に励み、さらに座禅に徹し、自らの心を耕し続ける生活そのものであったのだと思います。「騰々且つ縁に任す」という生き方の厳しさを楽しみと思い自らの生活の幸せと考えていたのです。騰々という良寛の生き方の深さに只只感服せざるを得ません。

「騰々任運《とうとうにんうん》」と「偈《げ》」に示された良寛の聖胎長養《しょうたいちょうよう》する姿はいろ〳〵な生活の場面に見られます。子供らと遊ぶ良寛の詩を見てみましょう。

富貴非我事　富貴は我が事に非《あら》ず
神仙不可期　神仙は期すべからず。
満腹志願足　腹を満たさば志願足る
虚名用何為　虚名用《も》って何為《なんす》るものぞ。
一鉢到處携　一鉢到る処に携《たずさ》へ
布嚢也相宜　布嚢《ふのう》また相宜し。
時來寺門傍　時に来る寺門の傍《かたわら》

偶與兒童期　偶《たまたま》 児童と期す。
生涯何所似　生涯何の似たる所ぞ
騰騰且過時　騰《とう》々且《しばら》く時を過ごす。

。「騰々」—物に拘泥せず自由なこと。

金も官位も　ほしくない
仙人などに　なれはせぬ。
腹一ぱいで　ことたりる
あだな名誉は　何にする。
どこへも鉢の子　持ってゆき
頭陀ぶくろをも　持ってゆく。
時には寺の傍《そば》へ来て
子供といっしょに　遊んでる。
こんな生涯　どこにある
気のむくままに　世を過ごす。

（渡辺秀英氏本『良寛詩集』）

此の詩に込める心情は、「生涯身を立つるに懶く」「騰々として天真に任す」という詩と本質は同じいと思います。これは良寛の草庵生活に徹することに立脚しています。「富貴は我が願に非《あら》ず」「神仙は期すべからず」の詩は、「一鉢到る処に携《たずさ》へ」て托鉢での生きる生活の姿を示しています。さらに窮極のところ「偶《たまたま》 児童と期す」と言い、無邪気な子供たちと無心に遊び、気のむくままに世を過ごす生活に徹しているのです。

人間の生にとって、こんな生涯どこにあろうかと思いながらも、真の自由を具現しようとすることを心ゆくまで楽しんでいこうとする深く豊かな気慨すら感じます。まさに子供らに対する大悲の心の宗教性に拠るものではないでしょうか。

ここでもう一度、師国仙の与えた「印可の偈」にかえってみましょう。

良寛は今の時代でいえば大学を卒業する二十二歳から十二年間、師国仙のもとで厳しい禅の修行を受け、その悟りの境涯を認められ、その証明として、山の自然のままの杖を授けられました。そしてさらに聖胎長養《しょうたいちょうよう》していくようにという印可の偈を受けたのです。

孔子の論語にいう「三十にして立つ」頃であり、社会的に独立した生活に踏み出す節目に、自分の立場を反省して自覚ある将来の生き方を深く考える時期といえるでしょう。

仏教への真理追求の上で、まさに聖胎長養の悟りの境地を生活の中でさらに練りあげていくことと一致していると考えられます。

良寛は、以後諸国行脚を通して悟りの確かめに心を打ち込み、さらに草庵生活に徹し、托鉢に生の本質を見出し、芸術の道を極め、「騰々任運」の生き方に厳しく徹し続けたのであります。

冒頭にも述べたように、良寛の人となりを看破していた師国仙は、弟子良寛を信頼して送り出したのだと考えます。

後日の詩「読永平録」に、宗祖道元の「正法眼蔵《しょうぼうげん》」に接し、僧として、仏教への道を実践したい心情が示されています。

春夜蒼茫二三更　**春夜蒼茫《そうぼう》たり二三更《こう》**
春雨和雪灑庭竹　**春雨雪に和し庭竹《ていちく》に灑《そそ》ぐ。**
欲慰寂寥良無由　**寂寥《せきりょう》を慰めんと欲して良《まこと》に由無く**
晴裏模索永平録　**晴裏模索《もさく》す永平録。**
燒香點燈靜披見　**香を焼《た》き灯を点《てん》じ静かに披《ひら》き見るに**
一句一言皆珠玉　**一句一言皆珠玉。**
憶得疇昔在玉島　**憶《おも》い得たり疇昔《ちゅうせき》玉島に在りて**
圓通之先師　**円通の先師**
提示正法眼　**正法眼《しょうぼうげん》を提示せしを。**
當時已有景仰意　**当時已《すで》に景仰《けいごう》の意《こ》有り**
為請拜閲親履践　**為に拝閲を請い親しく履践《り》す。**
始覺從前漫費力　**始めて覚《さと》る従前漫りに力を費せしを**
由是辭師遠往返　**是由《これよ》り師を辞し遠く往返す。**

（以下略）

春はほぐらく夜は更けて
雨と雪とが竹に降る。
寂しさやらんすべもなく
正法眼蔵取りいだす。

香華たむけておし開く
一言一句あな尊と。
思えば昔玉島の
円通寺にて国仙は
正法眼蔵示された
当時、敬《うやま》い慕いつつ
読ませてもらって行《おこな》った
無駄骨折りし前非《ぜんぴ》悔《く》い
師のもと離れ行脚した。
（渡辺氏本）

師国仙は、すべての弟子たちに永平録を見せてはいないようです。良寛は師国仙に信頼されて正法眼蔵の提示を受けたものと思われます。その時期は、師国仙のもとを辞す以前であったことはわかります。良寛は、諸国行脚後の草庵生活の折りに真剣に読み続けていたものと思います。

　良寛が正法眼蔵を深く読んだことは極めて意味深いものがあるのではないでしょうか。

「印可の偈」に示された心を良寛なりに深く受けとめ、自らの自覚によって、生涯、僧として仏教の真理を生きようとする厳しい信念が見えるようです。例えば、「始めて覚る従前漫りに力を費せしを」と詠じていることから、今までは、只管に自分のためにのみ修行に励んでいたことに反省の心を厳しく向け、他に尽くすという利他への修行に深い自覚を抱いて師国仙を辞し、諸国行脚への決意をしたものと考えます。

「印可の偈」を受けて以後、生涯の修行の生活の具現に、師国仙の提示された正法眼蔵が大きなきっかけとなったものと思われます。

　良寛は師国仙に愚の如くといわれ、悟りの境を認められ、道転た寛しといわれ、寛容な人として生きなさいと愉されたことを肝に銘じ、自らの人となりを無心に形成する生活を続けたものと考えます。

二、解良栄重の見た良寛　＝『良寛禅師奇話』＝

(一) 解良栄重と『良寛禅師奇話』

解良《けら》栄重《よししげ》は一八一〇年（文化七年）に生まれ、一八五九年（安政六年）に五十歳で没しました。

良寛が七十四歳で亡くなった時、栄重は二十二歳でした。栄重の父は解良叔問《しゅくもん》といい、解良家第十代にあたり、温厚篤実な人で、地域の人から尊敬され、学問、和歌に優れ、原田家、阿部家と共に良寛の庇護者として物心両面にわたり援助し、良寛と親しく交わっておりました。叔問への良寛の書簡が二十一通も残されており親密の様子が伺われます。

栄重が生まれた時、良寛は五十三歳で、五合庵で詩、歌そして書の古典に深い関心を寄せ、芸術への心の集中が為されていた時代でありました。解良家へは繁く出入りし、栄重らと親しく接していたものと考えられます。

栄重は、生まれてから、幼少年時代、青年時代の感受性の強い成長変動期に、良寛と生活を共にし、彼の人柄に触れ、感化を受けていたと思われます。

叔問の没後、長子、次子の早世のため、末子であった栄重が十九歳で、解良家第十三代をついだのです。栄重は父親叔問ゆずりで、学問を好み、江戸へ出て、橘守部等に、国学や和歌を学びました。また、越後に来て、解良家に滞在した学者から教えを受けています。

庄屋役としても、村民から慕われ、村上藩主からの信頼が大きく、所管の村々は四十余か村に及んだそうです。解良家歴代の最盛期を成し遂げたといわれています。

栄重は、良寛の死後、一八四七年（弘化四年）頃に『良寛禅師奇話』を書き上げているようです。原本は十行の罫紙二つ折り十四枚に半紙の表紙をつけ、右側上部に『良寛禅師奇話』と記されています。大きさはＡ４判よりやや大判です。もう一冊は『良寛禅師奇談後編』と朱墨で書かれています。（『良寛禅師奇話』については、馬場信彦氏の『良寛禅師奇話』―平成七年版―野島出版・及び加藤僖一氏の

『良寛と禅師奇話』―一九八〇年版―考古堂―参照)

良寛と自分の家で直接に接していた栄重は、良寛の生活の実際の様子や、その人となり、人から聞いた行状などを集め『良寛禅師奇話』として書き残しました。

良寛の五合庵時代から晩年に及ぶ、その人間性の全体の姿を直接に自らの目で見た記録として、残された良寛研究の最も信頼できる資料と言えると考えます。『良寛禅師奇話』はとりわけ、良寛が自らの宗教観を生きようとして、ふるさとへ帰り、越後の自然風土の中で、村人たちとともにおだやかにあたたかく生きる様子を知ることができる最も重要な資料であります。

以下に、〝良寛のおだやかにあたたかい姿〟という面から『良寛禅師奇話』を通して追求してみたいと思います。

(二) 良寛のおだやかにあたたかい姿

栄重が、良寛の人間性の全体像をとらえているのは五十一話だと思います。中でもその良寛像を「温良ニシテ嚴正」と思い続けています。そこで、馬場信彦氏本『解良栄重　良寛禅師奇話　解説』と、森正隆氏本『ある日の良寛さま』を基にして良寛の人間性について考えてみたいと思います。

(原文)

師神気内ニ充テ秀発ス其形容神仙ノ如シ長大ニシテ清癯隆準ニシテ鳳眼温良ニシテ嚴正一点香火ノ氣ナシ余牆高クシテ宮室ノ美ヲミル事ナシ今其形状ヲ追想スルニ當今似タル人ヲ不見鵬斎曰喜撰以後此人ナシト（傍点、筆者）

(読み)

師《し》、神気内《しんきうち》に充《み》ちて秀発《しゅうはつ》す。その形容神仙《けいようしんせん》のごとし。長大《ちょうだい》にして清癯《せいく》、隆準《りゅうせつ》にして鳳眼《ほうがん》、温良《おんりょう》にして嚴正《げんせい》、一点香火《いってんこうか》の氣《き》なし。余《よ》、牆高《しょうたか》くして、宮室《きゅうしつ》の美《び》を見ることなし。今《いま》、その形状《けいじょう》を追想《ついそう》するに、当《とう》今似《こんに》たる人を見ず。鵬斎曰《ぼうさいいわ》く、喜撰《きせん》以後この人なしと。)

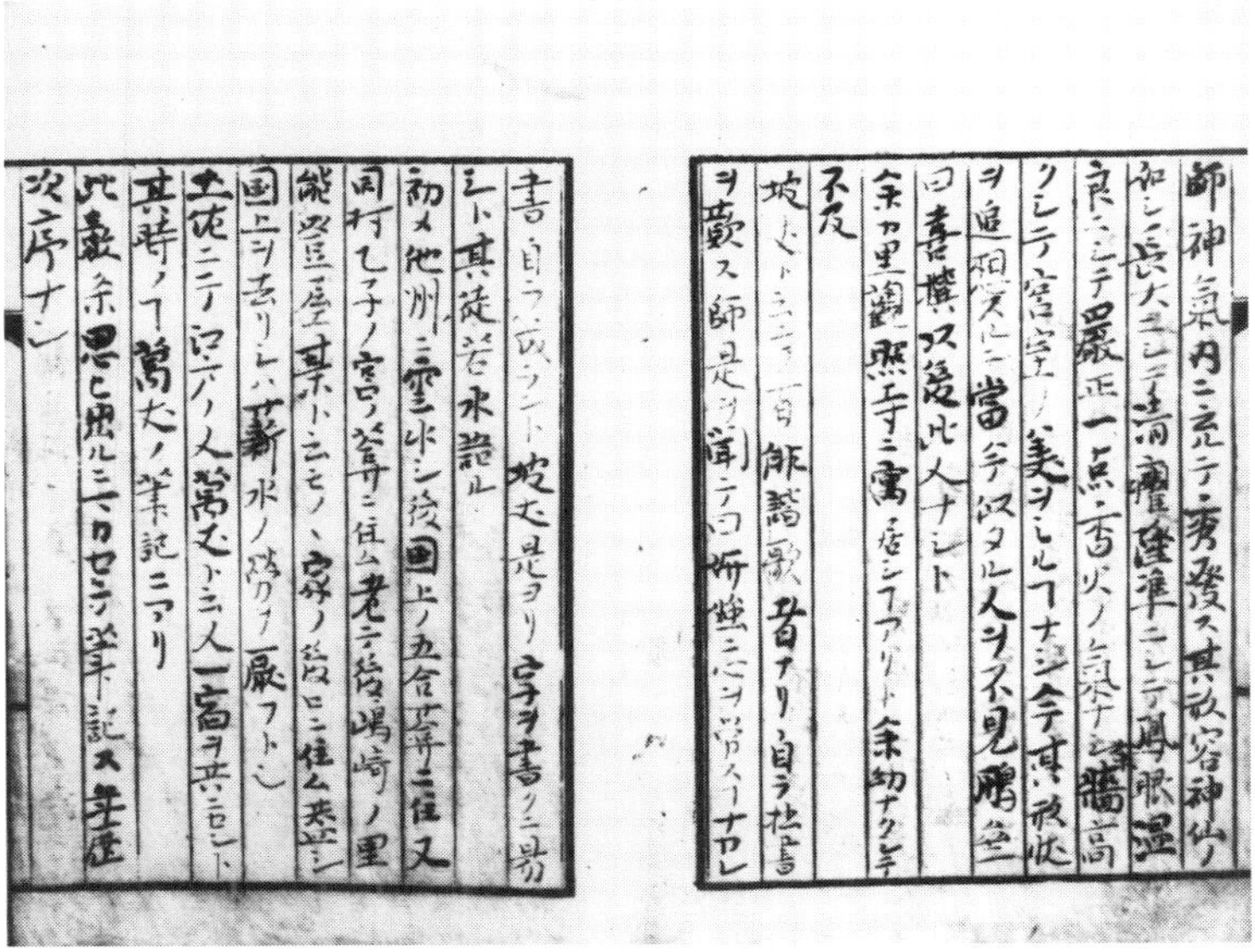

師神氣内ニ充テ秀發ス其形容神仙ノ
如シ長大ニシテ清臞隆準ニシテ鳳眼温
良ニシテ嚴正一点香火ノ氣ナシ嵩高
クシテ宮室ノ美ヲミルコトナシ今其[illegible]
ヲ追想スルニ當テ没タル人ヲ不見鵬齋
曰喜撰以後此人ナシト
余カ里[illegible]寺ニ寓居シテアリシト余幼ナク手
不及
坡ト云テ一首[illegible]歌[illegible]ナリ自ラ[illegible]
ヲ歎ス師是ヲ聞テ曰[illegible]

書自ラ成ラント坡丈是ヨリ字ヲ書クニ[illegible]
ニト其徒[illegible]
初メ他州ニ雲水シ後國上ノ五合菴ニ住ス又
同村乙子ノ宮ノ菴ニ住ム老テ島崎ノ里
能登屋某ト云モノヽ家ノ後ロニ住ム[illegible]
國上ヲ去リシハ薪水ノ労ニ[illegible]
土佐ニテ江戸ノ人萬丈ト云人一宿ヲ共ニセシト
其時ノ事萬丈ノ筆記ニアリ
此[illegible]余思ヒ出ルニ任セテ筆記ス年歴
次序ナシ

解良栄重著『良寛禅師奇話』

（意味）

師は、内にある精神が優れていたため、見るからに凡人とは異なり、物語りにある仙人を感じさせるものがあった。長身痩軀、鼻が高くて、鳳凰を思わせる切れ長の眼、人に接する温かさとともに自己を律する厳しさがある。師の全身からは少しも抹香臭さを感じさせなかった。私にとっては師の垣根は高く、その優れた学問を覗き見ることさえできなかった。いまこうして、亡くなった師の面影を追想すると、師に匹敵する人はもういないようである。亀田鵬斎先生も言われていた。このような高邁な精神の持ち主は、喜撰法師以後、師だけである、と。（馬場氏本）

また、宗教家で、僧侶の森正隆氏は、五十一話の意味を次のように述べています。

「良寛さまは、何ともいえない神々《こうごう》しさをあたりに漂わせていられました。そのお姿は神様というべきか、仙人というべきか、とにかく気高《けだか》いものでした。お背は高くて大型、スラリ痩型《やせがた》、お鼻は高く眼は鳳凰《ほうおう》の眼のように細長くて、目尻が上がっていました。お人柄はおだやかな中にキリッとしておられ、抹香臭《まっこうくさ》いところが少しもありませんでした。私にとっては、丁度垣根が高くて庭の中にある立派なご殿が見えないように、お姿はよく知っていながら、お人柄の中身までは充分伺えなかったようです。今、その面影を思い起こしますと、今時、良寛さまとよく似たお人を見ることはできません。江戸の文人亀田鵬斎《ぼうさい》が、喜撰《きせん》（平安時代の歌人、六歌仙の一人）以後こんな立派な人は出ないと云いました」（森氏本）

×　×　×　×　×　×

「師、神気内に充ちて秀発す。その形容神仙のごとし」について、「師は、内にある精神が優れていたため、見るからに凡人とは異なり、物語りにある仙人を感じさせるものがあった」「良寛さまは、何ともいえない神々しさをあたりに漂わせていられました。そのお姿は神様というべきか、仙人というべきか、とにかく気高いものでした」と言われております。

栄重は『奇話』に内面性の深さを述べ、その人間性の厳しさを感じとり、その故に、その表情に、神や仙人のような気高さを表わし、人間性の豊かさと厳しさを認めていると思われます。

心の内面に厳しさを持つが故に外面はかえっておだやかな姿をにじませているのだと思います。「良や、愚の如くして道うたた寛し」と師国仙が「印可の偈」に述べたと同じ深い意味を感じます。さらに「騰々任運、誰か見ることを得ん」と言っているように、ゆったりとすべてを自然に任せている姿に見えながら、内面では、厳正な修行によって会得されている真髄を、なかなか見抜くことはできないだろうということを栄重はかなり深く感じ取っていたように思われます。

この五十一話の中核は「温良にして厳正」にあります。その意味は、

「人に接する温かさとともに自己を律する厳しさ」

であり、「お人柄はおだやかな中にキリッとしておられ」るということです。

栄重は、良寛の人柄について、思いつくままに筆記したと言っておりますが、最後の方になって、良寛の人となりの全体像を「温良にして厳正」ということばにまとめあげたものといえないでしょうか。名言だと思います。

さらに良寛の姿の全貌を知るために、『奇話』の中からさぐってみましょう。

第一話。

師常ニ黙々《もくもく》トシテ動作《どうさ》閑雅《かんが》ニシテ餘有《あまりあ》ルガ如《ごと》シ
心廣ケレバ體《たい》ユタカ也《なり》トハコノ言ナラン

「良寛さまは、いつも口数が少くて、動作はのんびりとして、しとやかであったようです。心はいつでもゆとりがあって、ゆったりとしていられました」（森氏本）

第六話、その声は、

師　音吐《おんと》朗暢《ろうちょう》　讀經《どきょう》ノ聲《こえ》　心耳《しんじ》ニ徹《てっ》ス　聞者《きくもの》自《おのずか》ラ　信《しん》ヲ起《おこ》ス

「音吐朗暢、そのお声はほがらかにしてのびやかで、お経を読んでいなさるお声は聞くものの心の耳にしみ通って、自然に信仰心が起ってきたというんですからネ。これはもう、何とも早や大変なことであります。（中略）

何はともあれ、お声のよい人はまず耳もよく、音に敏感なものですから、それが証拠に良寛さまのお詠みになった和歌だの漢詩だのを拝見しておりますと、その特徴がよく伝わってくるのです。音が流れてしみ込んでくるのです。ここでいえますことは、やはりことさらがなくてさりげなく流れ出てくるのです。

心の内なるものが、極く自然にさりげなく流れ出るもんですから、それを聞いていられた人達が、素直にジィーンと胸を熱くされたんだろうと思います。」（森氏本）

第十八話　ちょっと足らんのでは、

師　平生《へいぜい》喜怒《きど》ノ色ヲミズ　疾言《しつげん》スルヲキカズ　其《その》飲食《いんしょく》起居《ききょ》舒《おもむ》ロニシテ　愚《ぐ》ナルガ如《ごと》ク

「ところで、良寛さまの素顔というものは、日頃喜怒哀楽の表情をお出しにならなかったようであります。〔喜怒の色を見ず〕又、お傍でせかせか、ペチャクチャ早口で喋っておりましても、一向に意に解せず、耳を貸そうともせずに、そしらんふりをしておられました。日常生活も悠々としてこだわりがなかったようです。〔疾言するを聞かず…〕一見して、〝このお方、ちょっと足らんのやないやろうか。…⁉〔愚なるが如し〕てな風なお方であったそうですナ。お聞き違いのないように、これは外から見た、つまり外見の良寛さまについてのこと。」（森氏本）

×　×　×　×　×　×

僧でいらっしゃる森氏の解釈は、良寛の人柄の真実の姿が思い浮かぶようです。

良寛の平生の姿は、ゆったりしていてしとやかでみやびでした。常に心に余裕があるからと思われる様子でした。栄重は漢学の心得があり、『大學』の「心広ければ体ゆたかなり」という言葉は、良寛の姿に見ることができると思っていたのではないでしょうか。

そして、良寛の声は、朗らかでのびのびしており、お経を読むときは、心の奥底までしみ通るようです。これを聞いている人々は、自ずから信仰の心が起るというのです。どんなに澄みわたり、響きわたる美しい声だったのでしょう。

前述いたしましたように、良寛は背が高くて、大柄で痩せ型であったことから、その音色につやがあり、美しい声が出たのだと思います。

その上に、良寛は「神気内ニ充テ秀発」し其形容神仙ノ」様でありましたから、彼の読経は、聞く人々にしっかりと信頼の念を起こさせたものと考えられます。

良寛の心の内面にあるものが、自ら自然のままにさりげなく流れ出て、美しい声の読経の響きと相まって、それを聞いている周辺の人々にすんなりと、胸を熱く打ち、信頼と尊敬の念をかもし出しているものと思います。

さらに、良寛は子供たちとすなおに遊んでいた様子が、『奇話』に残されています。

手マリヲツキ　ハジキヲシ　若菜《わかな》ヲ摘《つみ》　里ノ子共《ども》トトモニ群《む》レテ遊《あそ》ブ　地蔵堂《じぞうどう》ノ驛《えき》ヲ過《すぐ》レハ　児輩《じはい》必《かならず》　相追随《あいついずい》シテ　良寛サマ一貫《いっかん》ト云フ　師驚キテ後《うし》ロヘソル　又二貫ト云ヘバ　又ソル　二貫三貫ト其数ヲ増シ云ヘバ　師　ヤヽソリ反《かえ》リテ後ロヘ倒レントス　児輩《じはい》コレヲ見テ喜ビ笑《わらう》　其駅ノ長富取倉太《おさとみとりくらた》幼年ノ頃余《よ》ガ家ニ客タリ　師　共ニ宿シテ云フ　其里ノ児輩癖甚《じはいくせはなはだ》ワロシ　以後コノ事ヲナサシメザレ吾老《おい》テ甚《はなは》タ難儀《なんぎ》セ也ト　余其ノ側《かたわら》ニ在《あり》テ云フ師何ゾ労ヲシノビテ　其タハムレヲナス　不レ如《しか》自《みずか》ラナサヽルニハト　師云フ　仕来《してき》タ事ハヤメラレヌ

良寛と子供達との遊びについてはこれからいろ〳〵の場面で述べていきます。ここでは栄重が『奇話』に残している事実について触れてみたいと思います。

良寛は、手まりをついたり、おはじきをしたり、草花を摘んだりして、地域の子どもたちと遊んでいるのです。

この遊びの場面について、栄重は頭注に説明が加えられています。これは、ある年、人が物を競り売りするところを、たまたま良寛が通りかかって見た時のことであります。競り人が大きな声でその値段をいうのを聞いて、あまりの高い値段に驚いて、反りかえったのです。このようなことがあってから、子どもたちが、このような戯れをするようになったというのです。

良寛が、地蔵堂の村へやってくると子どもたちは必ずあとをつけて「良寛さま一貫！」というと彼は驚いてうしろに反りかえったのです。子どもたちはそれが面白くて何度も繰り返し言うのです。良寛は此の頃六十歳近くで老いが体にこたえていたようなのです。

栄重が幼年の頃、地蔵堂村の長と良寛が解良家に一緒に来て泊ったことがありました。その折り、良寛が倉太に「お前の村の子どもたちは変なくせがある。これからはこんなことをさせないようにしてもらいたい。私は老人だからはなはだ難儀なんだよ」

と。栄重はそばで聞いていて良寛に「お師匠さん、なぜそんなに難儀なことをしてまで子どもらと遊んでやるのですか。自分からやらなければいいんじゃないですか」と尋ねました。すると良寛は「してきたことは、今さらやめられないんだよね」と答えました。

良寛はなぜしてきたことはやめられなかったのでしょうか。子どもたちとの遊びについてどのような心情を持っていたのでしょうか。

良寛はきっと子どもたちが喜んでくれることは、自分の体がつらくてもやってやろうと思ったからではないでしょうか。彼が子どもらを可愛いがる心情の表われではないでしょうか。子どもたちの無邪気さに、自分も無邪気になって楽しみ合おうとも思ったのかも知れません。子どもたちが喜んでいるのに自分がいやな顔をしてやめてしまえば、子どもたちの喜びを止めてしまうことになると心配したのかもしれません。子どもたちと手まりをついたり、はじきをしたり、若菜を摘んだり一緒になって遊ぶことと同じように、少しぐらい苦労しても遊びを続けようと考えていたように思われます。

子どもらとはお互いに無邪気に遊ぶ、おだやかな暖かい表情の良寛の心の内面には、つらく苦しい事実にも耐え、克服し、子どもたちへの愛の行為がにじんでいたものと思います。

『良寛禅師奇話』と題して、解良栄重が残した記録のなかで、子どもらとの遊びのなかでも奇妙に思うものがあります。禁じられた遊びといわれる葬式ごっこの遊びであります。

師至ル里毎《さとごと》ニ兒輩《じはい》多く癖《くせ》ヲナシテ戯《たわむれ》ヲ
ナス何レノ里ニヤ師兒童トアソヒ能《よく》死者
ノ体《てい》ヲナシ路傍《ろぼう》ニフス兒童戯《い》ハ草ヲ
掩《おお》ヒ木ノ葉ヲ覆《おおい》テ葬《ほうむ》リノ体《てい》ヲナシ
テ笑ヒタノシム後《のち》ニ狡猾《こうかつ》ノ兒《じ》アリ師
死者ノ体《てい》ヲナセハ手ヲ以鼻《もってはな》ヲツマム師モ
久シキニ堪《たえ》ズシテ蘇生《そせい》ストコハ禅師氣《き》
息《そく》ヲ調《ととの》ヘンガタメニ如斯《ごときかく》ノ事アリシヤ

良寛がやってくる村ごとに子どもたちは、親しさの余りか、あるいは愚のような表情に見える良寛を軽くみてでしょうか、遊び合っているうちにかなりのいたずらじみた戯れを平気にやっていたようです。どこかの村で、子どもたちと遊んでいる時、よく死んだふりをして道端に伏すことがあったというのです。

子どもたちは戯れて良寛のからだを草や木の葉で覆って葬礼のようだと言って笑いあっていました。わるがしこい子が出てきて、良寛が死んだふりをしているとき、彼の鼻をつまみ、息ができないようにしたため、がまんできなくなって、とうとう辛抱たまらず、大声を立てて生きかえらずにいられませんでした。

これは、良寛が自分の息づかいを調えるためにやったことではないかと栄重は記録しているのです。

良寛と子どもたちとの遊びには互いの無邪気さから、いろいろなふざけ合うしぐさがあったり、時には行きすぎた悪ふざけもあったと考えられます。

この事例のように、良寛がとぼけてやっている姿を見ては、いたずら気から悪童連は、手を叩いて大はしゃぎをしたものの頭から胴まで草だらけの姿を見て、子どもたちは何とも申しわけなく思い、みんなで良寛を起こして、木の葉や草を払い落してやったのではないでしょうか。

前の『奇話』でも述べましたように、良寛は此の頃六十歳近くになっており、体にこたえることもなか〳〵できなくなってきていたものと想像できます。それで良寛は、葬式ごっこで体を横にして息をひそめていればいいので楽であると思ってやったのかもしれません。

栄重はこのような良寛と子どもの遊びについて、次第に年老いてきて、疲れも感ずるようになり、つらいけれども、遊びで乱れた呼吸を調整するためにやって、子どもたちと遊び続け、喜ばせてやりたい一念からやったのではないかと記録に残したのではないかと思われます。

×　×　×　×　×　×　×

良寛は「世の中にまじらぬとにはあらねどもひとり遊びぞ我はまされる」と歌っています。

「世上の人々に交はらぬときめたわけではないがさ、自分には独居の自適の方が一層工合がいい」(吉野秀雄氏著『良寛和尚の人と歌』)という意味です。村の人々とおつき合いをしないというわけではないと言っていることから世間に出て、みんなとは仲よくやっていくんだと述べているものと思います。只、ひとり遊びこそ自分にとって勝れた過ごし方はないと言い切っているわけです。そして、

栄重の『奇話』に次の記述があります。

師　常ニ言フ　吾ハ客アシラヘガ嫌セト

良寛は、常に言っていました。「自分は、客を接待するのが嫌いだ」と言うのです。きっと人が自分の庵を訪ねることを内心望んでいなかったのだと思います。

けれども世間のおつき合いはまっぴらというわけでなく、子どもらとの遊びのように、村々の人々と心の通い合う交わりをしていたようであります。そのいくつかについて、『奇話』から紹介してみましょう。

良寛は、酒ものみ、たばこも吸っています。若い頃には大変きびしい修行をされた禅僧(曹洞宗)が、平凡に普通の人と同じような生活をしていたことがわかります。

師　常ニ酒ヲ好ム　シカリト云《いえ》ドモ量ヲ超テ酔《すい》狂《きょう》ニ至ルヲ見ズ　又田父野翁《でんぶやおう》ヲ云《い》ハズ銭《ぜに》ヲ出シ合テ酒ヲ買呑《かいのむ》事ヲ好ム　汝一盃吾一盃《なんじいっぱいわれいっぱい》　其盃《さかずき》ノ数《かず》多少《たしょう》ナカラシム

××××××

良寛は平常酒が好きだったというのです。でも酒に酔っぱらって乱れたことは見たことはないというのです。時には、農家のおやじさんや村の老人などと、誰とでも金を出し合って酒を買ってきて飲むことが好きでありました。お互いに盃をやりとりして飲み合い、どちらが余計に飲むということはなかったといいます。

栄重が『奇話』の第二番目に、良寛の生活ぶりの

お酒の話を述べていることに深い味わいを感じます。そしてこのお酒の話の中に、良寛の平生の人間性を感じる重要な要素が含まれているように思われてなりません。

第一に、酒に酔って乱れたことを見たことがなかったということです。

人としての生活において、生きる自覚があり、基本的な姿勢ができているわけです。その上に、

第二に、農家のおやじさんや村の老人などとわけへだてなくつき合っていること。

第三に、だれとでもお金を出し合い、お互いに盃をやりとりして同じに飲み合っていることです。

人々の上下身分の差を考えず、誰とも差別なくつき合い、その上にみんなが同じ量を飲むことをすんなりやって、同じ金を出し合って、ワリカン酒を平等に飲んでいる人間性を見とることができます。良寛の温良で平等主義の生活態度に深い味わいを感じざるを得ません。

次の第三話に煙草の話が記述されています。

又烟草《たばこ》ヲモ好ム初《はじめ》ハ其キセルタハコ入等《いれなど》自《みずか》ラ持事《もっこと》ナシ　人ノヲモチテ吸後《すうのち》ニ自ラ持事《もっこと》アリ　其随身《ずいしん》ノ具《ぐ》　人ノ家ニ至ルゴトニ多ク忘レテ遺《のこ》ス事アリ　人教《おしえ》テ其品々ヲ書記《かきしる》シ　出立《いでたた》ントスル前　読事《よむこと》一《いっ》反《ぺん》セヨト云《い》フ師宜也《うべなり》トシテ自ラ其品《そのしな》ヲ書記《かきしる》シテ必読《かならずよむ》　今其書付某《いまそのかきつけぼう》ノ家ニアリ。

良寛は、酒と同じように煙草も好きだったのです。はじめは煙管《きせる》や煙草入れなど、自分で持たないで、人のものを使って吸っていました。後から自分のものを持って吸っていたそうです。

良寛は、物忘れが度々あったようです。身につけて、持ち歩いた自分のものを、知人の家に寄るごとに多くのものを置き忘れてしまいました。ある人が教えてやりました。〝持っている品々を書き記しておき、家を出るとき、一度必らず読みなさい〟と。良寛は、その通りだと思って、自分の持ち物を紙に書いておき、必らず読むことにしました。その書き付けが、ある家に残っております。

酒を飲み、煙草を吸うおだやかでくったくない良寛の姿が目に浮かびます。この姿は、良寛が厳しい禅の修行を終え、地方を行脚して、国上山の麓の五合庵での草庵生活に入ってからの様子であります。

ワリカンの酒を平等に村人と飲み合い、のんびりと煙管《きせる》の煙草をふかしている良寛の姿に接する人々は良寛をどういう人と見ていたでしょうか。酒が好きで、煙草を吸う平凡なちょっと風変りな坊さん位にしか見なかった人々が多かったのではないでしょうか。

随身具の書き付けは西蒲原郡粟生津村の鈴木桐軒氏の家に残されておりました。その内容は次のように書かれていました。

第一　受用具《じゅようぐ》

頭巾、手拭、鼻紙、扇子《せんす》、銭、手毬《てまり》、ハジキ、

第二　随身具《ずいしんぐ》

笠、脚絆《きゃはん》　カフカケ（布などでできた、手の甲を覆うもの）上手巾《うわしゅきん》（僧衣をしばる細紐）下手巾杖、掛絡《から》（托鉢のときなどに使う小さな袈裟）

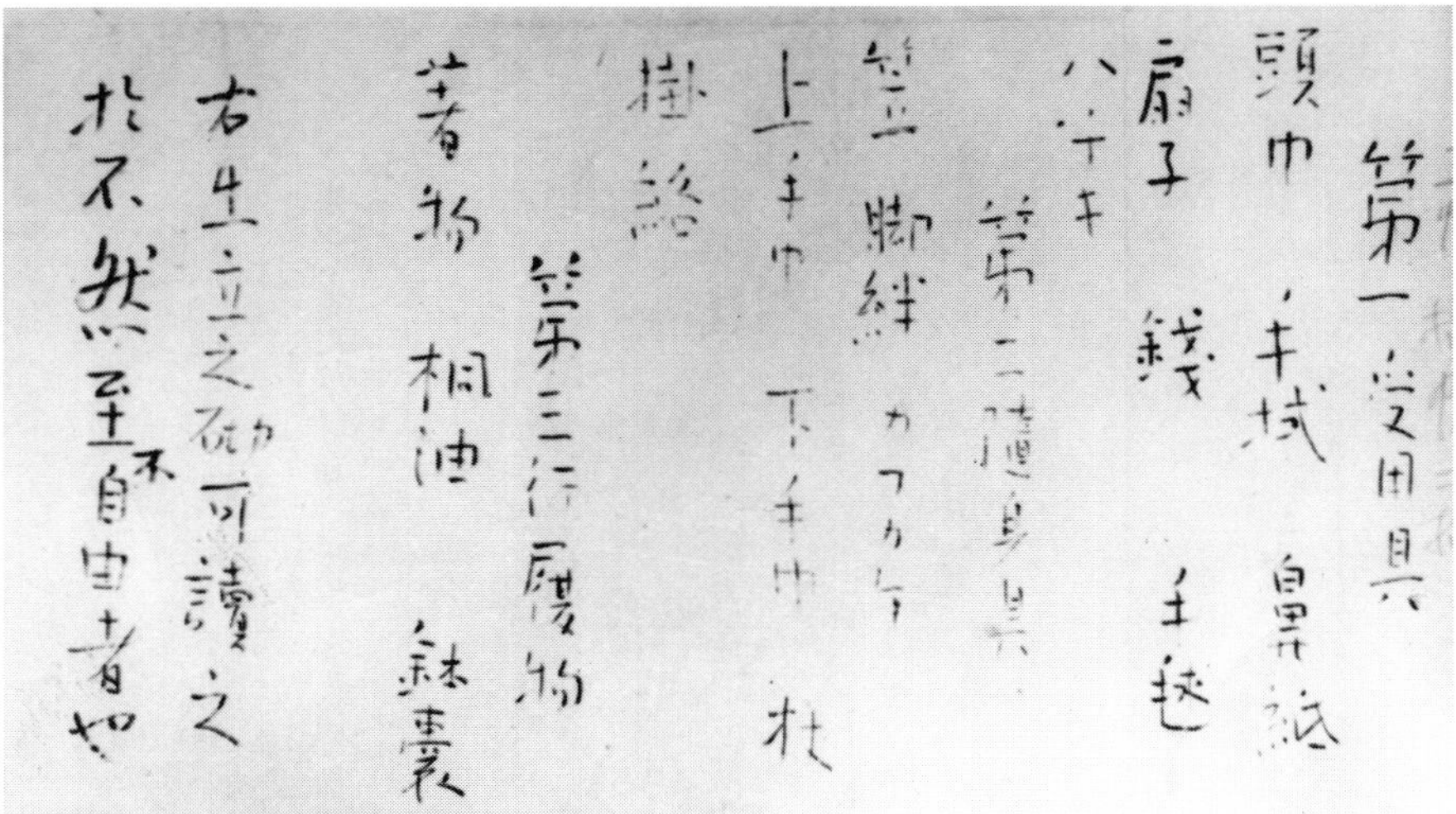

忘れものをしないよう、覚えの書きつけ

第三　行履具《あんりぐ》
着物《きもの》、桐油《とうゆ》（油紙で雨のときなどにこれを被る）
鉢（托鉢の鉢）嚢《ふくろ》（大きな袋）
右出立ノ砌、可レ読之　於不レ然　至二不自由一者
也（以上、出発に際してこれを読むべし、若しそうしなかったら不自由な目にあいますよ。）

×　×　×　×　×　×

良寛は人の言ってくれた親切を真に受けて、用意周到にきちんと書き記して持ち歩いたのでした。特に第一受用具の中に「手毬」と「ハジキ」と書き記してあることに心打たされます。村の子どもたちとどこで会ってもよいように、ふところの中に入れておくことを忘れないようにしていたのでしょう。

良寛の心の中には、いかに子どもたちとの遊びを大切に考え、思いやり深く、愛情を持っていたかを表わしていると思います。

「ひとりあそびぞ　われはまされる」といいながら、子どもたちや村人たちとも、いついかなる時にも、心の結び合う準備を忘れないでいるという心の持ちようには何ともいえないおだやかなあたたかい人間性に只々感服させられます。

さらに、良寛は、托鉢している家で、病気でねている人がおりますと看病してやっているのです。『奇話』に次のように記述されています。（第二十一話）

師　能《よく》人の為《た》メに病《やまい》ヲ看《み》　飲食起居《いんしょくききょ》心ヲ盡《つく》す
又能按摩《よくあんま》シ又灸《きゅう》ヲスフ《すう》　人明日我為《わがた》メ二灸セヨト云
フ　師明日ノ事ト云ヒテ　敢《あえ》テ諾《だく》セズ　軽諾信《けいだくしん》スク
ナキガ為《ため》カ　又生死明日《しょうじあす》ヲ不レ期《せ》ノ故《ゆえ》カ

×　×　×　×　×　××

良寛は托鉢する家々で、病気の看病をして、食事や寝たり起きたりすることを親身になって面倒をみてやったようですね。又人のために按摩をしてやったり、灸をすえてやったりもしました。人がやってきて「あしたは、私に灸をして下さい」といいましたが、「あしたのことはわからない」といって、敢えてやるとは言いませんでした。安易に受けないことは、互いの信頼が少ないためでしょうか。それとも人間の生死は明日とも言えないためでしょうか。

良寛は村々の托鉢の折りに、よくその家の病人の看病をしたり、自ら按摩をしてやったり、その上に灸をしてやったりしたというのですから本当にすごいことだと思います。

現在の社会でいえば、無償でボランティアとして、介護看護をしたり、按摩や灸までもして医師の役割りを果していたというのですから只々驚くばかりです。

子どもたちとよく遊んだのは、親の農作業など手助けとなるように子守りをし、子どもたちの育成に無意識のうちに、幼少年の育児に当たったと考えられることを日々の生活の中でやっていたとも信じられます。良寛は、幼稚園や保育所あるいは小学校、中学校の、教育の仕事をやりとげていたものであると思います。さらには、社会的には、看護師、介護士、そして時には医師の役割を果していたといっても言い過ぎではないと信じます。

さて、これまでいろ〳〵な面から良寛の温良な人間性に目を向けて参りましたが、『奇話』の中から良寛の姿を総合的に見えることに着目してみたいと思います。第四十六話に次のような記録が残されています。

師　余《よ》カ家ニ信宿《しんしゅく》日ヲ重《かさ》ヌ　上下《じょうげ》自《おのずか》ラ和睦《わぼく》シ和氣《わき》家ニ充《みち》テ　歸去《かえりさ》ルト云《いえ》ドモ數日ノ間人自《おのずか》ラ和《わ》ス　師ト語ル事一夕《いっせき》スレバ胸襟清《きょうきんきよ》き事を覺《おぼ》ユ　師更《さら》ニ内外の經文《きょうもん》ヲ説キ　善ヲ勸《すす》ムルニモアラズ　或ハ廚下《ちゅうか》ニツキテ火ヲ燒キ或ハ正堂《しょうどう》ニ坐禪《ざぜん》ス　其話詩《し》文《ぶん》ニワタラス　道義ニ不レ及《およばず》　優游《ゆうゆう》トシテ名状《めいじょう》スヘキ事ナシ　只道徳《どうとく》ノ人ヲ化スルノミ

良寛は私の家（解良家）に二晩泊られました。その時家族の者や使用人達まで皆が仲よく睦み合いお互いを思いやり、何とも言えないなごやかな雰囲気が、家中にみなぎりました。

帰られてからも、数日の間、家中のみんなの気持が一つになりしっくりした様子が続きました。

良寛と一晩お話すると胸のなかがすがすがしい感じになります。

良寛は、お坊さんであっても、ことさらにお経の話をしたり、説教したりして善いことを勧めたい、悪いことをしてはならんというようなことはありませんでした。

時々は、台所で火を焚く手伝いをしたり、お内仏の部屋で一人静かに座禅をしたりしていました。

良寛は人に対しては、難しい詩歌の古典に触れるような話をすることもありませんでした。また人倫の道徳めいたむずかしい話をすることもありませんでした。

只々、おだやかに、ゆったりとしておられ、何とも言いようのない姿でありました。そのすばらしい人柄からにじみ出るものが、自然に人の気持をそのように美しく感化したのであります。

何とすばらしいことでしょう。栄重が見た良寛の人間性を見抜いて自ら記述された『奇話』の内容の集約と言っても過言ではないと思います。人間としての良寛の生きる姿の真面目《しんめんぼく》を言い尽しているように思われます。

前述しました、師国仙が与えた「印可の偈」の「騰々《とうとう》任運《にんうん》誰《たれ》か看《み》るを得《え》ん」が思い出されます。良寛は師国仙の見抜かれた偈を自らの生活の信条として生きていたものと信じます。

そのように生きている良寛の人柄を見抜いている栄重の人間としての深さに感服させられます。もう少し、栄重の見た良寛の実際について見てみたいと思います。

良寛が二晩、滞在し、生活を共にしていた時、家族の者が、和気に満ちたこと、そして帰ったあと数日間も、みんながお互いに和の心をみなぎらせて過ごしたという雰囲気が続いたことは驚くべきことではないでしょうか。

師国仙はその「印可の偈」の最初に、「良寛は愚の如くにして道《みち》転《うたた》寛《ゆたか》なり」といい、さらに「騰々《とうとう》任運《にんうん》」の心で生きなさいと言っています。良寛は、この「偈」を生涯身から離さないで持ち続けていたということを『奇話』の最後に書き残されています。

栄重は、良寛の生き方の根底がこの「偈」にあったと思っていたのではないでしょうか。

この「偈」にある「騰々任運」の生き方については良寛の人間性からのもので、きっと誰れもこれを見てわかるものはいないだろうと示しているのではないでしょうか。私も正直のところ、とてもわかるとは言えません。

所で栄重は自ら、良寛と二晩生活を共にして、或は良寛が亡くなるまでの二十年余り接した経験も含めての感懐をこの『奇話』（四十六話）の具体的な行動を通して記述していると思います。それを箇条書きに書いてみます。


「師と語ること一夕すれば胸襟清きことを覚ゆ」

「師、更に内外の経文を説き善を勧むるにあらず」

「厨下につきて火を焼き」

「正堂に座禅する」

「その話、詩文にわたらず」

「道義におよばず」

「優游として名状すべきことなし」

「ただただ道徳の人を化するのみ」と。


敢えて八つの項目に分けて書いてみましたが、いかがでしょうか。

良寛と一緒に生活していると周囲の人が自ら和し、そのなごやかな雰囲気が数日間も続くという様子が目に浮かぶような気がします。

良寛の「騰々任運」の生き方と、「誰れか看ることを得ん」とおっしゃる師国仙の「偈」に示された意図が、この栄重の『奇話』によってかなり具体的に想像できるように思われます。私なりに、栄重の残した『良寛禅師奇話』の中から、良寛の人となりを示すと思われる事象をわかり易く示してみたいと思います。

・常にあまりしゃべらず、しとやかに雅《みや》びで、余裕のある風格がありました。（第一話）
・声は朗らかにのびのびし、お経は心にしみ、信仰の心を起こさせました。（第六話）
・常日頃、喜びや怒りの表情を見せず、動作はゆったりと、早口でなく、一見愚かに見えました。（第十八話）

・手まりをつき、はじきをし、若菜を摘み、里の子どもたちとともに一緒になって無邪気に遊びました。（第七話）

・平生喜怒の表情を見せず、早口で話をするのを聞いたことがありません。（第十八話）

・よく人のために看病してやったり、食事や寝起きに心を尽してやったり、よく按摩や灸をすえてやったり、人のためになることをやりました。まさにボランティですね。（第二十一話）

・常々酒が好きでした。でも酒に酔っぱらって乱れた姿を見たことがありません。又農家のおやじさんや、村の老人などと、だれともお金を出し合って酒を買って呑むことが好きだったのです。お互いに、お前さん一杯、私も一杯みんなが平等に飲みました。（第二話）

・解良家に二晩泊まったことがあります。そのとき、家の主人から使用人までお互いにいつくしみ、なごやかになり、思いやり深くなりました。その上に、帰られたあとも数日間は、お互いになごやかな雰囲気に満ち満ちていました。（第四十七話）

・良寛と一晩語り合うと、胸がすがすがしい気持になります。

ことさらにお経の説教をして、善いことを諭す風もありませんでした。

時々は、台所で火を焚く手伝いをしたり、座敷で座禅をしていました。

話しの内容は、自身の詩歌に触れたりすることもありませんでした。

人倫の道徳めいた話をするわけでもなく、ただゆったりとしておられて、何とも言いようのない姿でありました。

ただただもう、その人柄からにじみ出る人間性が、世間の人々を自然と感化しているものと思われます。（第四十七話後半）

・何とも言えない神々《こうごう》しさがあり、内にある心が満ち満ちてあたりに漂わせておられました。

その姿は、神様といったらよいか、仙人といっ

たらよいか、とにかく品格高きものでありました。（第五十一話）

・背が高く大きく、すらりとしたやせ型で、鼻は高く、眼は鳳凰のようで細長くて目尻が上がっていました。

人柄は、まさに「温良にして厳正」、即ち、人に対しては温かく、自己自身には厳しさがありました。その上に抹香臭《まっこうくさ》いところが少しもありませんでした。（第五十一話）

×　×　×　×　×　×

尚、解良栄重は、良寛の常日頃の行いは、詩や歌の中に具体的に述べられているから、『良寛禅師奇話』には書いていないと言っております。（第四十九話）

いままで述べましたことは主として『奇話』によりましたが、以後については、良寛自身の詩、歌、書、および書簡等により、良寛の人となりを探求してみたいと思います。

三、自分に厳しい心

良寛は三十九歳頃に、円通寺の修行、諸国行脚の後、ふるさとの越後へ帰郷しました。

その後九年間の不住庵時代を経て、四十七歳の頃に五合庵に定住し、十三年間修行、六十歳頃に乙子神社脇草庵に移住、六十九歳の頃に木村家の別舎に移住し、七十四歳で一生を終えました。

帰郷後の良寛は、国上山山麓の自然の中で、すでに開き得た悟りのいわゆる聖胎長養《しょうたいちょうよう》（悟りの境地を生活の中でさらにねり上げていくようにしていくこと）を怠らなかった時代でありました。

良寛の生活は、まさに、山中独居、只管打座、托鉢行脚であったものと思います。そして、ひたすらな草庵における座禅と、家々を回る乞食《こつじき》修行に徹していたのです。

そのような厳しい生活の中で、宗教と芸術を深め、詩、歌、そして書を通して、自らの人間像を形成していったものと考えます。

良寛は、生涯を回想した、五十歳代、六十歳代、七十歳代の詩が残されています。

渡辺秀英氏本『良寛鑑賞』によって、紹介してみたいと思います。

五十有余年―回首五十有余年―

回首五十有余年　首《こうべ》を回《めぐ》らせば五十有余年
是非得失一夢中　是非得失《ぜひとくしつ》一夢《む》の中《うち》
山房五月黄梅雨　山房五月黄梅《こうばい》の雨
半夜蕭々灑虚窓　半夜蕭《しょう》々として虚窓《きょそう》に灑《そそ》ぐ

五十余年をかえりみる
善いも悪いも夢のうち。
山のいおりのつゆ時は
夜なかさびしく窓の雨

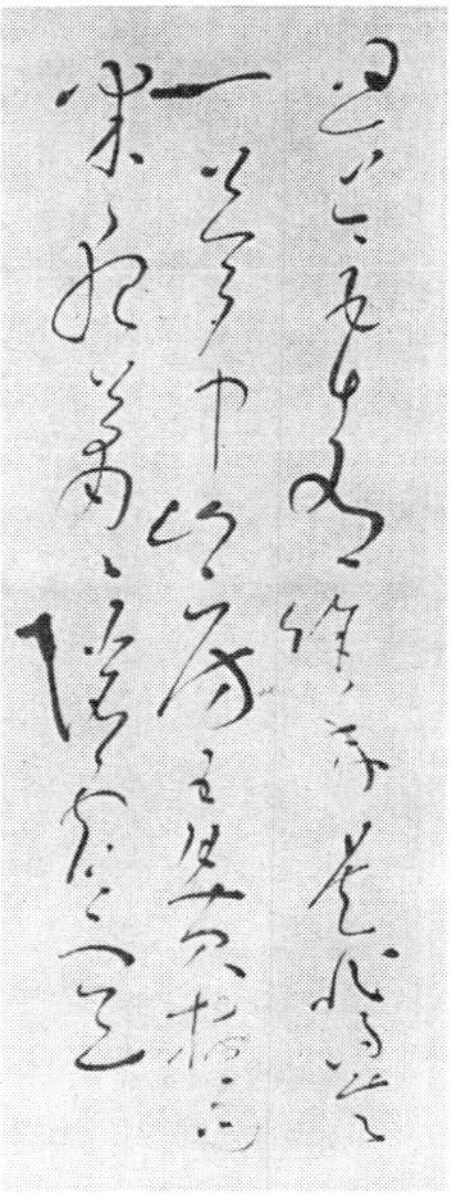

六十年―閃電光裏六十年―

閃電光裏六十年　閃電光裏《せんでんこうり》六十年
世上栄枯雲往還　世上の栄枯雲往還《おうかん》
巌根欲穿深夜雨　巌根《がんこん》穿《うが》たんと欲す深夜の雨
燈火明滅古窓前　燈火明滅す古窓の前

稲妻と過ぐ六十年
世の盛衰は雲に似る。
岩をもうがつ夜の雨
窓のあかりもゆれほそる。

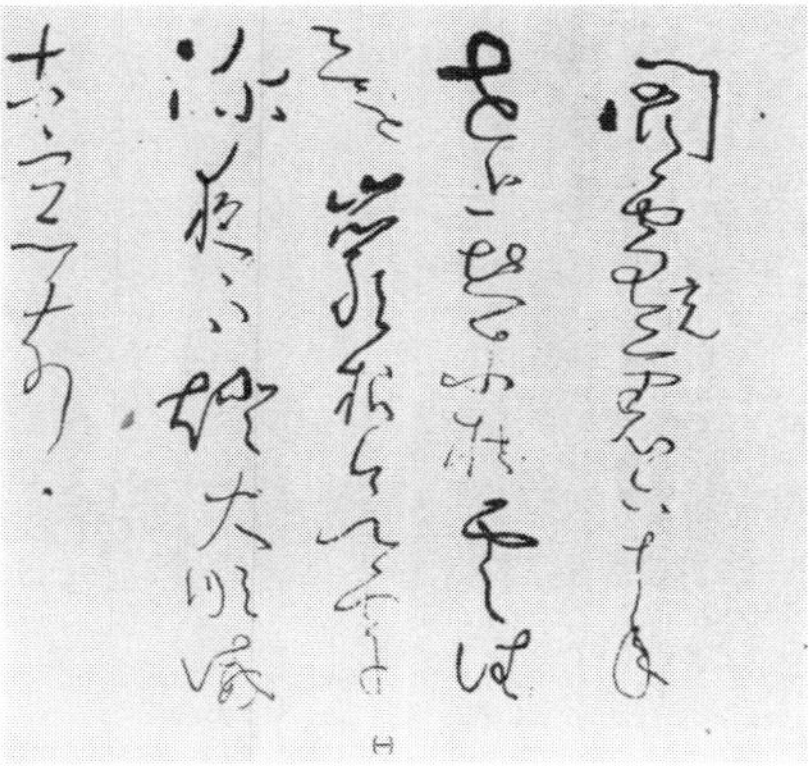

七十有余年―草庵雪夜作―

草庵雪夜作　　草庵雪夜《せつや》の作
回首七十有餘年　首《こうべ》を回《めぐ》らせば七十有余年
人間是非飽看破　人間《じんかん》の是非《ぜひ》看破《かんぱ》に飽《あ》く。
往来跡幽深夜雪　往来跡《おうらいあと》は幽《かす》かなり深夜《しんや》の雪
一炷線香古匆下　一炷《しゅ》の線香古匆《こそう》（窓）の下。

思いかえせば七十年
世の善し悪しも見あきたわい。
雪の夜ふけは人も絶え
香を手向けて窓におる。

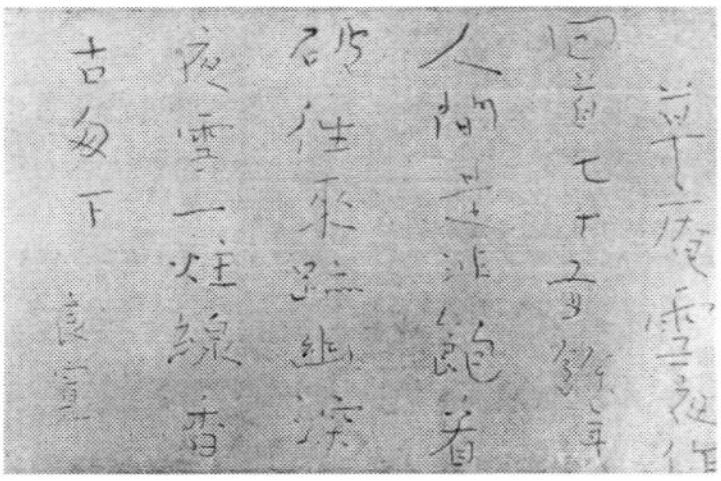

××××××

良寛の五十歳代は　山房草庵の五合庵であり、六十歳代は社頭にあった乙子庵であります。そして七十歳代は人の通る木村家別棟で、道にも近いところです。三代の詩を内容の上からその推移を見てみたいと思います。

「回首五十余年」と過ぎ去った五十余年は、一夢の中にあるようだと、静かに、感慨深く振り返っております。

「閃電光裏六十年」といい、世の盛衰は雲に似ている反面、岩をもうがつ厳しい夜の雨のようであり、速やかに過ぎ去っていくことに驚いています。

「回首七十有余年」は、世の善し悪しも見飽きてしまったと言い切り、雪の夜ふけは人も絶え、一本の線香をたむけて古い窓の下に一人淡々とした心境をうかがわせております。

書の上からじっくり見ますと、その書風に、人生の変化の激しさが見えるようであります。「回首五十有余年」は、まだまだ体力気力も充実しており、古典の臨書に励んでいたが故に勢いのあるつややとして、ふくよかな美しい堂々たる書であると思います。

「閃電光裏六十年」は、まさに巌根穿《がんこんうが》たんとする深夜の雨の厳しさを感じさせるようです。また、雲の上にけわしくそびえたつ岩峯を望むようでもあります。良寛の書が乙子の森で自身特有のものとして書き込まれ、円熟の心境を表わしているものと思います。

「回首七十有余年」は良寛最晩年の木村家別舎での楷書です。「人間《じんかん》の是非《ぜひ》看破《かんぱ》に飽《あ》く」という境地がにじみ出ているのではないでしょうか。六十歳代の書は、骨だけが緊密に連続し、消えようとしながらも、美しく輝きながら続いている書から、さらに冬枯れの野にわびしく立ち並ぶ木立とでも言いたい表情の書になっているように思われます。枯れた幹だけが静かに立ち並んでいるような姿であります。此の詩の中に、書で自分の七十歳を超えての心境をいみじくも表わしているのではないでしょうか。ふしぎに、何となく、枯れた草木に新しい芽が出てほのぼのとした温かさと、静かな輝きを感じさせます。円熟枯淡の良寛の心がゆらめいているようではないでしょうか。

以上、五十代、六十代、七十代の詩に共通している内容があります。

全詩は、いずれも夜の作であります。昼は托鉢修行や地域の子どもたちと遊び、農夫たちと交わっての生活があったものと思われます。夜ともなれば、静かに座禅をし、いろいろ思いにふけり、人生を回想できたものと考えます。

さらに、三詩に共通している具体的な内容は、「窓」であります。各詩の終わりが「窓」によって締められています。

「半夜蕭々として、虚窓に灑ぐ」（五十歳代）

「燈火明滅す古窓の前」（六十歳代）

「一炷の線香古匆（窓）の下」（七十歳代）

×　×　×　×　×　×

良寛の帰郷後の三十余年の生活は、一室の庵の中でのくらしでした。禅の修行に生涯徹する生き方を通し続けたのでしょう。座禅も読経も、読書も、そして詩歌を詠じ、書の錬磨にと、粗末な草庵で生き続けたのでしょう。

五十歳代では、五合庵一室での生活のさびしさを「虚窓」と詠じ、「印可の偈」を受け、帰郷した直後の心境が底に流れているように見えます。宗教界の堕落への慨嘆を胸に、衆生済度の悲願を克服して生きようと自覚し、せめても托鉢しつつ自らを清らかに生き、自分自身への内面に清らかさを蔵して生きようと努めている悩ましい心情が、「虚窓」に灑ぐ雨に托されているように思われます。

六十歳代では、乙子神社の社頭の庵に住み、ほのぐらい明りの「古窓」の下にじっと坐り、有為転変のめまぐるしい人生を振り返っております。「燈火明滅す」とあり、乙子の社の燈火が明滅し、窓にうつるあかりもゆれぼそる情景のさびしさを詠じているかとも思わせます。

乙子神社脇草庵

七十歳代では「一炷の線香古匆（窓）の下」と詠じております。人生の深まりの心境を、一本の線香が燃え尽きそうな光りを古窓に映じ、世上の善し悪しを看破することに飽き、深夜の雪に、往来の跡も幽かになっていることになぞらえているように思われます。

一本の線香が燃え尽きんとして古窓に映じているその下に、自らの人生も終らんとしていることを胸中深く思いつめているかのようであります。

うす暗い窓に寄り添い、その下に座禅をし、読経して生活し続けた良寛の内面の厳しい心は、小庵の簡素なくらしのなかで形成されていったのです。

四、愛の心—愛語と戒語—

㈠　愛語

良寛が晩年の四年余り生活した木村家（長岡市島崎）に「愛語」と題した遺墨があります。中越地震前まで、裏庭の土蔵を改造した二階建ての蔵の建物に展示されておりました。

私も幾度か訪ね、きちんとかたかなまじりの楷書で書かれた「愛語」の遺墨をじっと立ち止まって見させていただきました。そのたびに、なぜ良寛は此の「愛語」を書いたのだろうか。と考えてみました。それにはとても深い意味があるんじゃないかと思うようになり、良寛の人間としての心の持ち方、生き方に感銘し続けて参りました。

良寛詩の「読永平録」に次のような一節があります。

憶得疇昔在円通寺
憶《おも》い得たり疇昔《ちゅうせき》円通にありし時

先師提示正法眼
先師提示す正法眼《しょうぼうげん》

当時洪有翻身機
当時洪《おお》いに翻身《ほんしん》の機あり

為請拝閲親履践
為に拝閲を請うて親しく履践《りせん》す

転覚従来独用力
うたた覚《おぼ》ゆ従来ひとり力を用いしことを

由是辞師遠往返
これより師を辞し遠く往返《かえ》れ

り

吾与永平何有縁　**吾れと永平と何の縁かある。**

到処奉行正法眼　**到る処奉行す正法眼《しょうぼうげん》**

「想えばその昔　円通寺で修行していた時、国仙和尚が提唱された「正法眼蔵《しょうぼうげんぞう》」を憶いおこす。その頃大いに無上の仏法がわかったような気がした。

ために国仙和尚に親しく修行の実参実究を見とどけて頂くべくお願いした。

するとどうもこれまでは独りで修行に力みすぎていたように感じられてきた。そしてこれを機《しお》に先師の下《もと》を辞しておちこちかたを遍参《へんさん》（この人こそはという師を求めて遍く巡り歩くこと）するに至った。一体　道元禅師と衲《わし》とはどんな深い縁に結ばれているのであろうか。だが、私は、至心に禅師の教えのままに生かされてきた」

（飯田利行氏本『良寛詩集譯』）

× × × × × ×

良寛のこの詩から、師国仙の提示された、道元の「正法眼蔵」により、大きな影響を受けていることが察知し得ると思います。

「愛語」は、道元の「正法眼蔵」巻四十五の「菩《ぼ》提薩埵四摂法《だいさったししょうほう》」の中の一節であります。

「菩提薩埵」とは、略して菩薩《ぼさつ》のことで、仏道の行願者、修行者を指した呼称です。「四摂法」とは衆生を救うための四項にわたる重要な実践されるべき大乗仏教の徳目であります。

その実践項目は、「布施《ふせ》」「愛語《あいご》」「利行《りぎょう》」「同事《どうじ》」の四つであります。

森正隆氏はこの「四摂法」を次のようにわかり易く説明されています。（森正隆氏本『ある日の良寛さま』）

1、布施　仏法の布施（あまねくほどこす）と、財物の布施でありますが、布施は仏法、財物の中に本来そなわっている性質であると言われています。

2、愛語　外の布施は自分には出来ませんが、言葉の布施だけは出来ます。その言葉、言葉遣いを大切に、使い方、書き方、話し方を実行して衆生への布施にしよう。

3、利行《りぎょう》　身口意《しんくい》の三業《さんごう》、つまり私の行為行動（身）、意志の伝達（口）、済度誓願（意）、この三つの働きによって衆生の利益を計ろうとする行為をいうのです。

4、同事《どうじ》　衆生の中へ入って、衆生と同じ事をしながら、衆生を仏道に同ぜしめるという方法をいうています。

×　×　×　×　×　×　×

良寛の書写した「愛語」を原文によって紹介しましょう。（木村元周氏本『晩年の良寛さま』）

愛　語

愛語と云ハ、衆生ヲ見ルニ、マヅ慈愛ノ心ヲオコシ、顧《コ》愛ノ言語ヲホドコスナり、ホヨソ暴《ボウ》悪ノ言語ナキナり。世俗ニハ、安否ヲトフ礼儀アり。仏道（道）《衍字》ニハ珍重ノコトバアり。不審ノ孝行アり。慈念衆生猶如赤子ノオモヒヲタクハヘテ、言語スルハ愛語ナり。徳アルハホムベシ、徳ナキハアハレムベシ。愛語ヲコノムヨりハ、ヤウヤク愛語ヲ増長スルナり、シカアレバ、ヒゴロシラレズミヘザル愛語モ現前スルナり。現在ノ身命ノ存スルアヒダ、コノンデ愛語スベシ。世々生々ニモ不退転ナラン。怨敵ヲ降伏シ君子ヲ和睦ナラシムルコト、愛語ヲ本トスルナり。向テ愛語ヲキクハヲモテヲヨロコバシメコヽロヲ楽シクス、向ハズシテ愛語ヲキクハ肝ニ銘ジ魂ニ銘ズ、シルベシ愛語ハ愛心ヨりオコル、愛心ハ慈心ヲ種子《タネ》トセり、愛語ヨク廻天ノ力《チカ》ラアルコトヲ学スベキナり、タヾ能《ハザ》ヲ賞スルノミニアラズ

沙門良寛謹書

〔訳文〕（禅文化学院本『現代訳　正法眼蔵』）

・愛語というのは、人に会った時に慈愛の心を起こして、やさしいことばをかけることである。

・決して暴言や悪言を用いないことである。
・世間では相手の安否を問うのが礼儀である。
・仏道には「お大事に」とか「御気嫌いかがですか」というのが礼儀である。
・赤子に対するような慈愛の心でことばをかけるのである。
・相手が徳のある人なら、ほめなさい。
・相手が徳のない人なら、哀れみを深くしなさい。
・愛語を好むことによって愛語が広がり、日頃隠れていた愛語までが現前するのである。
・今の命の続く限り、好んで愛語しなさい。
・この世においてもあの世においても、退くことなく愛語しなさい。
・仇敵どうしを柔らげ、徳のある人たちを仲よくさせるには、愛語がその基本である。
・向かいあって愛語を聞く人は顔を歓ばせ、心を歓ばせる。
・蔭で愛語を聞く人は、肝に銘じて忘れない。
・愛語は愛心より起り、愛心は慈悲をもととしてい

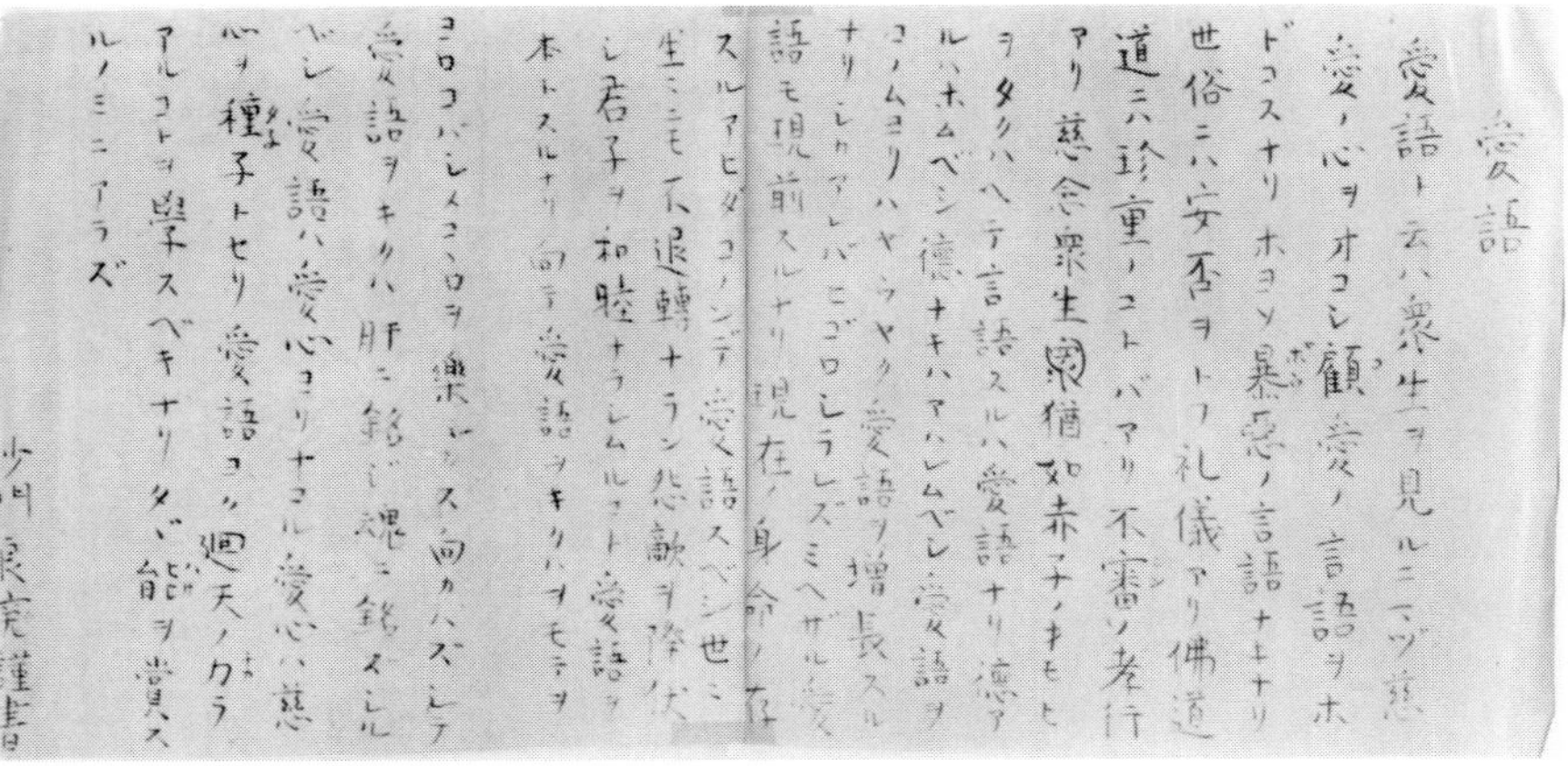
愛語
愛語ト云ハ衆生ヲ見ルニマヅ慈
愛ノ心ヲオコシ顧愛ノ言語ヲホ
ドコスナリ　ホヨソ暴悪ノ言語ナキナリ
世俗ニハ安否ヲトフ礼儀アリ佛道
ニハ珍重ノコトバアリ不審ノ孝行
アリ慈念衆生猶如赤子ノオモヒ
ヲタクハヘテ言語スルハ愛語ナリ徳ア
ルハホムベシ徳ナキハアハレムベシ愛語ヲ
コノムヨリハヤウヤク愛語ヲ増長スル
ナリシカアレバヒゴロシラレズミヘザル愛
語モ現前スルナリ現在ノ身命ノ存
スルアヒダコノンデ愛語スベシ世々
生々ニモ不退転ナラン怨敵ヲ降伏
シ君子ヲ和睦ナラシムルコト愛語ヲ
本トスルナリ向テ愛語ヲキクハオモテヲ
ヨロコバシメココロヲ楽シクス向カハズシテ
愛語ヲキクハ肝ニ銘ジ魂ニ銘ズ
ベシ愛語ハ愛心ヨリオコル愛心ハ慈
心ヲ種子トセリ愛語ヨク廻天ノチカラ
アルコトヲ学スベキナリタヾ能ヲ賞スル
ノミニアラズ
沙門良寛謹書

「愛語」良寛書

るのである。
・愛語が天を回らす力を持っていることを知りなさい。
・愛語は、相手の長所をほめる以上のことなのである。

× × × × × ×

良寛の一生を思いますと、これを貫いておりますものは「愛の心」であるのではないでしょうか。「愛語は愛心ヨリオコル、愛心ハ慈心ヲ種子《タネ》トセリ、愛語ヨク廻天ノ力《チカ》ラアルコトヲ学スベキナリ」とくくられた「愛語」を生涯徹して生きていたのだと信じます。

円通寺時代の師国仙の提示した道元の「正法眼蔵」に学び、その「菩提薩埵四攝法」の「愛語」を書写し、自らの生活に生かし、温く、深く、そして厳しく徹した行為であったと思います。この生活の行為こそが、解良栄重の『良寛禅師奇話』に鮮やかに記述されています。既述しましたように、

「師、余が家に信宿日を重ぬ。上下おのずから和睦し、和気家に充ちて、帰り去ると雖も数日の間人自《おのずか》ら和す」というのです。

今の私たちが良寛を人間として尊敬するのも、「騰々任運」の人間像から発散する温かく和気に満ちた姿が、私たちを惹きつけるからではないでしょうか。

良寛は厳しい禅の修行を受けながら、自らを僧にあらず、俗にあらずといっております。でも彼は、生涯、座禅に徹し、仏教の「慈悲」の心を持ち、人に接していましたが、何故か良寛においては「愛」の心という方がぴったりするようにも思われます。そして愛の心を愛語によって人に接して生活していたのだと思います。まさに「愛語」の美しい実践者であったのです。

人には慈愛の心をもってやさしいことばをかけ、決して暴言、悪言を用いなかったのでしょう。仏道にいう「お大事に」とか「御気嫌いかがですか」という礼儀を忘れなかったのです。普通の人が普通のことをするように何気ない心で、深い愛の心を示し

ていたのです。

さらに、良寛は、詩歌や、書などに「愛語」による表現を通し、人々に愛の心を伝える実践の行為を大切にしたと思います。

良寛が、「愛語」を格別に大切にしたのは、自分には外への施《ほどこ》しは出来ないけれども言葉の施《ほどこ》しだけは出来ると考えたからのようであります。だから精一杯言葉遣いを大切にし、愛の心をもって、生活し、一般の人々への施しを実践しようという願いを持ち続けていたのだと思います。

愛語は愛心より出で、愛心は慈心より生れるとあるように、良寛は慈愛心の人であり、「愛語」の修行者として、生涯生き抜いたものと言っても過言ではないと信じます。

(二)　戒語

良寛は「正法眼蔵」の「愛語」の理念を、一生涯を通して実践して生きた人であります。

愛語は、愛心に出で、愛心は慈心から生れることを自覚し、まさに慈愛心の人として、生きたのではないでしょうか。

そのために、自らの言葉の使い方に心を配り、慈愛の心情が伝わるように努めたのだと思います。良寛は、『良寛禅師奇話』にもありましたように、道徳や宗教について、しかつめらしく話しをすることを嫌っておりましたことから、先ず自分自身の言葉

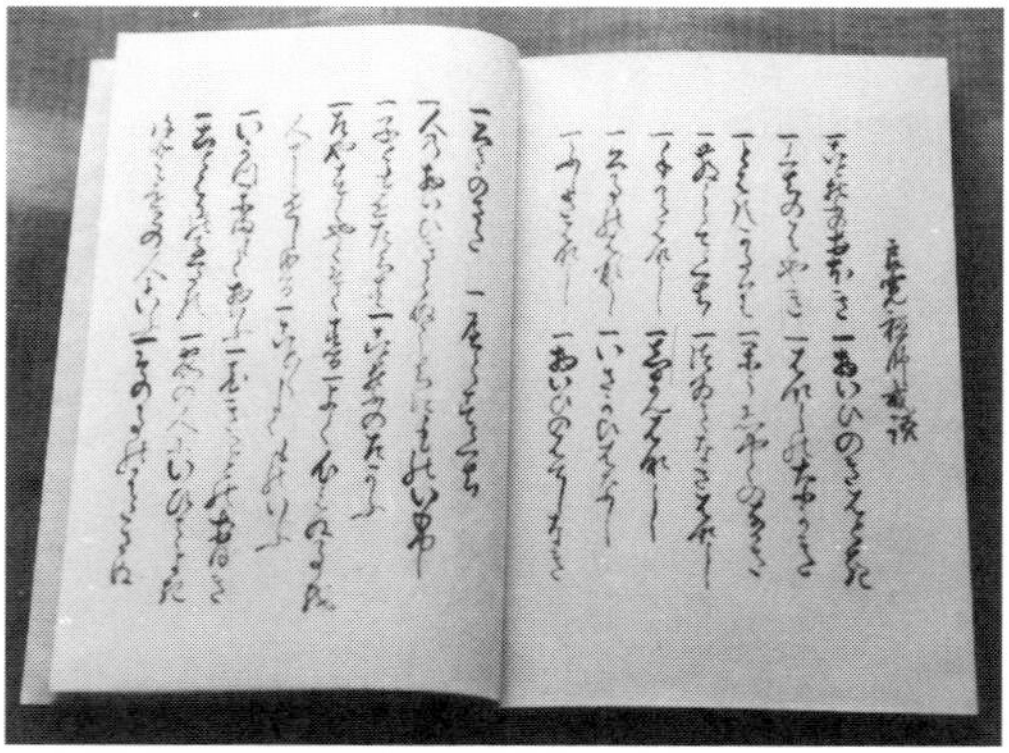

「良寛禅師戒語」90か条

そのものをいましめるように深く気配りしていたものと思われます。良寛の自筆の「戒語」は幾通りも伝わっております。大部分は言葉そのものをいましめているものです。

大島花束氏本の『良寛全集』には重複を含めて総計五百余か条が収録されています。尚、「戒語」については、市川忠夫氏本『良寛の人間像』に研究の報告が為されております。

次に貞心尼筆『蓮《はちす》の露《つゆ》』に所録されております『良寛禅師戒語』九十か条について述べてみたいと思います。

これは、良寛が自分自身への戒めのために書いたもので、日常のさりげない会話にも細大の心使いをして、慈愛の心が伝わるようにと願っていたと考えられます。

良寛の九十か条の「戒語」にあやかって、私自身の今までの人生で言葉使いの反省を込めて、私なりの解説を今様に述べてみたいと思います。

一、**ことばの多き。**

多くしゃべるな。

一、**とはず語り。**

人が聞かないのに自分からしゃべり出すな。

一、**手がら話。**

自分の手柄話しをするな。

一、**ふしぎ話。**

考えもできない奇妙な話をするな。

一、**人の物いひきらぬ中にものいふ。**

相手が言い切らぬうちにしゃべるな。

一、**能く心得ぬ事を人に教ふる。**

能く知りもしないことを知ったかぶるな。

一、**はなしの長き。**

長話はやめよ。

一、**ついでなきはなし。**

順序よく、筋の通るように話せ。

一、**いさかひ話。**

けんかごしになる話はするな。

一、**へらず口。**

憎まれ口を言うな。

一、**たやすく約束する。**

よく考えもしないで、安請するな。

一、口のはやき。　はや口《くち》で話すな。

一、さしで口。　でしゃばって口出しするな。

一、公事の話。　公けの事に私事をまじえるな。

一、公儀のさた。　公けの命令には心して対せよ。

一、ことばのたがふ。　別々の事を平気で言うな。

一、物いひのきはどき。　どっちともとれる危っかしい事は言わぬように。

一、かうしやくの長き。　説明や意義を長たらしく言わない。

一、自まん話。　自慢話はしないように。

一、物いひのはてしなき。　果てしなき長話はつつしめ。

一、子どもをたらす。　子どもをだましたりそそのかしてはならない。

一、ことごとしく物いふ。　大げさに話してはならない。

一、いかつがましく物いふ。　いかめしく話してはならない。

一、その事のはたさぬうちに此事をいふ。　一つ一つ着実に、順序よく言いなさい。

一、しめやかなる座にて心なく物いふ。　通夜、葬儀の高笑いなど所わきまえぬ振舞をつつしみなさい。

一、酒に酔ひてことわりいふ。　酒に酔っぱらってへりくつを言うな。

一、親せつらしく物いふ。　いかにも親切らしい声をかけるな。

一、悪しきと知りながらいひとほす。　悪いとわかって言い通すのはよくない。

一、ひき事の多き。　引用の多いのはよくない。

一、へつらふ事。　見えすいたご気嫌取りはやめよ。

一、人のかくす事をあからさまにいふ。　他人のプライバシーに触れないように。

一、腹立てる時ことわりをいふ。　腹が立った時に理屈を言うな。

一、己が氏素姓の高きを人に語る。　自分の家柄の高いことを人に話すのはよくない。

一、ことばとがめ。　他人の悪いことを非難するな。

一、見る事きく事を一つ一ついふ。　こんな話ぶりには興味が湧かない。

一、こどものこしやくなる。　こしゃくな子供を見れば親御もわかるもの。

一、首をねぢて理くつをいふ。　自分だけが真実を知っているような理屈を言うのはよくない。

一、おしのつよき。　おしの強いのはよくない。

一、好んでから言葉をつかふ。　むやみに外国語を使うのはよくない。

一、都言葉をおぼえしたり顔にいふ。　都言葉を使い得意顔になって話すのはよくない。

一、説法の上手下手。　説法の上手下手を言うな。

一、ことわりのすぎたる。　理屈の言いすぎはよくない。つつしむべし。

一、人のはなしのじやまする。　人がしている話のじゃまをしないように。

一、事々に人のあいさつきかうとする。　互いに丁重なあいさつもよいが、ほどほどにした方がよい。

一、さきに居たる人にことわりいふ。　理屈は、前後左右をよく考えて言いなさい。

一、人のことを聞きとらず挨拶する。　相手の話をよく聞かないで、軽々しく応待してはならない。

一、ものしりがほにいふ。　物知り顔に、知ったか振って言うのはよくない。

一、あの人にいひてよき事をこの人にいふ。　人を見て、物事を話しなさい。人を見て法を説け。

一、あなどる。　相手を軽く見てばかにしてはならない。

一、顔を見つめて物いふ。　相手の顔をじっと見つめて話さないように。

一、はやまり過ぎたる。　何事もはやまり過ぎないように。

一、推し量りの事を真事になしていふ。　本当の事がわからずに、推し量った事を言うのはよくない。

一、さしたる事もなきをこま〴〵といふ。　大したこともないのに、こま〴〵言うのはよくない。

一、役人のよしあし。　役人のよしあしを口にしないように。

一、わかい者のむだばなし。　若い者だけにしか通じないようなことは言うな。

一、ひき事のたがふ。　筋道からはずれた引用例はつつしむべし。

一、いきもつきあはせず物いふ。　息もつけないほど早口で言うのはやめなさい。

一、くちまね。　口真似は止めよ。

一、ね入りたる人をあはただしくおこす。　ね入りばなの人をあわただしくおこすのはよくない。

一、よく物のかうしやくをしたがる。　知ったかぶりに、よく物事について講釈したがってはなりません。

一、老人のくどき。　老人よ、自分の意志に従わせようと繰り返し、うるさく言うなかれ。

一、こわいろ。　まねごとはしないように。

一、めづらしき話のかさなる。　珍しい風変りな話を重ねるのはよくない。

一、人のことわりを聞き取らずしておのがことをいひとほす。　人の言うことを聞き取らないで、自分の意見だけを言い通そうとしないように。

一、ゐなか者の江戸ことば。　無理に江戸ことばを使おうとせず、田舎で使う言葉を正しく言うように。

一、きき取りばなし。　受け売り話を言っても、誰もよく思いませんよ。

一、わざと無ざふさにいふ。　わざとらしく軽率にやれるように言ふな。

一、学者くさき話。　いかにも学者ぶった話をしてはならない。

一、さしてもなき事を論ずる。　特にこれというほどのない事を論ずるな。

一、幸の重りたる事物多くもらふ時、有り難き事をいふ。　物を多くもらい幸せを感ずる時に、余り嬉しがらない方がよい。

一、くれて後人にその事を語る。　人に物をくれて、後にその事を言いふらすようなことをしてはならない。

一、あひだの切れぬ様に物いふ。　間のない話しぶりはよくない。

一、説法者の弁をおぼえて或はそう致しました、所でなげきかなしむ。　人は、慣れると感銘深かった事も薄れ、思わぬところで失敗をしてなげきかなしむことになることを肝に銘じなさい。

一、さとりくさき話。　さとりくさい話はやめなさい。

一、くはの口きく。　くわとは桑、桑とは僧をいうようです。在家者は僧のような口をきかないように。

一、あくびと共に念仏。　あくびをして念仏をとなえないように。

一、あういたしました。かういたしました、ました〱のあまり重なる。
「ました」、「ました」と反復繰返し過ぎるのは耳ざわりでよくないですね。

一、はなであしらふ。
フフンと鼻先で応答するのはいい感じを与えない。

一、しかたばなし。
身ぶり、手ぶりで話したがるのはよくない。

一、口をすぼめて物いふ。
口をすぼめてモグモグしないで口を開いて話しなさい。

一、名に似合はぬはなし。
自分の人柄にふさわしく、はなしをしなさい。

一、よく知らぬ事を憚なくいう。
よくわからないのに、遠慮もなく言ってはならない。

一、人にあうて都合よく取りつくろうていふ。
人に会った時、ご都合主義にいいからかげんのことを言わないように。

一、貴人に対してあういたしまする。
身分の高い人に対してはふさわしい敬語を使うように。

一、風雅くさき話。
自分の趣にふさわしく、話をしなさい。

一、人のきりやうのあるなし。
人の外見だけで、人物のよしあしを判断するな。

一、おのれがかうした〱。
何でもかんでも自分の手柄にしてはならない。

一、茶人くさき話。
茶人ぶった話はするな。

一、ふしもなき事にふしを立つる。
肩肘《ひじ》張らずにおおらかな心を持とう。

一、人に物くれぬ先に何々やらうといふ。
人に物をくれる前から、「くれる」「くれる」といわないように。

×　×　×　×　×　×　×

良寛はよくもこんなに細かく自分自身に対して戒めの心を呼びさましたものです。此の際だと思い、この九十か条の戒語に改めて、挑戦を試みてみました。『広辞苑』を中心に何冊かの国語辞典を首っ引きに念入りに再考してみました。一つ一つの戒語の意味を考える限りない心の深さ、広大さを痛感しました。

　良寛が生涯持ち歩いたと思われる『正法眼蔵』の「愛語」への共鳴と、それにふさわしい生活の実践のために、どれ程か修行の徹底に努めたかを考えると、只々その人間性の偉大さに頭の下る思いでいっぱいであります。

　良寛の戒語一つ一つ吟味しますと、殆んど全部にわたって多かれ少なかれ胸におぼえがあります。皆さんはいかがでしょうか。

　良寛は言葉について大変慎重に心を配っておりますのは彼自身、まごころからにじみ出たもので、もっとつきつめれば、慈愛の心からのものであり、「愛語」からの悟りの境地のそのものであり、良寛の生活そのものからの愛の心であったと深く信じます。良寛が、子どもらや、地域の人々に、心の奥深くからにじみ出るやさしく、おだやかな、あたたかい姿そのものになって表われたものと思われます。

　良寛は人に押しつけがましい教訓じみたことは言わないのですが、珍しく、木村家四代目元右衛門の娘の「おかの」さんが早川三郎さん方へ嫁ぐときの心得を書いてやりました。

一、あさゆふおやに川《ツ》かふまつるへき事。
（朝夕、親に仕《つかまつ》るべきこと）

一、ぬひを利春《ス》べてを奈《ナ》ごのしよさ川年《ツネ》耳《ニ》こゝろ可《ガ》くへき事。
（縫い織りすべて、をなごの所作、常に心掛くべき事）

一、さいご之《シ》良《ラ》ひおしる能《ノ》志《シ》多《タ》てよう春《ス》べてくひ毛《モ》のゝこと志《シ》な良《ラ》ふへき事。
（菜ごしらい、お汁の仕立様、すべて食い物の事、し習うべき事）

一、よみ可《カ》きゆだむすべ可《カ》良《ラ》さる事。
（読み書き、油断すべからざる事）

一、者《ハ》起《キ》さう志《ジ》春《ス》べき事。
（はき掃除すべき事）

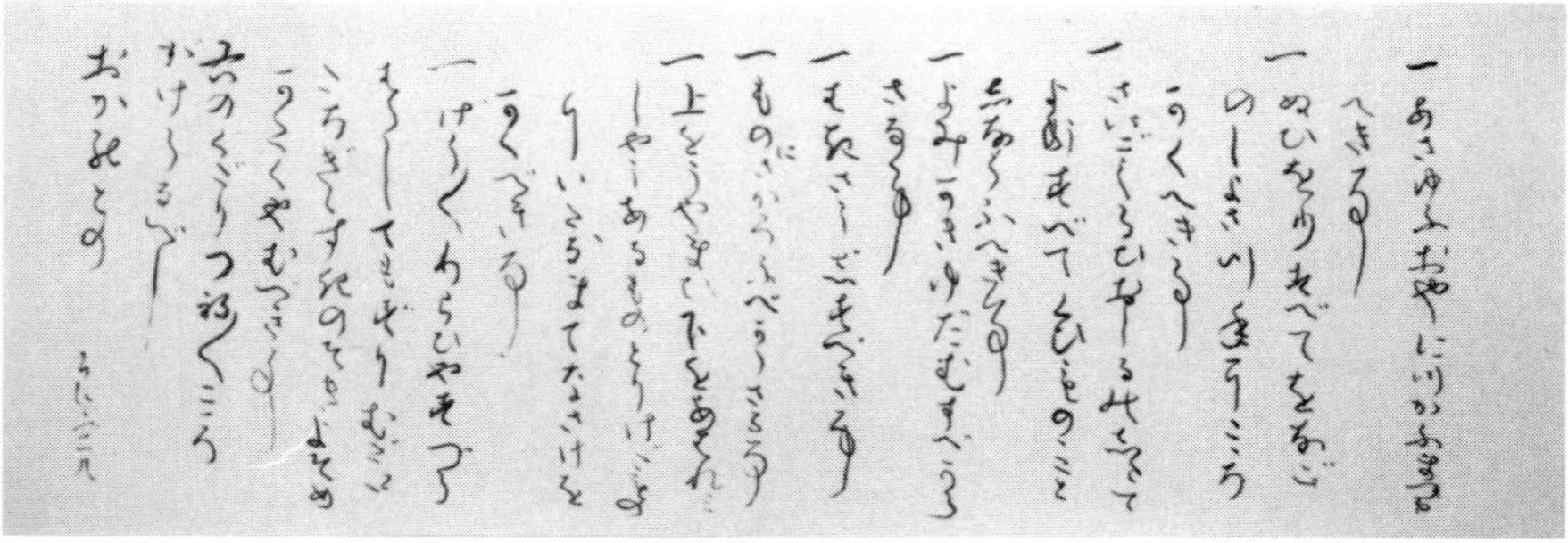

おかの戒語（良寛書）

一、ものにさかろふべ可《カ》良《ラ》ざる事。
（ものに逆らうべからざる事）
一、上《カミ》をうやまひ下《シモ》をあ者《ハ》れミしやうあるものとりけ多《ダ》毛《モ》の耳《ニ》い多《タ》るまで奈《ナ》さけを可《カ》くべき事。
（上を敬い、下を憐れみ生あるもの、鳥獣に至るまで、情を可くべき事）
一、げら〳〵わらひ、や春《ス》つ良《ラ》者《ハ》良《ラ》し、ても春《ズ》り、む多《ダ》口、多《タ》ちぎゝ、す起《キ》のぞき、よそめ、可《カ》多《タ》くやむべき事。
（げら〳〵笑い、やす面はらし、手もずり、無駄口、立ち聞き、隙覗き、よそめ、堅く止む可き事）

右のく多《ダ》りつ禰《ネ》〳〵こゝろがけ良《ラ》るべし。

（右の件　常常、心掛けらるべし）

おか能《ノ》との　　良　寛。

×　×　×　×　×　×　×

この心得をみると、良寛は、きっと「おかの」をよく知っており、信頼の上に立ってきっぱりと言い聞かせたように思われます。

そしてこの心得の根底には、「おかの」に対する思いやりから、良寛自身の人間としての自覚から、自らへの戒しめとしての言葉を愛の心の言葉として言い聞かせているように思われてなりません。

良寛の慈愛の心は、人間だけでなく生命あるもの、すべてをいつくしむものでありました。「おかの」に与えた心得に、

「生あるもの鳥けだものに至るまでなさけをかけるべきこと」と言っております。

良寛は、細かい日常生活の言葉づかいや、縫い織り、菜ごしらい、汁の仕立様、掃き掃除、の細部を言っておりますと共に、読み書き油断しないようにとしっかり勉強しなさいと言っております。

良寛の愛の博大さは、彼自身の慈愛心から発する愛語として表現されているものと思います。その愛の心が、単に言葉として言い表わされているだけでなく、良寛の日常の生活での生きる姿に、にじみ出ているものと考えられます。

五、平生の行状、詩歌中にあり

解良栄重の『良寛禅師奇話』（四十九）に次のような記述があります。

師、平生《へいぜい》ノ行状《ぎょうじょう》詩歌中ニ具在《ぐざい》ス。今又此ニ贅《ぜい》セズ其逸事《いつじ》ヲ記スルノミ。と。

良寛の日常生活の様子は、彼の詩や歌の中にあるというのです。だからそこにあるようなことは書きません。詩歌に表われていない良寛の姿をこの『奇話』に書き残しますと栄重は言っております。

ここでは、主として、良寛の国上山山麓の五合庵以後の良寛の生活の様子について、彼の宗教性の面と芸術性の面から、主なる詩と歌を通して見てみたいと思います。

「五合庵に題す」という歌に、

「濁る世を澄めとも※よはずわがなりにすまして見する谷川の水」とあります。（注　よはずは　いわずの方言。）

円通寺の禅の修行、行脚、帰郷して五合庵に定住した時の良寛の心境、志が見事に述べられていま

す。世の中の人心の腐敗、仏教界、僧徒の堕落へのいきどおりが込められています。良寛の青壮年時代のはげしい気骨が感じとれます。彼の詩の中に「憶ひ得たり疇昔《ちゅうせき》行脚の日、衝天の志気敢て持す」とも言っております。

このような厳しい内心を持ちながら、閑寂な五合庵に住し、外面おだやかな、暖かい表情で、人に接していた良寛の姿に見られる心的葛藤は大きかったのでありましょう。

自らは真実に生きているが、世間があまり狂っているが故に、真意が伝えられないとの意があるようです。

四十年前行脚日　　四十年前　行脚の日。
辛苦画虎猫不似　　辛苦　虎を画けども猫にだに似ず。
如今嶮崖撒手看　　如今　嶮崖《けんがい》に手をはなちて看るに
只是旧時栄蔵子　　ただこれ旧時の栄蔵子。

×　×　×　×　×　×　×

真実は、永遠に解決することはなく、良寛は、禅の修行によってさとりを得たとは考えていなかったが故にこそ真実の人であったと言えるのではないでしょうか。「只是旧時栄蔵子」と言って逆説的に言って真実の叫びを内心持ち続けたと信じます。

良寛は、故郷の草庵にあっても、僧としての行持を保ち続けたのです。庵にあっては座禅に徹し、里の人々に対しては托鉢行脚を通して、利他行を行じ続けたのです。しかし彼は心の奥深く自責の念を秘めておりました。

「何ゆえに家を出でしと折りふしは心に愧ぢよすみぞめの袖」

「身をすてて世をすくふ人も在《ま》すものを草の庵にひまもとむとは」と。

出家の身である以上、もっと人のためになることをすべきだと自己批判しています。良寛は当時の社会状況の中にあって僧としての生き方に、悩み続け、自己と社会との矛盾と闘い続けていたと思います。

良寛は帰郷後、数年間の一所不住の乞食修行生活を続け、五合庵に定住し、つづく乙子神社脇の草庵に住み続けました。此の国上山麓定住時こそ、彼の思想、芸術、そして人格の円熟の頂点に達したときと考えられます。

彼はこの間、騰々天真に任せ、遊戯三昧に徹したものと言えましょう。

いざこゝに我が身は老いむあしびきの
**　国上の山の松の下かげ**
いざここにわが世は経なむ国上のや
**　乙子の宮の森の下庵**
わが宿は国上山もとこひしくば
**　たづねて来ませたどりたどりに**

×　×　×　×　×

さあここにわが身を托して老いの境涯に入ろうといい、国上の山麓に一生を過ごそうとする願望をにじませているようです。さらに恋しかったら此の国上の山麓の草庵をたどりたどりてお出でくださいね、とさそってもいるようですね。よほどこの山麓の森の下にある草庵の生活が気に入っているのではないでしょうか。

まさに、良寛は老後、長養大成の里をこの国上山麓の草庵に得た喜びをこれらの歌に言い尽しているといえるのではないでしょうか。

では、果してその五合庵そのものはどのような住居であったのでしょうか。その詩の一つを紹介してみましょう。

五合庵

索々五合庵　索々《さくさく》たる五合庵
室如懸磬然　室は懸磬《けんけい》のごとく然り。
戸外杉千株　戸外杉千株
壁上偈数篇　壁《へき》上偈《げ》数篇
釜中時有塵　釜《ふ》中時に塵あり
甑裏更無烟　甑裏《そうり》さらに烟《けむり》なし。
唯有東村叟　ただ東村の叟《おきな》ありて
時敲月下門　時に敲《たた》く月下の門。

×　×　×　×　×

もの寂しい五合庵、庵の中は鐘のように空っぽで一物もない。
外には百千本の杉茂り、壁には仏の徳を讃える詩が何篇か掲げてあります。
釜の中には米粒ならで塵のたまっていることもあり、蒸籠《せいろう》にもまた烟が立たない。
唯東の村に一人の老爺があって、たまには月の夜の門をたたいておとずれることがあります。
良寛のこの詩の中に、五合庵の様子や生活の実態が見えるようです。人の出入りは、ごく近所の老爺がたまに来るにすぎないというのです。最少の生活用品しかない草庵の中で、人の生きるぎりぎりの食料で、つつましく生きていたことが想像されます。冬の寒さをしのぐのにもかなり苦痛があったことでしょう。
彼の国上山草庵生活における寒い冬の心境を次のように詠じています。

「我がいほは国上山もと冬ごもり
　行き来の人のあとさへぞなき」

「我が宿はこしの山もと冬ごもり
　氷も雪も雲のかかりて」

「我が宿は越のしら山冬ごもり
　行き来の人のあとかたもなし」と。

これについて長岡の羽賀順蔵氏はその著、『人間良寛の全貌』に次のように述べています。〝道元が四十四歳というに都に近い宇治の興聖寺を出で、その老後大成の地として都に遠く雪深い越前の山中なる永平寺の草庵で、厳冬の深山にあって毅然として求道に精進して居ったが、道元はこの深山の厳冬草庵生活を「我庵は越のしらやま冬ごもり　凍も雪も雲かかりけり」と詠じている。思うに良寛の前記厳冬国上山草庵の歌も、道元のこの歌の気持を多分に受くるところがあるように思われる〟と。
そして春ともなれば里へ足を運び、托鉢行脚に出かけ、子どもらと無心に遊び楽しんだものと思います。

「飯乞ふと我が来《こ》しかども春の野に菫つみつつ時を経にけり」

「子どもらと手まりつきつつこの里にあそぶ春日

は暮れずともよし」

　さらに良寛は山の草庵の一人暮らしなるが故に、自ら生活の準備をしなければなりません。老後長養の心境を次のような詩に詠じております。渡辺秀英氏の解説を紹介しましょう。（『良寛詩集』）

擔薪下翠岺　薪《たきぎ》を担《にの》うて翠岺《すいしん》を下る
翠岺路不平　翠岺　路　平らかならず。
時息長松下　時に息う　長松の下《もと》
静聞春禽声　静かに聞く　春禽の声。

たきぎを背おうて山くだる
山はけわしくわるい道。
松の木かげでひとやすみ
静かに聞けば春のとり。

××××××××

良寛が、国上山で木を切り、薪《たきぎ》を背負って五合庵へ下る時の様子を詠じたものと思われます。山路は上下、でこぼこで大変苦労したのでしょう。大きな松の木の下で、やれやれと汗を拭きながら休んでいる姿が見えるようです。重い薪を背負って苦しいなかに、のびのびとおおらかな楽しさを表わしていないでしょうか。良寛はこの詩については、余程気に入ったとみえて、いろ〳〵に推敲したものが数種類あるようです。自分の生活の姿や、感想を心を込めて詠じようとした心意気に、感服させられます。

　良寛の日常の生活の行状を表わす次のような歌があります。

「水や汲まむ薪《たきぎ》や伐《こ》らむ菜やつまむ
　朝のしぐれの降らぬその間に」

　吉野秀雄氏は次のように解説しておられます。（『良寛―歌と生涯―』）

　水を汲もうか、薪を伐ろうか、菜をつもうか、どれを先きにしたらいいだろうか、朝、時雨の降らぬわずかの隙《ひま》に、の意。

「や……む」を三たび反復した調子は、おのずから事の多端にせきたてられた気持を出している。下句はこれを受けとめ、手堅く引き緊めているが、特に「その間」がうまい。

× × × × × × ×

良寛の一日の生活のなかで、朝、起床してからの気持の動揺している様子が目に浮かびます。こんな生活の実際はたびたびあったのでしょう。このような心の動きを歌に詠じている良寛の人柄の深さとともに、歌の表現の美しさが身についた生活に徹していることに感服せざるを得ません。

五合庵、乙子神社脇の草庵へは何回、訪れたことでしょう。良寛の人生で自らの人間性を鍛え高めるために、修行に努め、芸術の花を咲かせた住庵であります。

乙子神社わきに立つ良寛の詩歌碑は現存の良寛詩歌碑中最古の碑といわれています。わずか四十字に彼自身の人生の行状を最も鮮やかに表現していると思います。参詣するたびに、じっと碑の文字に見入り、良寛の人間としての偉大さを感じさせてもらっています。次にその詩を紹介してみましょう。

（渡辺秀英氏本。『良寛詩集』）

生涯懶立身　**生涯身を立つるに懶《ものう》く**

乙子神社境内良寛の詩歌碑

騰騰任天眞　騰々天真に任す。
嚢中三升米　嚢《のう》中三升の米
爐邊一束薪　炉辺一束の薪。
誰問迷悟跡　誰問わん迷悟の跡
何知名利塵　何ぞ知らん名利《みょうり》の塵。
夜雨草庵裏　夜雨《やう》草庵の裏《うち》
雙脚等閒伸　双脚等閒に伸ぶ。

世間の事に気がむかず
身まま気ままに世を過ごす。
ふくろに三升の米があり
いろりのたきぎでくらしてる。
迷いやさとりは知るものか
名誉も金もいらぬこと。
草の庵に雨を聞き
両足どっかと伸べて寝る。

×　×　×　×　×　×

良寛は此の詩の中で、先ず自分自身の性格を見事に述べ、どんな風に生きようかということを要約して詠じているものと思います。

即ち、自分は生涯、世の中に身を立てて、目立つような事はしたくないから、気の向くままにのんびりと天然自然の真理の動きに任せて生きていきたいと言っているのだと思います。

頭陀袋の中には、托鉢でもらった三升の米があるし、囲炉裏ばたには、一束の薪があるし、食べる米と燃やす木の最少の物があることだから、外に何を望むものがあるだろうか。と、日々の暮らしの、ぎりぎりのものに満足して生きていこうとする心を察することができるようであります。

人は迷いだ、悟りだと言っているようだが、自分にはどうでもよいことであるし、名誉や金など自分のかかわり知ったことでないし、いらないことだと言い切っております。

だから、夜の雨降る静かな音の聞こえる草庵の中で、両足をのんびりと伸ばしているだけであるよと平生の気持と姿を言い表わしております。

「師平生ノ行状詩歌中ニ具在ス」という『奇話』の状景を描写した代表作の良寛詩と思います。

六、手まりと座禅

㈠　手まり

良寛は、出かけるときには必ず手まりを持っていたことは、先にも述べました。恐らく子どもたちと楽しく遊ぶために大切なものであったのでしょう。それにしても良寛が手まりを持ち歩いたことには、なか〳〵深い意味があったように思われます。良寛にとっての手まりの意味あいと、草庵で徹し続けた、座禅の修行に打ち込んだ心境のかかわりから、彼の人間としての生き方にささやかながら接してみたいと思います。

原田家へは何度か訪れる機会がありました。良寛とおつきあいがあったのは鵲斎《じゃくさい》氏正貞《しょうてい》氏父子でした。私が訪れた頃は正美氏でありまして、参りますとすぐお茶を入れて下され、すぐ脇においてありました手まりを見せて下さいました（下図）。その手まりは、良寛が国上の草庵から木村家に移る際に手づくりのこの手まりを形見として原田正貞氏に与え

原田家の手まり

たものだそうです。訪れるたびに、ていねいにお話し下さいますので、この良寛手づくりの手毬に深い愛着を感じ、何となく良寛にお会いしているような深く、親しさを感じてじっくり見せていただきました。

良寛には、手まりを詠じた詩歌はかなりございますが、その中から少々紹介してみたいと思います。相馬御風氏の『良寛坊物語』の冒頭に次の長歌がのせてあります。

冬ごもり春さり来《く》れば飯乞《いいこ》ふと草の庵《いおり》を立ちいでて里にい行けば、玉桙《ほこ》の道のちまたに、子どもらが今を春べと、手毬《まり》つく、ひ・ふ・み・よ・い・む・な。汝《な》がつけば、あは歌い、あがつけば、汝は歌い、つきてうたいて　霞《かすみ》立つ長き春日《はるひ》をくらしつるかも

かすみたつ　ながき春日を　子どもらと手まりつきつつ　今日もくらしつ　良寛

此の歌について吉野秀雄氏は次のように解説しています。

「春になると、托鉢しようと草庵を出て、村里に行けば、そこの子供らが、今こそ春だというわけで、道の辻で、手毬をついている、自分もまじって、その中にいて、ヒフミヨイムナと数えつつ、君がつけばわれうたい、われうたえば君がつき、ついたりうたったりして、霞のたなびく春の日永を暮らしてしまった」

さらに次のような二首があります。

この宮の森の木下《こした》に子供らとあそぶ春日は暮れずともよし

この里に手まりつきつつ子供らと遊ぶ春日は暮れずともよし

× × × × × ×

冬の長い草庵の生活から解放されて、明るい春がやって来て、托鉢に出かけた喜びの姿が見えるようです。その上に里の道ばたでは子どもたちが喜々としてまりつきをしている中へ入って、ひふみよいむなとつき続け、霞立つ長い春の日は暮れないでくれよ。と、温かいのどかな情感がにじみ出ています。良寛の子どもに対するほのぼのとふくよかな心情を感じとることができます。

次に、詩に詠じられた手まりについて見てみましょう。

青陽二月初　青陽二月の　初めころ
物色稍新鮮　物色　稍《ようやく》　新鮮なり。
此時持鉢盂　此の時　鉢盂《ほつう》を持し
騰騰入市鄽　騰々《とう》として　市鄽《してん》に入る。
兒童忽見我　児童忽ち我を見
欣然相將來　欣然として　相将《ひき》いて来る。
要我寺門前　我を要す　寺門の前
携我歩遲遲　我を携へ　歩　遅々たり。
放盂白石上　盂《はち》を白石の上に放ち
掛囊青松枝　囊《ふくろ》を　青松の枝に掛く。
于此闘百草　此《ここ》に百草を闘はし
于此打毬子　此に毬子《きゅうし》を打つ。
我打渠且歌　我打てば　渠《かれ》　且《か》つ歌い
我歌渠打之　我歌えば　渠《かれ》　之を打つ。
打去又打来　打去り　又　打来って
不知時節移　時節の移るを知らず。
行人顧我問　行人　我を顧みて問う
曷由其如此　曷《なん》に由《よ》ってか　其れ此《かく》の如きかと。
低頭不應他　低頭　他《かれ》に応《こた》えず
道得亦何似　道《い》い得るも亦《また》　何にか似《に》ん。
要知箇中意　箇中の意を知らんと要せば
元来祇這是　元来　祇《ただ》　這《これ》是《こ》れのみ。

春も二月の　初めころ
景色もようよう　あざやかだ。
鉢の子持って　山を出で
心そぞろに　町へ入る。
子どもはひょいと　見つけるや
喜びいさんで　やってくる。
寺の門へと　さそいこみ
ゆっくりゆっくり　引いてゆく。
鉢の子そばの　石にのせ
ふくろは　松の枝に掛く。
男の子とは　草ずもう
女の子とは　手まりつき。
わしがつくとき　子ら歌い

わしが歌えば　子らがつく。
ついては休み　またついて
時の過ぎるも　忘れてた。
道行く人が　わしに問う
こんな子どもと　なぜ遊ぶ。
わしは黙って　答えない
言っても人も　わかるまい。
遊ぶ真意を　知りたくも
もともとたった　これだけさ。
（渡辺秀英氏本『良寛詩集』）

×　×　×　×　×　×

良寛の生活の行状は、詩歌に表わされているということは重ねて述べてきました。彼の歌には心の情感が多分に表わされているといわれております。彼の詩には、思想、社会性、宗教性が表わされているといわれております。

そして良寛自身の詩に「心中の物を写さざれば」どうして詩といわれるだろうかと言っております。詩は、心の中の物が自ら流露したものであり、胸の奥深くにあるものが露呈したものであると考えているのだと思います。

「青陽二月初」の五言詩は、子どもらと手まり遊びに興じている詩であります。

「我打てば彼、歌い、我歌えば彼、之を打つ。打ち去り、打ち来って時節の移るを知らず」

良寛が夢中になって手まり遊びに興じているところへ村人が通りかかり、良寛の遊んでいる姿を見て笑って「どうしてそんなに子どもたちと遊びほうけているのか」と聞きました。良寛は頭を低くたれただけで答えません。言っても人もわからないでしょうというわけです。

結びの二句は「箇中の意を知らんと要せば元来ただこれこれのみ」です。遊ぶ真意を知りたくも、もともと、たったこれだけさというのです。

また良寛は別の「毬子《きうし》」という詩の結びに「箇中の意旨相問わば、一二三四五六七」と詠じております。

また次のような詩があります。

日々日々又日々間《のど》かに児童を伴《ともな》って此の身を送る。袖裏《しゅうり》の毬子《きゅうし》両三箇無能飽酔《ほうすい》す太平の春

良寛はいつもそでの中に手まりを入れておき、子どもたちと手まり遊びをしているときはただ酔うが如く、夢見るかのごとくのようだといっています。そこには一切の是非・善悪を棄て去り、まことにのどかな境涯が現れています。

良寛の子どもたちとの手まり遊びでの心境は、人間としての真の自由、無邪気の境地から、さらに根深い、愛心、大悲心に裏づけられているものと固く信じます。

元新潟大学教授石塚松司先生の著書『人間の教育』に、遊ぶ子どもについて次のように記述してあります。

「自発的に黙々と忍耐づよく、身体が疲れるまで遊ぶ子供は、きっとまた有能な黙々として、忍耐づよく、他人の幸福と自分の幸福のために献身する人間になることであろう」といっておられます。（傍点、筆者）

また、ドイツの教育学者フレーベルは、その幼児教育において、毬を球の法則から、統一と集中の働きを有するものとして、遊戯手技の用具・恩物として活用したといわれております。

あえて、重ねて述べましたが此の二人の学者の幼児教育論とともに、良寛の手まりによる子どもたちとの遊びに注目すべきではないでしょうか。良寛こそ、手まりを教材として活用しての幼児、児童の教育の実践者であるように思いたくなります。

㈡　座禅

良寛は、出家し、円通寺で国仙の下で参禅行を果し、「印可の偈」を受けて、聖胎長養すべく、草庵に住み続け、生涯、座禅に徹した僧であります。

そして、詩歌書に励み、それらによって自らの生活の行状を表わしております。このような芸術の表現は、まさに彼の座禅によって得られた心中に拠るものでありましょう。

托鉢の行や、子どもたちとの遊びの心の根底には座禅による深い心中に根づいているものと思います。次のような詩があります。

日落群動息　日落ちて群動《ぐんどう》息《や》み
我亦掩柴扉　我も亦《また》　柴扉を掩《お》う。
蟋蟀聲稍幽　蟋蟀《しつしゅつ》　声稍《ようや》く幽《かす》かに
草木色漸衰　草木　色　漸《ようや》く衰《おとろ》う。
夜長數繼香　夜長うして数《しばしば》 香《こう》を継《つ》ぎ
肌寒更重衣　肌寒うして　更に衣《い》を重《かさ》ぬ。
勉哉同参客　勉《つと》めん哉　同参の客《かく》
光陰實易移　光陰　実に移り易し。

日暮とともに　音も絶え
わたしも庵《いお》の　戸をしめる。
なくこおろぎの　声細り
草木の色も　枯れてくる。
夜長に度々　香を継ぎ
夜寒に更に　衣着る。
修行の人よ　勉めよう
時はまことに　過ぎやすい。
（渡辺秀英氏本『良寛詩集』）

××××××××

良寛は、国上山山麓の五合庵、乙子神社脇の草庵にあって、座禅の修行に徹していたのです。此の詩はその行状を表わしています。

日が沈んで、あたりは静まり、柴扉を閉じて、こおろぎの声はあわれに、草木の色も失われつつあります。夜も長くなっているので何回も座禅ができました。同じ参禅者よ、座禅に勉めなさいよ。時はまことにはやく過ぎ去りますから、と。

自分も座禅に努め、精進しますから、みんな一緒に仏の道に勉めましょうよ、と呼びかけてでもいるようです。

良寛が子どもたちと、無心になって手まり遊びに徹するのも、ただひたすら、子どもたちへの誠意と、人間への信頼を損ねないために、苦しくともやり通すのではないでしょうか。子どもたちとの手まり遊びについて、なぜ、そんなにつらいことを、大人の里人たちに問われても「ただこれこれ」と言うのは、良寛の子どもたちとの手まり遊びは、まさに、禅僧としての彼自身の遊びだったのでしょう。

荒村乞食了　荒村　食を乞《こ》いて了《おわ》り
帰来緑岩邊　帰り来る　緑岩《りょくがん》の辺《ほとり》。
夕日隠西峯　夕日《せきじつ》　西峰に隠れ
淡月照前川　淡月《たんげつ》　前川を照らす。
洗足上石上　足を洗って　石上《せきじょう》に上《のぼ》り
焚香此安禅　香を焚《た》いて　此《ここ》に安禅《あんぜん》す。
我亦僧伽子　我も亦《また》　僧伽子《そうぎゃし》
豈空渡流年　豈《あに》　空《むな》しく流年を渡らんや。

　さびしい村を　托鉢し
帰って来たのは　草の岩。
夕日は西の　山に入り
月はほんのり　川照らす。
足を洗って　石をよじ
香を焚いては　座禅する。
私も出家の身であれば
むだに月日を送られぬ。（渡辺氏本）

× × × × × ×

さびしい村々を托鉢して帰って来て、後に座禅した情景であります。夕日が沈み、すがすがしい月が前の川を照らしており、川の水で足を洗い、大きな石の上にのぼって、此の石の上で座禅をする。自分はこれでも僧なのだと肝に銘じ、空《むな》しく日々を送ってはならないと自覚しています。

　托鉢の行を終え帰来し、大きな石の上にのぼって、香を焚いて座禅による禅定を耕す心意気に感服させられます。

　良寛は、国上山麓の草庵での隠棲時代にもひたすら座禅に努め、仏道を常に怠らず修行に努めておりました。

　前述した子どもらとの無心の手毬遊びの詩にありました「ただ、これ、これ」は、その無心の遊戯《ゆげ》三《ざん》昧《まい》そのものであり、座禅によって得られた禅そのものの境地に他ならないことを良寛は示しているのではないでしょうか。

　良寛の悟りの境地も「ただ、これ、これ」に極まることを言い表わしているものと思います。

第二章

自らの人間形成

一、家での学び

良寛は宝暦八年十二月、越後国（新潟県）三島郡出雲崎町、父橘屋山本以南、母おのぶ、一説には秀子）の長男として生まれました。

山本家は代々出雲崎の、名主であり、傍ら石井神社の神官を兼ねたこの地方屈指の名門でありました。

父以南は与板町の割元（大庄屋）、新木与五衛門の次男で、山本家へ入婿し、既に、佐渡相川町、山本庄兵衛の長女で、養女として迎えられていたおのぶと結ばれました。

父以南は、生来文学的才能に卓越し、国文学に通暁し、ことに俳諧は北越蕉風中興の祖といわれるほど堪能でありました。

母おのぶの人柄については詳細に伝わってはいませんが、世俗に合わない歌人肌の以南につかえ、子女七人を育て上げ、しかも家政をきちんと切り盛して、橘屋の家柄を維持したその手腕と功績は、良妻賢母の名にふさわしい人であったようであります。

良寛は長男で、その下には六人の弟妹があり、次男は由之（泰儀）三男は宥澄（観山）四男は香（泰信）、長女むら、二女たか、三女みかと言い、四男三女の七人兄弟でありました。これらの人達はいずれも文学的教養が深く、両親の遺伝と家の環境の影響によるものと考えられます。

この橘屋の由来は、正一位左大臣兼大宰帥《だざいのそつ》の橘諸兄《もろえ》を遠祖となし、諸兄の曽孫山本中納言泰実を先祖

「父橘以南誕生地」の碑（与板町）

と伝えるところから出ているといわれていますが、史実かどうか断定できないようでもあります。また日野資朝が佐渡に流されたときに、

「忘るなよ程は波路をへだつともかはらず匂へ宿の橘」と詠んだ短冊が同家に伝えられたことから、橘屋と言われたとも伝えられております。

良寛は、幼名を栄蔵といい、のち文孝といい、字《あざな》を曲《まがり》といいました。

良寛研究家の西郡久吾氏本、（『沙門良寛全傳』）によれば、少年の頃の良寛の性格について次のように記述しています。

性魯直沈黙恬澹寡欲にして人事を懶しとし、唯読書、冥想に耽る、衣襟を正して人に對する能はず、人稱して名主の晝行燈息子といふ。父母之れを憂ふ、と。

又、出雲崎町出身で元滋賀大学学長の三輪健司氏本、（『人間良寛』）に、末弟香《かおる》氏の一詩を載せています。

夜久牀頭燈火小　夜久しく牀頭　燈火小、天寒机

良寛生誕の地・橋屋跡、良寛堂

上硯氷壁　天寒く　机上の硯氷壁。大兄発問ふ兄答　大兄問いを発し、小兄答え、季弟無言低頭眠　季弟言無く低頭して眠る。

三輪氏は次のように解説しています。

「(大兄)は栄蔵、(小兄)は由之、(季弟)は三番目の弟で宥澄。

燈火の油も少なくなり、明かりも薄暗くなる寒い夜更けまでの、いわば共励切磋からみれば、橋屋の庭訓(家庭教育)は厳しい。その厳しい日課が当時の橋屋での日課でありました。こうした日課によって、自然と読み始めると夢中になってしまう一徹の栄蔵となったのだろう」と。

このように、良寛は、文化的、文芸的環境に秀れた家庭に育ったといえましょう。そして幼少の頃、光照寺の寺子屋で、蘭谷万秀に漢文の素読や書を習ったといわれています。

家では「橋屋の蔵書目録みられるので十三経の一部に目を通していたことは考えられる」(谷川敏朗氏編『良寛伝記・年譜・文献目録』)といわれてお

ります。父以南の和歌、俳句等の学識の影響を受けて育っていることは十分考えられます。

「良寛には論語を主とする百則近い後年の遺墨がある。また論語については儒者鈴木文台も感嘆している」（北川省一氏本『漂泊の人良寛』）ことが指摘されております。

二、大森子陽の狭川塾で漢学を学ぶ

〈大森子陽〉

「良寛にとって大森子陽、国仙和尚、貞心尼の三人は最も重要な出会いであった。」（加藤僖一氏本『良寛』）といわれております。

子陽は少年の頃、有願（良寛の道友）と共に「曹洞宗の永安寺の大舟和尚について勤学し、徂来学を修めた」（松澤佐五重氏『良寛研究論集』）と記述しています。そして二十三歳の頃から「東都に学び瀧鶴台に従い学んだ」。そして子陽は帰郷後「地蔵堂（狭川塾）で教鞭をとり良寛らの教育にあたった」。しかし「子陽は一儒者として地蔵堂に埋もれることを潔《いさぎ》よしとしなかった」。（内山知也氏『良寛研究論集』）と記述しています。

彼は任官への志を捨て難く鶴岡をめざしたようであります。また「子陽の親への孝心の深さ」について「故郷を去って江戸へ行く時には「別れがたき故郷を立ち去り候事、筆紙に尽し難く候、お飯乞を致候節は心中涙のみに御座候」（渡辺秀英氏本『良寛出家考』）と書簡に残し、彼の思いやり深い人間味を示しています。

大森子陽は、長岡市寺泊町大字当新田《とうしんでん》に生まれました。名は楽、字を子陽といいます。江戸中期の儒者であり、北越四大儒の一人といわれました。寛政三年五月七日、五十四歳で亡くなり、鶴岡市の明伝寺には「鬚髪《しゅはつ》の碑」があり、郷里の寺泊町当新田の万福寺には「故子陽先生墓」があります。

〈狭川塾〉

子陽は、江戸の滝《たき》鶴《かく》台《だい》に学び、明和七年

（一七七〇）に越後へ帰り狭川塾を開きました。狭川塾の所在地は確認されていませんが、燕市分水町の歴史民俗史料館の近くであったようです。

良寛が狭川塾で学んだのは明和七年の十三歳から十八歳までの六年間と考えられます。今の学年齢の中学校、高等学校の青少年時代で、最も記憶力、知識力が旺盛なときであり、人生いかに生きるべきかという哲学的な思考と情熱に燃える時代でありました。

良寛が狭川塾へ修学している間、寄宿していたのは、父以南の生家である与板割元の新木家と親戚であった地蔵堂の中村家でありました。同家十四代当主中村周清氏は「旧来の建物は、前方の二階建の部分のみで（中略）その二階は仏間と小座敷があり、改築の際にとりこわした母屋にも二階に小座敷があって、栄蔵さまは、暑い時は前二階に、寒い時は裏二階を寝起き勉強部屋にしていたらしく」と述べておられます。（谷川敏朗氏本『良寛の生涯と逸話』二階の格子戸がある部屋は、良寛が生活していた当時のままに今でも保存されているといわれております。

勉学の内容は四書五経、即ち、大学、中庸論語、孟子、易経、書経、詩経、礼記、春秋などといわれております。とりわけ論語をしっかり学び、儒教思想がしみこんでいたようです。

鈴木文台の「草堂集」序に「師好んで論語を読む」とあります。

また良寛の後日の詩に次のようなものがあります。

一思少年時　一たび思う　少年の時
読書在空堂　書を読んで　空堂に在り。
燈火数添油　灯火　数《しばしば》　油を添え
未厭冬夜長　未《いま》だ厭《いと》わず　冬夜の長きを。

思えば若い　あの頃は
ひとりで部屋に　読んでいた。
あかりにたびたび　油つぎ
冬の夜長を　厭きもせず。

（渡辺秀英氏本『良寛詩集』）

×××××××

良寛が狭川塾修学の頃、中村家における勉学の思いを追想した詩と考えられます。学問好きで、読書を好み、誠実に、熱心に学業に励んでいた様子が目に見えるようです。

狭川塾での学友に原田鵲斎、富取之則、橘彦山、三輪左一などがおります。

帰郷後に、いち早く五合庵での鵲斎との親しい交流があり、詩歌の贈答が行われています。鵲斎遺稿の「尋良寛上人」と題す詩から鵲斎は「寛政九年」に、五合庵を尋ねていることがわかります。

富取之則との深い友情を詠じた詩があります。少し長いけれども飯田利行氏の『良寛詩集譯』によって紹介したいと思います。

聞之則物故　之則《ゆきのり》の物故を聞く

人生百年内　人生　百年の内
汎若中流船　汎《はん》たる中流の船のごとし。
有縁非無因　有縁は無因にあらず
誰置心其辺　誰れか心を其の辺《ほとり》に置かん。
昔与二三子　昔　二三子《し》と
翺翔狭河辺　翺翔《こうしょう》す　狭河《せばかわ》の辺《ほとり》。
以文恒会友　文をもって　恒に友と会し
優游云極年　優游として　ここに年を極む。
何況吾与子　何ぞいわんや吾れと子《し》とにおいてをや
曽遊先生門　曽て先生の門に遊ぶ。
行則共車騎　行くにはすなわち車騎を共にし
止則同茵筵　止まるにはすなわち茵筵を同じうす。
風波一作別　風波　一たび別れをなし
彼此如天淵　彼此《ひし》　天淵《えん》のごとし。
子抽青雲志　子《し》は青雲の志を抽《いだ》き
我是事金仙　我れは是れ　金仙《こんせん》に事《つか》えぬ。
子去東都東　子は東都の東に去《ゆ》き
我到西海藩　我れは西海の藩《はて》に到りぬ。
西海非我土　西海は　我が土《くに》にあらず
孰能永滞焉　孰《た》れか能く　永くここ滞らんや。
去々向旧閭　ゆきゆきて　旧閭《きゅうりょ》に向ひ。
杳々凌雲端　杳々として　雲端を凌《しの》ぐ。
聊得一把茅　いささか一把《わ》の茅《ぼう》を得て

占居国上巓　居を国上《くがみ》の巓《ほとり》に占《し》む。
故園非疇昔　故園　疇昔《ちゅうせき》にあらず
朝野多変遷　朝野　変遷多し。
逢人問朋侶　人に逢うて　朋侶《ほうりょ》を問えば
挙手指高原　手を挙げて　高原を指す。
嗚咽不能言　嗚咽《をえつ》して　言うあたわず
良久涙漣々　やや久しうして涙漣《れん》々たり。
昔為同門友　昔は同門の友たりしも
今為苔下泉　今は苔《たい》下の泉となる。
昔常接歓言　昔は常に歓言に接せしが
今化亡与存　今は化して　亡と存とになれり。
三界何茫茫　三界　何ぞ茫々たる
六趣実難論　六趣　実《げ》に論じ難し。
釈之就道路　これを釈《お》いて　道路に就き
振錫望人烟　錫を振って　人烟を望む。
青松挟道直　青松　道を挟《さしはさ》んで直《とほ》り
宮観雲中聯　宮観雲中に聯《つらな》る。
楊柳揺翠旗　楊柳　揺《ゆ》れて翠旗となり
桃華点金鞍　桃花　点じて金鞍となる。

市中当佳辰　市中　佳辰に当り
往来何連綿　往来　何ぞ連綿たる。
顧之非相識　これを顧《かえりみ》るに　相識にあらず
安得不潸然　いずくんぞ潸然《さんぜん》たらざるをえん。

人生　長くとも百年
それは又　大川の中流を
流れやる小舟のように不安定だ。
おおよそ縁《えにし》のあるところには
かならずそのもとの理由《いわれ》がある
(生あれば死)
それを誰れ一人として思うてもみない。
その昔　君をまじえた二三の友だちと
狭河《せばがわ》のほとりを　逍遥したことがある。
また芸文を通じ　いつも同人とつどい
のんびりと時をすごしたこともある。
ましてや衲《わし》と君とは　その中でも
曽て子陽先生の門に学んだ間柄だ。
一緒に車馬をならべては塾に通い
塾に着いては席をも連ね合った仲。

それが　世の風波にあやつられて
別々の途に　引き離されてからは
二人はまるで天上と潭底《みなそこ》との様に
遠く相隔てられた。

君は立身出世に　青雲の志を抱き
衲は世外の仏陀の道に身を入れた。
君は東の都江戸の東《はて》に上ってゆき
衲は遠く西海の玉島におもむいた。
その西海も骨を埋める地ではなく
どうして永く留まる訳があろうか。
ついに辿りたどっては再び故郷に向い
はるばると長い旅路を越えてきたのだ。
そして今いささかいぶせき茅屋《あばらや》を
あの国上山のほとりにしつらえた。
故郷には昔日のものは何一つない
世の移り替りの激しさだけがある。
今日人に逢うて君の在処《ありか》を問うと
お丶　と手をあげてあの高原よと
君眠る墓所を　指さすではないか。

あ丶　衲はむせび泣いて言葉が咽喉《のど》につまり
や丶あって　涙が止めどなく流れおちるのだ。
昔　同門の友が今や苔の下　黄泉《よみじ》の人。
昔　楽しい語らいを交わし合うたのを
今や死と生と幽冥　界を異にしたとは。
三界《このよ》は　なんと茫漠《ぼうばく》としていることよ
六趣の委細も　実に言いあらわし難く
地獄より天上の別　種々《くさぐさ》の入り交《まじ》る様。
あ丶衲はそれがゆえ世間智を離脱して
托鉢して今日道を往き　錫杖を
鳴らし人の暮しを望見するのみ。
緑なす青松は　道を挾んで並び
伽藍は雲中に甍《いらか》を連らねている。
楊柳が搖れて翡翠《かわせみ》の旗となり
桃が咲き金色の鞍かと見まごうほど。
折から市中《まち》は春祭りの佳日《ものび》にあたり
往来は何と人通りの続いている事か。
だが誰　一人旧知の者はいないのだ
わが知人は既に亡くなって終《しま》い　これが

何で涙にうち暮れずにおられよう。
別の「聞之則物故」についても、渡辺秀英氏の『良寛詩集』によって紹介しましょう。

今日出城下　今日《こんにち》　城下に出でて
千門乞食之　千門　食を乞うて之《ゆ》く。
路逢有識人　路に有識の人に逢えば
道子黄泉歸　子《し》は黄泉《こうせん》に帰《き》すと道《い》う。
匆聞只如夢　匆ち聞いて　只　夢の如く
思定涙沾衣　思《おも》い定まって　涙　衣《ころも》を沾《うるお》す。
與子自少小　子《し》と　少小より
往還狭河陲　狭河《きょうが》の陲《ほとり》を　往還す。
不啻同門好　啻《ただ》に同門の好《よし》みのみならず
共有烟霞期　共に　煙霞《えんか》の期あり。
家郷分飛後　家郷より分飛して後
消息兩夷微　消息　兩《ふたり》ながら夷微たり。
當此揺落候　此の揺落の候に当り
棄我何處之　我を棄《す》てて　何處《いずこ》にか之《ゆ》きし。
聚散元有分　聚散《しゅうさん》　元より分《ぶん》あり
誰能永追隨　誰か能く　永く追隨せん。
吁嗟復何道　吁嗟《ああ》　復《また》　何をか道《い》わん
飛錫獨歸来　錫《しゃく》を飛ばして　独り帰り来る。

今日は山から　町へ出て
家から家と　托鉢す。
道に知人と出会ったら
君が死んだと　聞かされた。
あまりの不意に　夢のよう
やや落ち着けば　涙わく。
君とはほんとに　子供から
西川べりを　行き交うた。
狭川《きょうせん》塾の同門で
風流このむ　親友だ。
わたしが故郷《くに》を　出たのちは
互いに便りも　遠のいた。
ああ、この秋の　さびしきに
わたしを棄てて　どこ行った。
会えば別るる　さだめあり
永久《とわ》に誰か　共にせん。
ああ、また言わん　すべもなく

　錫杖とぼとぼ　帰り来ぬ。

××××××××

前詩は、百年という人生の上から人の一生の在り方に触れ、狭川塾での友としての交わりを深く懐しんでいる心情を詠じています。

　学問のために友とつどった喜びをにじませています。そして二人が、各々がちがった道へと進み、君は青雲の志を果すべく、東の江戸に上り、自分は仏陀の道を求めて、遠く西海の玉島へとおもむいた決意を示しています。

　そして、その西海も自分の骨を埋める地ではないことに心を至し、どうして永く留まることはなく、はるばると長い旅路を越えて、故郷へ帰りました。

　良寛は、修行せし、西海の玉島は、骨を埋める地ではないと考えていたことを自らの詩に表わしているのです。どういう理由で越後の故郷へ帰ろうと思ったかは明白ではありません。

　どうして、長く異郷の地にとどまる訳があろうかと、決意して、帰ってきたというのに、君はすでに黄泉の人となっていることを知り止めどなく涙を流しました。

　後詩では、山の草庵を出て町の家々に托鉢の折り、君の死を聞いて驚き、狭川塾で学んでいた頃を思う心の様相が情操的に言い表わされています。西川べりを行き交え、「共有烟霞期」ありと詠じ、之則は青雲の志があり、良寛は仏陀への道をめざしていますが、「煙霞期」ありといい、自然の景勝を愛そうという約束をし合って、自然愛に二人が共通した楽しみを心に持ち合っていたことを察することができると思います。

　これらの二つの死は親友富取之則の死を知っての回想と、死別の悲しみの心情を詠じております。良寛の友への思いやりの深さがありありとうかがわれ、彼の内心にある人間性が親友の死を通して、温かさ、なつかしさ、かなしさとなって詩に表わされておるものと思います。

　次に、三輪左一（佐市）について述べてみたいと思います。彼は与板町の三輪家（大阪屋）第五代多《た》仲長旧《ちゅうながもと》の三男で、家業の回船問屋に力を尽し、仏教への帰依も深く、良寛の親友であり、法弟として兄弟のような親交がありました。次に三つの詩を紹介しましょう。

左一老

曽冒風雪尋草盧　曽《か》って風雪を冒《おか》して草盧《そうろ》を尋《たず》ね
一盌苦茗接高賓　一盌《わん》の苦茗高賓《くめいこうひん》に接す。
那時話頭尚在耳　那時《なじ》の話頭《わとう》尚耳に在り
倒指早是十餘春　指を倒せば早や是れ十余春。
舊病爾來無增惱　旧阿爾来《きゅうあじらい》悩《なや》みを増すこと無きか
時當歳寒宜厚茵　時歳寒に当る。宜《よろ》しく厚茵《こういん》すべし。
我道回首實堪嗟　我が道首《こうべ》を回《めぐ》らせば実に嗟《なげ》くに堪《た》えたり。
天上人間今幾人　天上人間《じんかん》今幾人《いくにん》ぞ。

ふぶきをついて　庵《いお》訪ね
茶をのみながら　お会いした。
話は今も　耳にある
それが早くも　十余年。
古い病気は　如何《いかが》です
寒さに蒲団《ふとん》は　厚くせよ。
ああ仏道は　おとろえて
古道守るは　幾人ぞ。（渡辺氏本）

×　×　×　×　×　×

法弟である左一に「老」の敬いの語をつけた詩を詠んでいます。吹雪をついて草庵を訪ねてくれました。茶をのみながらくったくなく話し合った十余年前のこと、今でも耳に残っているというのです。古くからの病のことを気づかい、ふとんを厚くしなさいと。この頃の仏道はおとろえてなげかわしく、古道の精神を守る人は幾人かの少ない数になってしまったとなげいていているようです。

お互いに思いやりのあることばを交わし、温かくなごやかに話し合う人間としての心づかいが目に見えるようです。左一の病いに気づかっているようでもあり、病没近くの詩かも知れません。

左一は、文化四年（一八〇七年）五月一日に亡くなりました。良寛五十歳の時でありました。次に左一を詠んだ三つの詩を紹介します。

左一訃至　左一の訃《ふ》至り
喟然作　喟然《きぜん》として作る
呼嗟一居士　呼嗟《ああ》一居士
参我二十年　我に参ずること二十年。
其中消息子　其の中《なか》の消息子《しょうそくし》
不許別人傳　別人の伝を許さず。

ああ　門弟の　左一居士
わたしについて二十年。
道の奥儀を　よくきわめ
伝授できたは　これひとり。

聞左一順世　左一の順世を聞く
微雨空濛芒種節　微雨《びう》　空濛《くうもう》たり芒種《ぼうしゅ》の節《せつ》
故人捨我何處行　故人我を捨てて何處にか行ける。
不堪寂寥則尋去　寂寥に堪えず則ち尋ね去れば
萬朶青山杜鵑鳴　万朶《ばんだ》の青山杜鵑《とけん》鳴く。

小雨のけむる　五月頃
わたしを捨てて　なぜ死んだ。
寂しくたまらず　訪《と》い行けば
青葉の山に　ほととぎす。

夢左一、覺　左一を夢み、覚《さ》めて
後彷彿　後《のち》、彷彿《ほうふつ》たり
二十餘年一逢君　二十余年一たび君に逢う
微風朧月野橋東　微風朧月《びふうろうげつ》　野橋《やきょう》の東。
行行攜手共相語　行く行く手を携《たずさ》えて共に相語り
行至與板八幡宮　行きて与板の八幡宮に到る。

二十余年目　君に会う
そよ風月夜の　橋のへり。
手をとりながら　語りつつ
着いたは　与板の　八幡宮。

×　×　×　×　×　×　×

「左一訃至」「聞左一順世」と、左一の死にかかわる良寛の温かく思いやり深い詩を詠んでいます。門弟の仏陀への奥儀を極めた熱心さをほめたたえております。お互いに温かい心を交わし合ってきたのに、どうしてこのわたしを捨てていってしまうのですかと、さびしくてたまらない心情を表わしております。

この詩碑が与板八幡宮、都野神社に建てられております。

左一が亡くなって後、二十年余り、良寛の夢に左一が現れたのです。二人でおぼろ月夜、そよ風に吹かれながら、のどかに語り合い、小川の橋を渡って、いつのまにか八幡宮までやって来てしまったのです。二十年もたって、なおも左一の姿が鮮やかに描かれており、良寛の頭から親友への思いやりが消えなかった、何とすばらしい友情でしょう。

この詩の原跡は「蛾眉山下橋杭《がびさんかはしくい》に題す」と一緒の紙に書かれていますので、文政八年良寛、七十歳過ぎの最晩年の作であるようです。

私は、良寛めぐりで与板を訪れるたびに、この詩碑の前にたたずんでおります。

三、大森子陽の感化

良寛は修行から帰国後、はやいうちに子陽の墓を訪ねているのです。

四十歳半ばの詩に「訪子陽先生墓」「弔子陽先生墓」を詠んでおります。

良寛が、学問、人間性の上で、いかに子陽を敬慕していたかを物語っているのではないでしょうか。

これらの詩について「良寛の切なる思慕の情がうかがえる」（渡辺秀英氏本『良寛出家考』）と、良寛が師大森子陽を一人の人間として深く偲ぶ情感を、心の奥深く持ち続けていたと言えるでしょう。

さらに「子陽の性質は、思ったことをそのまま実行し、ぜいたく、みえっぱり、おじょうずが大変きらいだった。清純な性行が、まだ若い良寛に多分に影響しているように見られない」ようでありました。

また、良寛は「師を敬い、友に厚く、従って人に愛され、その生活は極めて楽しかったと思われる。（石田吉貞氏本『良寛その全貌と原像』）と指摘しています。

また、良寛は「子陽の下にあって暖かい率直な人間性の大切さを心から教え込まれた。」（谷川敏朗氏本『良寛の生涯と逸話』といわれております。

良寛は、大森子陽に、漢学、漢詩を学び、深い人間性の感化を受けました。そして友情に満ちた学友との信頼関係を結び、彼の生涯における人間形成の基盤が築かれたものと思われます。

次に、子陽先生に捧げた詩を紹介し、思いを馳せてみたいと思います。

訪子陽先生墓　子陽先生の墓を訪う
古墓何處是　古墓　何《いず》れの処か是《こ》れなる
春日草萋萋　春日《しゅんじつ》　草　萋萋《せんせん》。
伊昔狹河側　伊《こ》れ昔　狹河《きょうが》の側《かたわら》
慕子苦往還　子《し》を慕うて　苦《ねんごろ》に往還《おうかん》す。
舊友漸零落　旧友　漸《ようや》く　零落《れいらく》
市朝幾變遷　市朝《しちょう》　幾たびか変遷す。
一世眞如夢　一世　真に夢の如し
回首三十年　首《こうべ》を回《めぐ》らせば　三十年。

古いお墓は　どこかしら
春の日ざしに　草まばら。
思えば昔　狹川《せばかわ》で
先生慕って　通ってた。
むかしの友も　落ちぶれて
町の様子も　大変り。
過ぎてしまえば　夢のよう
思えばすでに　三十年。

弔子陽先生墓　子陽先生の墓を弔う
古墓荒岡側　古墓《こぼ》　荒岡《こうこう》の側《かたわら》
年々愁草生　年々　愁草生ず。
灑掃無人侍　灑掃《さいそう》　人の侍する無く
適見芻蕘行　適《たまたま》　芻蕘《すうじょう》の行くを見る。
憶昔總角歳　憶《おも》う　昔総角《そうかく》の歳《とし》
從游狹水傍　従い游　狹水《きょうすい》の傍《かたわら》。
一朝分飛後　一朝　分飛の後
消息兩茫茫　消息　両《ふた》つながら茫《ぼう》々。
歸來爲異物　帰り来《きた》れば　異物《いぶつ》となる
何以對精靈　何を以てか　精霊《しょうりょう》に対せん。
我灑一掬水　我れ　一掬の水を灑《そそ》ぎ
聊以弔先生　聊か以て　先生を弔う。

白日忽西沈　白日　忽西に沈み
山野只松聲　山野　只《ただ》　松声のみ。
徘徊不忍去　徘徊《はいかい》　去るに忍びず
涕涙一沾裳　涕涙《ているい》　一《いっ》に裳《もすそ》を沾《うるお》す。

古いお墓は　岡の上
草の生えるに　まかせてる。
掃除の人が　あるでなく
草かり木こりの　通るだけ。
思えば子供の　その昔
狭川のべて　教わった。
一たび別れた　その後は
便りはともに　なくなった。
帰り来れば　亡くなられ
み霊《たま》の前に　まいるだけ。
お墓に水を　そそぎかけ
亡き師のみ霊　とむらった。
夕日は西に沈みゆき
松吹く風の　音ばかり。
とゆきかく行き　去りやらず
涙に袖を　濡らすのみ。

×　×　×　×　×　×　×

子陽の墓は、長岡市寺泊町当新田万福寺の境内の小高い竹林の中に、大森家一族の墓が並んでいます。

私は、度々、寺泊方面の良寛めぐりの折りには参上しました。その一つに「故子陽先生墓」と書かれた墓石がかなり風化しています。

その傍らに「弔子陽先生墓」と題する良寛の詩碑が建てられています。

四、出家と禅の修行

(一)　良寛と空海の出家に思う

〈十八歳の出家〉

良寛は十一歳の頃、大森子陽の狭川塾に入り、漢詩、漢学を学び、十八歳で名主見習役となりました。その後、突如仏門への道を選んでおります。

これに合せて思うのは空海の出家であります。空海は十八歳で当時の官吏養成機関である中央の大学に入り、儒学、儒教を学び始めましたが、中途退学を決意して仏門への修行の道に入りました。

この二人が偶然にも、なぜ同じ年頃に出家の道を求めたのか。その心境はどんな事情があったのか。と思い続けておりました。

〈良寛出家の心〉

良寛が剃髪・参禅した光照寺に、渡辺秀英氏発見の「出家の歌」の碑があります。その冒頭に「うつせみは常なきものとむら肝の心にもひて家をいでうからをはなれ」とあります。渡辺氏は「現世は無常なものだと心に思ってわがなつかしい家を出て出家をし、親兄弟を離れた」と述べています。（『良寛出家考』）

この歌から良寛出家の動機は、内心から起る無常感に起因しているのではないかと思われます。

良寛出家の理由には多くの論があります。

「良寛自身の家柄から」
「父以南の影響から」
「良寛自身の生来の性格から」
「名主としての山本家の衰退から」
「名主としての采配を振るう能力の欠如から」
「当時の権力者への対応や、農民への対応の不手際から」
「刑罰の処刑の様子への悲観から」
「自分自身の生活への自信のなさから」等々。

良寛出家の要因は、十八歳までの人生経験から彼自身の人格全体の心的状態から考えなければなりません。とりわけ、良寛の心の形成に重要な要素となったことは、青少年期に学んだ儒学・儒教の影響が考えられます。

名主の家柄を継ぐために、儒教思想が深くしみこんでいたと思われます。また儒教に併せて当然、仏教についても学んでいたものと考えられます。

山本家の菩提寺は出雲崎町真言宗円明院であり、十八歳までの間には仏教、とりわけ真言宗開祖の空海への関心、理解が十分にあったものと思われます。

山本家（橘屋）菩提寺　真言宗　円明院（出雲崎町）

〈空海の出家〉

空海は二十四歳の時「三教指帰」を著わしました。これについて和歌森太郎氏は「儒教と道教を批判しつつ仏教の真理を最もすぐれた所以を説いた」と述べ（『弘法大師空海』、真鍋俊照氏も同意見を指摘しています。（『空海のことばと芸術』）更に最近、篠原資明氏は「儒教、道教の体現者を批判しつつ説きふせ、最後に仏教の体現者が、いずれの立場をも批判しつつ教えさとしている」と言っております。（『空海と日本思想』）そして、春名好重氏は「いかに生きるべきであるかということを考えて世俗の名利を求める心を捨てた」と言っています。（『空海―人と書―』）

〈無常感から仏教へ〉

空海は「三教指帰」による如く、名利の心を捨て、世の無常を感じ、仏教の真理を求めて出家への道に入りました。

良寛も漢学、儒教を学び、名主見習につきながらも「出家の歌」による如く、現世の無常を感じ、出家への道に入りました。

空海は後に「一身独り生没す、電影是れ無常なり」（『性靈集・山に遊むで仙を慕うの詩』）と詠じています。

良寛も「閃電光裏六十年、世上栄枯雲往還」（良寛詩」）と詠じています。

空海・良寛共に、人生の無常を稲妻の光りとして詠じていることに注目したいと思います。

良寛の生家山本家が真言宗であったことから、彼が空海の出家の事情を理解していたことは十分に考えられ、良寛の出家への大きな要因となったと言えるのではないでしょうか。

このように良寛は、空海の出家と同じように、十八歳という青年期の感情の強き頃に、人生とは何かを深く突きつめ、世の無常を感じ、名利を捨てて自らの内心からのやむにやまれぬ決断によって仏教の真理を選んだものと考えます。

真言宗の家に生まれた良寛が、真言宗空海の出家を学んでいて、自らの出家を決意したようにも思われます。

(二)　良寛の出家

良寛は十六歳の頃、大森子陽の狹川塾を辞し、名主見習い役となり、父以南の仕事を助けることになりました。しかしそれも僅かで、十八歳の頃に家督を弟の由之にゆずって、出雲崎の曹洞宗光照寺玄乗破了（国仙和尚の門下で、良寛の法兄）の下にかけこみ、剃髪・参禅しました。

しかし、良寛がなぜ出家したのか、その動機や経緯については、明確ではなく多くの説があります。すでに前項で、いくつかの原因には触れてみましたが、さらに良寛の詩などを通して私なりの考えを述べてみたいと思います。

良寛は名主見習となりましたが、世の中の真偽をつきまぜた俗界の判断に悩み、純真な彼には折角の努力は水泡に帰したようです。

俗界に名主として生きる自信を失い一年有余の名主見習を捨てて、光照寺で幼児の頃学んだ親戚の老隠居・蘭谷万秀を頼り、住職の玄乗破了の下へ座禅修行すべく、かけこんだようであります。

良寛の後日の詩に次のようなものがあります。

少小学文懶為儒　少小文を学んで儒《じゅ》と為《な》るに懶《ものう》く

少年参禅不伝燈　少年　禅に参じて燈を伝えず。

（以下略）

幼少の頃に漢文を学んだけれども、儒学の学者になるのは嫌いでした。大きくなるにつれて、参禅し、身をつくしたが、法燈を伝えんとするような殊勝な熱意は持たなかったという思いのようであります。

良寛が剃髪し、参禅の修行に入った心情が示されております。儒者となったり、名主のような政治家になるような気になれず、禅の修行を身につけても、寺を持ち、住職の身となり、人に仏の道を説いたりしようとも思わないというのです。

また次のような詩があります。

少小抛筆硯　少小にして筆硯を抛《なげう》ち

竊慕出世人　ひそかに出世の人を慕う。

一瓶与一鉢　一瓶と一鉢と

游放凡幾春　游方すべて幾春ぞ。

（以下略）

×　×　×　×　×　×

既に少年の頃、世渡りに必要な学問への志を断念し、ひそかに出家の身を慕うたものだが、幸い出家の道を歩むことができ、身のまわり品だけを携えて、諸国行脚への歳月をついやしました、と詠じています。

良寛は、十八歳までに、儒、仏、道三教の内容は大体了解したことは考えられ、儒学には見切りをつけ、悟りを開いた人になるべく、仏道への志に燃えていたことが伺われます。

そして、仏教にこそ最も価値あるものを見出すべく、出家への志を胸に抱いていたのではないでしょうか。

前にも述べましたが、十八歳頃に、自らが生きる価値あるものを目ざし、人生観や世界観を確立しようと願って、一筋に仏道に向かったものと思います。

良寛には家を捨てた心境を表わした詩もあります。

少年捨父奔他国　少年父を捨てて他国に走り
辛苦畫虎猫不成　辛苦虎を画いて猫だも成らず。
有人若問箇中意　人あり若し箇中の意を問はば
箇是従来栄蔵生　箇《これ》は是《こ》れ従来の栄蔵生《えいぞうせい》。

××××××

少年の頃、父を捨てて、出家し、他国へ行ってしまいました。父を捨てるということは、当時は大変なことであったと思います。江戸時代の封建社会にあって家族制度の下、家督相続で、父の名主の身分、責任を放棄することを意味します。そして出家の身となり、苦行したけれども、まさに、虎を描いて猫にもならずというように自分の努力は報われなかったと言っています。人にこの心中の意を聞かれても、出家前の私と、今の私そのものはちっとも変わっていないんだというのです。

ここに、良寛の内面に秘めた深く強靭な志が見えるようです。

良寛の出家の心境は、外的にも内的にも、深刻な複雑な情況があったと思われますが、青年期の情熱と人間として生きる自覚によって、仏道にその道を求めたことに厳しく注目しなければなりません。

このことについて、渡辺秀英氏の発見された「出家の歌」によって、良寛の出家の心を追求したいと思います。

「出家の歌」は渡辺氏が、上杉篤興《あつおき》氏の「良寛歌集」の『木端《こっぱ》集』中の「題知らず」とある長歌を発見し、良寛が出家して玉島へ赴く折のことを詠んだ歌であることをつきつめました。

渡辺氏は、森哲四郎氏と、歌人の吉野秀雄氏を尋ね、疑いなく良寛の作れるものなりと確認してもらいました。次にあげてみます。

出家の歌（題しらず）
うつせみは　常なきものと
むら肝の　心にもひて
家をいで　うからをはなれ

浮雲の　雲のまにまに
ゆく水の　ゆくへもしらず
草枕　たびゆく時に
たらちねの　母にわかれを
つげたれば　今はこの世の
なごりとや　思ひましけむ
涙ぐみ　手に手をとりて
わがおもを　つくづくと見し
おもかげは　なほ目の前に
あるごとし
父のいとまを　こひければ
父がかたらく　よをすてし
すてがひなしと　世の人に
いはるなゆめと　いひしこと
今もきくごと　おもほえぬ
母が心の　むつまじき
そのむつまじき　みこころを
はふらすまじと　思ひつぞ
つねあはれみの　こころもし

「出家の歌」良寛碑（出雲崎町、光照寺）

うき世のひとに　むかひつれ
父がことばの　いつくしき
このいつくしき　みことばを
思ひいでては　つかのまも
のりの教へを　くたさじと
朝な夕なに　いましめつ
これのふたつを　父母が
かたみとなさむ　わがいのち
この世のなかに　あらむかぎりは

×　×　×　×　×　×

良寛の出家の動機は今だにはっきりされてはいません。昭和三十九年五月十日に、いわゆる「出家の歌」（「題しらず」）が発見され、良寛の心の内なる告白の長歌によって出家への核心が見えてきたといえるのではないでしょうか。以下に、長歌の内容に従って良寛の心のうちを探ってみたいと思います。

〈出家への内心〉

現世は、無常なものだという心を胸の奥深く思いつめ、家を出て親兄弟と別れる決意をしました。併せて、彼自身の人間性そのものについて、生涯身を立つるに懶しと自覚していた心情、性格によることにも大きな要因があったものと、考えられます。

〈玉島への旅立ち〉

光照寺へ来錫した玉島円通寺の国仙和尚に得度を受け、玄乗破了、蘭谷万秀とも別れて玉島への旅に出立することになりました。

空に漂う雲のように、流れ去る水のように旅へ出ていく複雑な心境であったようです。

年齢あたかも、二十二歳でありました。今でいえば、大学四年の卒業と期を一にするときです。感無量の心情であったでしょう。

〈別離の母の面影〉

母に別れを告げましたら、母はもはや今生の別れと思い、涙ぐんで、手を取りあい、私の顔をつくづくと見つめておりました。その面影は、今もなお目の前にあるようだと言っております。

慈愛深い母の眼ざしは、良寛にとっても、万感胸にせまる心境であったことでしょう。「今はこの世の名残とや」と別れを惜しんだのですが、その歌のごとく、母との永遠の別れとなってしまいました。母、おのぶ（秀子）は、天明四年四月二十九日に四十九歳で亡くなりました。

〈父の厳しい戒め〉

父以南は幼なき頃からの良寛には厳しかったようです。さすがに父は此の別れに際しても厳然とした戒しめのことばを与えております。

「よをすてし　すてがひなしと　世の人に　いはるなゆめ」と。出家をして世を捨てたからには、捨てがいなしと世の人にゆめゆめ言われるな、と言われたのです。その厳しい戒のことば、今も耳にしっかり聞こえてくるようです、と良寛は生涯思い続けていたことにまちがいはありません。良寛は当時の宗門に於ける堕落を自覚してのことに拠るものと考えられます。

良寛は「僧伽」の詩の中に詠んでおります。

「縦《たと》ひ　乳虎の隊に入るも　名利の路を践むこと勿れ」と。

たとい子持ちの虎が群れているような危険な場所に踏み入ることはあっても、有名になることを望んだり、金持ちになる欲をほんの少しでも起こしてはならないことを心の奥深く持ち続けていたのでしょう。

また「円通寺」という詩にも「僧は清貧に可なるべし」と詠い、僧は貧しくあれとさとされ、生涯その強い信念を持ち続けていたことを固く信じます。

良寛は、父の厳しい教えを心中深く刻み込み、忠実にその意を体して生活していたのです。

〈母への誓い〉

「母の心のむつまじき」は、母の心の慈愛の情にあふれているさまを表わしているものと思います。その慈愛の心情を捨てないようにして、常に哀憐の情をもって浮世の人に、相対して来たというのです。

涙にむせんで一語も語らぬ母の一挙一動の身にしみる愛の姿は、良寛の生涯における慈愛の精神に満ちた行いに、いかに偉大な影響があったかに大きな想いが湧いて参ります。

良寛が、道元の正法眼蔵の愛語に心を寄せているのは、此の母の慈愛への感動が結びついているように思えてなりません。

まさに、良寛は、温良にして厳正な心で、和顔愛語の実践者として、民衆の間に生きた人であったといえるでしょう。

〈父への誓い〉

父のことばは厳しい。この厳しいみことばをいつもしっかり思い出し、束《つか》の間でも仏教を腐敗させないようにしなければならないと朝な夕なに自らに戒しめてきたというのです。

母の「むつまじき」に対し、父の「いつくしき」と詠じています。まさに厳父慈母を基底にした心情のように思われます。なぜか良寛は、母を先に、父を後に詠っているところに何らかの意味合いを感じます。

父の厳しい戒しめとともに、「すてがひなしと世の人に、いはるなゆめ」には、厳格なうちにも深い愛情に包まれているように思われてなりません。

母と父への誓いについて、母の方では「つね」といい、父の方では「つかのま」と言っております。それぞれに誓いの情を示しておりますが、父に対しては、つかのまもと強調し、自らへの戒しめを心の奥深く受けとめ、固い覚悟を示していると思われます。

〈わが決心〉

この二つ、即ち「母のむつまじき心」と「父のいつくしきみことば」を父母のかたみにしよう。この世の中に生きている限りは。と生涯への決意を述べています。

母の慈愛、父の厳しさに対する覚悟を決め、「わがいのち、この世の中にあらむかぎりは」と自らの生涯を貫いた精神を明確に示しております。

良寛は以上の長歌「出家の歌」において、世の無常を感じ、出家を決心し、親兄弟と別れ、玉島円通寺の国仙に随って旅立つこととなりました。

どこで最後の別れをしたかは、わかりませんが、両親はじめ、次の兄弟、六人が考えられます。

むら子　宝暦十年生　　二〇歳
　　　寺泊町の外山文左衛門に嫁ぐ。
由　之　宝暦十二年生　一八歳
たか子　明和七年生　　一一歳
宥澄　　明和七年生　　一〇歳
香《かおる》　　明和八年生　　九歳
みか子　安永六年生　　三歳
（渡辺秀英氏本『良寛出家考』）

三　禅の修行

光照寺での約五年間の修行の歳月が過ぎ、国仙和尚の滞錫中に、得度を受け、玉島円通寺へ随従せんことを請い願い、認められ、円通寺行きが実現することとなりました。

この実現については、光照寺住職の玄乗破了和尚や先住の蘭谷万秀の助力は勿論ですが、良寛が光照寺での禅の修行時代に、乞食、行脚による求道修行に務めておりました頃に、相見しました紫雲寺村観

良寛禅師剃髪の寺、光照寺（出雲崎町）

音院、大而宗龍禅師も大きくかかわったであろうことは十分に考えられます。

良寛は後に円通寺時代に亡母の三周忌に一時越後に帰った折りや、円通寺を去って諸国行脚の折りに、大而宗龍を訪れていたようであります。

良寛は、宗龍禅師の乞食行脚の求道の精神の人格に心の奥深く畏敬の念を持ち、自らの仏道に生かし続けたものと思われます。

第一章でも述べましたように良寛は、備中玉島円通寺の国仙和尚の会下にあって、仏道への厳しい本格的な修行に入りました。

円通寺の生活に入って、ある時、良寛は、師国仙に問いました。「和尚の家風はどういうものですか」と。すると国仙和尚は次のように答えました。

「一に石を曳《ひ》き、二に土を搬《はこ》ぶ」と。

禅宗では、身体を動かして労働することを重視し、これを作務《さむ》といい、自我を超えた生命のはたらきと証するとされております。

「一日作《な》さざれば一日食らわず」という百丈の教えもあります。

良寛の円通寺での修行の熱心な心構えを示した次のような詩があります。

憶在圓通時　憶《おも》う　円通に在りし時
恒歎吾道孤　恒《つね》に　吾が道の孤なるを歎ぜしを。
運柴懐龐公　柴《しば》を運んでは龐公《ほうこう》を懐《おも》い
踏碓思老盧　碓《うす》を踏んでは　老盧《ろうろ》を思う。
入室非敢後　入室《にっしつ》　敢て　後るるに非ず
朝参常先徒　朝参　常に　徒に先《さき》んず。

（以下略）（渡辺秀英氏本『良寛詩集』）

×　×　×　×　×　×

柴を運んでは龐公（唐の名僧）を懐《おも》い、碓《うす》を踏んでは、老盧《ろうろ》（唐の僧で八か月、碓房にあって米を搗いていた）を思っていました。誰よりも早く師家の室に入って問答し、誰よりも早く、朝の参禅に常に率先してやってきました。

私は、一九八〇年（昭和五十五年十一月二十五日の午後、円通寺を訪ねました。当時円通寺住職の矢吹憲道師にお会い出来、円通寺で修行した良寛につ

「自来円通寺」詩碑

いて大変貴重なお話をお聞きし、寺内の案内をいただき、良寛のまじめな修行ぶりの感銘深い思いをいっぱい与えていただきました。

特に、良寛が自ら大愚と号し、仏道に入門した感激と誇りを持ち、大愚の号にふさわしい修行の実践に気魄を以てやり通したことを強調されておられたことを今でもはっきり心に残っております。前述した詩に、良寛自らの修行への構えと相対比して感無量でありました。

更に、矢吹憲道師は良寛が、幼ない頃から、大森子陽塾で学び、その六年間に漢学の素養を身につけたことが、聖良寛の人間形成の基底となっていることを話されていたことに深く感銘いたしました。

良寛の生活状況を次のような詩に残しています。

圓通寺

自来圓通寺　円通寺に来ってより
幾度經冬春　幾度か　冬春を経たる。
門前千家邑　門前　千家《か》の邑《ゆう》
更不知一人　更に　一人を知らず。
衣垢手自濯　衣垢《ころもあか》づけば手自《みずか》ら濯《あら》い
食盡出城闉　食尽くれば　城闉《じょういん》に出《い》ず。
曽讀高僧傳　曽《か》って　高僧伝を読む
僧可可清貧　僧は清貧に可なるべし。（渡辺氏本）

×　×　×　×　×

円通寺にやって来てからいくたびかの年が過ぎました。町には多くの家々がありますが、誰一人知っている者はおりません。着物がよごれれば、自らの手で洗い、食べ物がなくなれば町へ托鉢行脚に出かけます。かって高僧伝を読みましたが、僧は清貧に生きなければならないとさとされました。良寛も全くそのとおりの生活をやっていますし、これからもずっとやり通していきますという固い信念が込められているように思われます。

良寛は、町に多く人はおっても一人も知らなかったというのは、只管《ひたすら》に、禅の修行に励む意気込みを示しているのでしょう。決して甘い心になって消極的に逃走の結果によるのではなく、積極的な真の仏道への精進の心情であったと信じます。

同時に、良寛は「僧伽」の詩において、僧侶らの頽廃《たいはい》ぶりを批判しているように、彼自身、雲水としての生活は、徹底した道心の生活の実践に努めたものと思います。

円通寺修行の時代は、まさに人生の二十代の若き情熱に燃えた信念のみなぎるときであり、良寛のめざしたものは、只管打座の座禅修行に徹した禅一筋に心を打ちこんだものでした。

そのような修行生活のかいあって、良寛自身、一つの悟道に達し、人間形成の基底が確立したものと考えます。

良寛は三十三歳で、円通寺での修行の終了が認められ、師の国仙和尚から「印可の偈」が与えられました。（第一章、参照）

㈣　自らを試す諸国行脚

良寛は、「印可の偈」を受ける以前から、西国行脚や、亡母三周忌に一時越後に帰り、紫雲寺村観音院、大而宗龍禅師に相見していたようであります。

師国仙和尚の死去後に、諸国行脚の旅に出かけ、中国、四国路、そして近畿地方へ悟後の参師聞法の修行を続けました。これは良寛にとっての学僧から行僧への聖胎長養の遍参修行といえるものでしょう。

良寛自らの悟りの境地を生活の中でさらに練り上げていく過程について、「読永平録」の詩に、宗祖・道元の「正法眼蔵」との出会いを詠じている次の一節があります。

円通寺にて修行中の良寛（宮川潤一画）

円通の先師正法眼を提示せしを。当時已《すで》に景仰の意あり、為に拝閲を請《こ》い、親しく履践《りせん》す。始めて覚《さと》る従前漫《みだ》りに力を費《ついや》せしを、是由《これよ》り師を辞し、遠く往返す（渡辺秀英氏本『良寛詩集』）

　国仙に示された「正法眼蔵」によって、諸国遍参への修行の決心が、此の詩に込められております。宗祖・道元の教えることに自らの僧の道を実践しようと内心深く自覚したのでしょう。

　そして、従来独り力を用いしことを反省し、師の許を得て、諸国行脚に出たものと思います。

　良寛は、自らの出家には、自分自身の宗教的な苦悩からの解脱のみを考え、いわゆる自利に徹し、修行に努めていただけで、「正法眼蔵」にいう利他度《りたど》生《しょう》の心づかいがなかったのではないかという自省から、自らの人生は自利から利他へと転回することを自覚したものと確信いたします。

　「傭賃」と題する詩に、（渡辺秀英氏本『良寛詩集』）「憶い得たり疇昔行脚《ちゅうせきあんぎゃ》の日、衝天《しょうてん》の志気敢て自ら持せしを」といい、良寛の行脚は、かなりの情熱を秘めていたものであることを示しております。そして、「珊瑚生南海」で始まる詩の中に次のような一節があります。

伊昔少壮時　これ　昔　小壮の時
飛錫千里游　錫を飛ばして　千里に游《あそ》ぶ。
頗叩古老門　頗《すこぶ》る古老の門を叩《たた》き
周旋凡幾秋　周旋《しゅうせん》　及そ　幾秋ぞ
所期在弘通　期する所は　弘通《ぐつう》に在り
誰惜浮漚身　誰か惜まん　浮漚《ふおう》の身。

（渡辺秀英氏本『良寛詩集』）

×　×　×　×　×　×

良寛は若い元気な頃、遠く修行の行脚をしていました。古老の高僧の門をたたき、法を求めて幾年も過ぎました。このようにして、仏法を教えひろめることに、はかないわが身を惜しむものではありません。と彼は、高僧の門を叩いて問法しようと意気込み、併せて仏法の弘通に努めることに身命を惜しまないほどの熱意に燃えておりました。

けれども、諸国行脚を続けているうちに、挫折感に悩まされ、弘通への志もいつしか消え去る心情が次の詩に示されております。

襤褸又襤褸　襤褸《らんる》　また襤褸
襤褸是生涯　襤褸　これ生涯
食裁乞路邊　食は裁《わず》かに路辺に乞い
家実委蒿莱　家は　実に蒿莱《こうらい》に委《ゆだ》ぬ。
看月終夜嘯　月を看て　終夜嘯《うそぶ》き
迷花言不歸　花に迷うて　ここに帰らず。
自一出保社　一《ひと》たび　保社を出でしより
錯為箇痴獃　錯《あやま》って箇《こ》の痴獃《ちがい》となる。

（渡辺秀英氏本）

×　×　×　×　×　×

良寛は諸国行脚中は、おんぼろさんぼろ、破れごろもを着、やぶれはてたわが身の生涯の姿をあらわしております。食べるものは、ちまたに出でて、托鉢して食を乞い、住居はよもぎのやぶでありました。でも月をめでては詩を詠じ、花をめでては、家に帰りません。ひとたび寺を出てから、おろかなままに世をわたりました。

この詩は、勿論帰郷してのものでしょう。行脚修行の様子は、予想以上に苦しい状態であったと思わざるを得ません。

行脚に出立して直ちに円通寺を飛び出してはいないようです。「印可の偈」を受けたときに、覚樹庵主になってもいますので、何回か行脚に出ては円通寺覚樹庵に戻っていたと考えられます。尚円通寺後住の玄透即中《げんとうそくちゅう》と必ずしも意の合わない面があったようであります。又、良寛は、徳川幕府と、曹洞宗団の関係の社会状態から、宗門を離れていったものと考えられ、その原因の背景となる複雑な事情を知り、行脚の先々で、その状況に失望したのではないでしょうか。そして自ら意気に感じた宗祖・道元の仏法の真意を称揚することは、自分一人の力ではかなわないと思い、持ち続けた志気も鈍ったのではないかと思わざるを得ません。

良寛の諸国行脚の記録は殆んど残されておりません。解良栄重が残した『良寛禅師奇話』に記されている近藤万丈の筆録が唯一の良寛行脚の大切な資料となっております。

『奇話』に「土佐ニテ江戸ノ人万丈ト云人、一宿ヲ共ニセシト、其時ノ事万丈ノ筆記ニアリ」と記されております。解良栄重が自らの記録に残していることに大きな意義を認めたいと思います。

良寛は、西国行脚の折り、四国にも渡ったようです。はからずも江戸の国学者近藤万丈が、土佐の国で良寛に会ったという記録「寝覚《ねざめ》の友」に書き残しております。

良寛の諸国行脚中の様子を知る上からも重要であり、彼の人間性の形成の本質を考える上からも大切な資料だと思います。

少し長いのですが、次に紹介したいと思います。

（カッコ内筆者）

おのれ万丈　よはひいと若かりし昔　土佐の国へ行きしとき　城下より三里ばかりこなたにて雨いとう降り　日さへくれぬ。

道より二丁ばかり右の山の麓《ふもと》に　いぶせき庵（みすぼらしい庵）の見えけるを　行きて宿乞ひけるに

色青く面やせたる僧のひとり炉をかこみ居るに　此僧初めにもの言ひしより後は　ひとことも言はず坐禅するにもあらず　眠るにもあらず　口のうちに念仏唱ふるにもあらず、何やら物語ても只微笑するばかりにて有しにぞ。

　おのれ思ふにこは狂人ならめと。

　扨《さて》明け果てぬれど　雨は宵よりもつよくふりて立ち出づべきやうもなければ　晴れずともせめて小雨ならんまで宿かし給《たま》はんやといふに　いつまでなりともと答へしは　きのふ宿かせにまさりて嬉しかりし。

　日の巳《み》の刻すぐる頃（正午近い頃）に、麦の粉湯にかきまぜてくらはせたり。

　扨この庵の中を見るに　ただ木仏のひとつたてると　窓のもとに小さきおしまづき（小机）据《す》ゑ　其の上に文二巻置きたる外は　何ひとつたくはへもてりとも見えず　このふみ何の書にやとひらき見れば唐刻《とうこく》の荘子《そうじ》なり　そが中に此の僧の作と覚しくて古詩を草書にて書けるがはさまりてありしが　から歌（漢詩）ならはねば　その巧拙は知らざれどもその草書や目を驚かすばかりなりき。

　よりて笈《おい》（背中に負う脚のついた箱）のうちなる扇二つとふでゝ賛《さん》を乞ひしに　言下に筆を染めぬ。

　ひとつは梅に鶯《うぐいす》の絵　ひとつは富士の根の絵かきてありしが　今は其賛は忘れたれども富士の絵の賛の末に　かく言ふものは誰ぞ　越州の産了寛書すとありしを覚え居ぬ。

　其の日もまた暮近きに雨は猶時じくにふりて止まざれば、その夜も昨日の如く、僧とともに炉のかたはらにいねしが、明くれば雨は名ごりなく晴れて、日の光かがやきぬ。

　例の麦の粉くらひて、二夜の報謝にいささか銭をあたへけれど、かかるもの何せんとてうけひかず、其こころざしに戻らんも本意ならねば、引かへて紙と短尺とを与えけるをは、よろこびて受け納めぬ。

　こははや三十とせあまりのむかしの事なるが、ちかきとし橘茂世といへるものの著せし北越奇談と題せし書に、了寛は越後の国其地名は忘れたり。橘何恭といふ豪家の太郎子なりしとか、おさなき時より書をよむを好み、殊に能書なりしが、古人の風を慕ひ、さしも富貴の家を嗣がず、終に世を遁れ行方知れずなりしと、はた某家にありし時の事ともっぱらにしるせしを見れば、かの土佐にて逢ひし僧こそはと、すずろに昔を思ひ出して一夜寝覚の袖をしぼりぬ

（三輪健司氏本『人間良寛』）

××××××

この筆録は、良寛の生涯の中で最もわからない空白の期間について、いろいろなことを考えさせるものであります。たった二泊三日にすぎない記事ではありますが、良寛の人間性の真の姿の形成に大きなきっかけとなっているものが見えてくるようではありませんか。

これを読んで、良寛が自らを試そうと思った諸国行脚の全体像が見えるような気がします。

良寛が自らの内心深く思いつめた沈黙の姿でありました。恐らく、やせこけ、顔面蒼白の無気味な青年僧の姿であったのでしょう。

良寛が三十歳後半、万丈が二十歳そこそこの対面であったはずです。

みすぼらしい庵にひとり炉を囲んでいたが、食べ物も風を防ぐふすまもないけど、よかったらどうぞお泊りくださいと言ったきりの坊さん。はじめに口をきいただけで、あとは一言も物をいはず、座禅するでもなく、眠るでもなく、口に念仏唱えるでもなく、話しかけても、ただ微笑するばかりなので、てっきりこの坊さんは頭がおかしいんじゃないかと思ったというのです。

その夜は炉端《ろばた》にごろ寝をしたが、明くる朝坊さんもやはり炉端に手枕をしてぐっすり寝込んでいました。あくる朝も雨がひどく出かけられないので、今しばらく宿を貸していただきたいとお願いしたら、いつまでなりともと答えてくれたのには、昨日にまさって嬉しかったし、その上に、正午近くに、麦の粉を湯がいて、食べさせてくれました。

良寛の表情がよく見え、さらに、親切な思いやり

のあることばや動きが記録されています。

そのみすぼらしい庵の中を見廻すと、ただ木仏が一体立っているのと、窓際に小机を据えて本を二冊おいてある外は何一つ貯えらしいものは見当りません。机の上の書籍は何の本だろうと聞いて見ましたら唐本の莊子でありました。その中にこの坊さんの作と思われる詩を草書で書いたものが挾んでありました。

自分は漢詩を習ったことがありませんのでその上手下手はよくわかりませんが、その書いてある草書の文字は、それはもう目を驚かすばかりの素晴らしいものでありました。

そこで早速笈《おい》の中から扇二つと筆を出して梅に鶯の絵と富士山の絵とに賛を求めたところが、すぐに書いてくれました。その賛は忘れたが、富士の絵の賛のしまひに、「かくいふものは誰《たれ》ぞ。越州の産了寛書す」とあったのを覚えています。

× × × × × × ×

万丈のこの筆録から、良寛の心中奥深くにあるものは何でしょうか。敢えて探求してみたい気持にさせられます。

師国仙和尚の「印可の偈」にいう「良や愚の如し、道転《うた》た寛し」のことばを思い出します。万丈が見た沈黙の姿は、良寛を愚の如しと言ったことに一致していないでしょうか。

この狂僧のイメージは、良寛の聖胎長養《しょうたいちょうよう》、即ち悟りの境地を自らの生活の中で、さらに練り上げていくために、師の下を離れ、山野に独居し、修行していく姿でないかと思います。

良寛は、師国仙のいう愚の如く、道転た寛しという自らの人格を、托鉢乞食行脚によって大成円熟するために、沈黙という厳しい姿に見えたものと考えます。

さらに想像したいことは、良寛自身が尊敬の念を強く持っていた法兄仙桂和尚の人格であります。仙桂は、三十年も師国仙の会下にありながら「参禅せず、読経せず、宗文の一句も道《い》わない」真の道者であったことに常に強い思いを馳せ、良寛自らの人格形成への思いを込めている只管な修行の姿が、若い万丈には狂僧としか見えなかったのかも知れません。

それでも、机上の唐刻の荘子の二巻や、狂僧自作の古詩の、すばらしい草書に、狂僧へのイメージは急変し、この人物はただものではないと驚嘆が、万丈の心底に深く焼きつけられたものと想像されます。

良寛はこのときに、近藤万丈が円通寺のある玉島の出身であることは問わなかったと思いますが、良寛にしてみれば自分が修行した円通寺と同郷であることに不思議な因縁を覚えることを付記しておきます。

請われるままに宿をうけ、雨が降れば重ねて宿を続けてうけ入れ、お願いされれば言下に筆を染め、報謝の銭は受けとらず、紙と短尺を与えるに喜んで受け納めます。いやなそぶりもせず、したいようにさせてくれ、あまり関心を寄せないようであるが、二夜の食事まで用意し、話しかけることもなく、すべて意にまかせ、淡々として、わが道をゆくという感じで、飄々として、あなたまかせのしぐさであるが、わざとらしい、いやらしさは、微塵もないというのです。

万丈は、三十年後になって橘茂世の『北越奇談』という書に、良寛は越後の国の橘何某という豪家の太郎子であることを知りました。

彼は幼ない頃から書をよむことを好み、殊に能書であり、古人の風を慕い、富貴の家を嗣がず、世を遁れ、行方しれずなりしといい、かの土佐にて逢いし僧こそはと、その昔を思い出して、一夜、寝覚の涙したといっております。

土佐で会った狂僧は、ほぼ、四国を行脚していた良寛であろうと考えられています。

良寛は、自らを試す諸国行脚において山野に独居し、或は城市に住し、大徳の門を叩き、聖胎長養し、彼自身の人格形成への基盤を、身につけたものと思います。

第三章

生活即芸術の探求

一、帰郷への心意

良寛が、諸国行脚の修行を終えて、帰郷の途についたのは三十九歳の頃であります。

二十年代、三十年代の青壮年時代に積極的な情感に燃え、激しい気骨を持って、禅の修行、聖胎長養の行脚に努めて参りました。

前章に述べた近藤万丈と土佐の草庵で会った筆録にある、狂僧と思われた驚くべき〝沈黙〟の姿は、まさに聖胎長養の修行による人間形成をめざした努力の成果であると思います。

後日の詩に「憶い得たり疇昔《ちゅうせき》行脚の日、衝天の志気敢て持す」といった良寛が、なぜ故郷に帰って、閑かな山中深い草庵に住まいしようと考えたのでしょうか。その心的葛藤と帰郷への心意について考えてみたいと思います。

これについて、彼が三十八歳の寛政七年に父以南が桂川に身を投じて死亡したことが、帰郷の理由と解釈されております。勿論これも、帰郷の原因の背景の一つでありましょうが、彼の心意にとっての根本的なものではないように思われます。

当時、徳川幕府の支配体制下における寺院勢力は、宗教的権威によって、幕府の社会統制を補完する立場にあったのです。良寛は、これまで諸国行脚を通して、幕府と寺院との腐敗した体制が、本来の仏道の本質に添わないことに、迷い、悩み続けていたものと考えられます。

良寛は宗門にとどまることを潔よしとせず僧侶の

風紀の乱れに反発し、真実の僧でありたいと願い続けてもいたのです。と同時に、良寛の本来の性格、資質とが、仏道の本質そのものへと向かわせたと考えられないでしょうか。

さらに彼は、行脚時に日本の自然の美しさに、到るところで心打たれ、かけがえのない美の世界に目を馳せ「我が性《しょう》、逸興を多とす。句を拾うて自ら詩を成す」と詩に詠じています。

良寛は帰郷後に、狭川塾同門の親友であった富取之則の物故を聞くという詩の中に次のようにあります。

我れは是れ金仙を慕う、子は東都の東に去り、我れは西海の藩に到る。西海は我が郷に非ず、誰か能く長く滞らん。

彼自身、「西海は我が郷に非ず」と言い、「誰か能く長く滞らん」とはっきりと言い切っております。

そして、

いづくともかへ国すれどわがこゝろ
くがみの里にまさるとこなし

と、心境を述べております。このように良寛は諸国行脚を通して、宗門の荒廃を知り、寺院にあって経済的に保証され、僧として生活するよりも、本来無一物の風光を選び、その地を自然豊かな故郷の草庵生活に心を向けていたことがわかります。これは一面、当時の仏教界に対する抵抗でもあったといえるでしょう。

良寛の帰郷は、彼自身、真実の僧をめざす心意を貫こうとするものではないでしょうか。

次のような歌があります。

濁る世を　澄めともよはず（註、いわず）**　わがなりに**
すまして見する　谷川の水

当時、宗門の僧侶が仏教の本質をしっかり理解せず、偉そうに説法していることに対する厳しい批判の意志を示しているものだと思います。自分は、粗末な草庵に生活し、乞食行脚し、濁る仏教界を澄ませていこうという決意を示しています。

次のような詩があります。

一瓶一鉢不辞遠　一瓶一鉢遠きを辞せず

裙子褊衫破如無　裙子褊衫《くんすへんさん》破れて無きが如し。
又知嚢中無一物　又知る嚢中《のうちゅう》一物無きを
総為風光誤此身　総《すべ》て風光のために此の身を誤る。

×　×　×　×　×　×　×

わずかな持ち物だけで、遠く行脚することをいとわず、衣《ころも》も破れはててあるかないかわからないようです。頭陀袋には何もなく、すべては風光のためだというのです。

良寛は、僧堂から離れ出て、見るからに風変りな野僧になったのは、すべて悟道の風光によるものだと言っているのです。大自然の花や月の美しさそのものが悟りの世界であるから、その妙境を長養せずにはいられない心意を心の奥深く秘めていたのでしょう。良寛はそのような悟りの世界を具現せんがために故郷越後に足を向けたものと思います。

良寛のこのような帰郷への心意について、宗教的立場から、羽賀順蔵氏（長岡市）はその著『人間良寛の全貌』に次のように詳述しています。

「彼が人生の無常を感じ、一路涅槃の真実を求めて出家し、千苦萬苦のすえ、遂に大悟徹底の境地を開き、更に諸国を遍歴、実地に練磨すること十年近く、当時既に知行円熟しつつあった」が故に「その蘊奥を極め、老後長養大成の地を故山に求めて帰国した」ことを明言し、「及そ聖僧とは、かゝる人間的のものを有するが故にこそ、萬人の胸に生き、又真にもろもろの衆生の苦悩を救うことが出来得るものではないだろうか」と良寛の将来における長養大成の姿を描いております。

かくして、良寛は、土佐にて近藤万丈に会った翌々年一七九六年（寛政八年）三十九歳の頃、玉島を発って、木曽路、善光寺、北陸道（糸魚川）を経て、越後に帰り、寺泊町郷本の空庵（塩焚小屋）に住みました。

その帰郷中の詩歌があります。

木曽路にて
さむしろに衣《ころも》かた敷きぬば玉の
　小夜《さよ》更け方に月を見るかも
つれづれに月をも知らで更科《さらしな》や

姨捨山《うばすてやま》をよそに眺めて

（渡辺秀英氏本『良寛歌集』）

再游善光寺　再び善光寺に游ぶ

曽従先師（国仙）游此地　曽て先師に従って此の地に游ぶ、
回首悠々二十年　首を回せば　悠々二十年。
門前流水屋後嶺　門前の流水　屋後の嶺
風光猶似旧時妍　風光猶《なお》似たり　旧時の妍《けん》。

（渡辺秀英氏本『良寛詩集』）

予雲游二十年某月日発玉島将還郷
至糸魚川縈病不能之　投某社人家
聞雨凄然有作

予雲游すること二十年、某月日玉島を発して将に郷に還らんとし、糸魚川に至り、病に縈《かか》りて之《ゆ》く能わず、某社人の家に投じ、雨を聞き凄然として、作有り。

一衣一鉢裁随身　一衣一鉢裁《わず》かに身に随う、
強扶病身坐焼香　強《し》いて病身を扶《たす》けて坐して香を焼《た》く。
一夜蕭々幽窗雨　一夜蕭《しょう》々幽窗《ゆうそう》（ものさびしいさま）の雨、
惹得十年逆旅情　惹《ひ》き得たり十年逆旅《げきりょ》（旅舎）の情。

（三輪健司氏本『人間良寛』）

還郷作　郷に還りての作

出家離国訪知識　家を出《い》で国を離れて知識を訪ね
一衣一鉢凡幾春　一衣一鉢　凡そ幾春《いくはる》ぞ。
今日還郷問旧侶　今日郷に還って旧侶《きゅうろ》を問えば
多是北邙山下人　多くは是れ北邙《ほくぼう》（墓の下）山下の人。

（渡辺秀英氏本『良寛詩集』）

二、乞食草庵生活に徹す

㈠　郷本空庵に宿る

出雲崎の秋深き日本海は、黒く咆哮し、越後の山は白々と雪をかぶりはじめていたにちがいありません。

良寛は、帰郷への固い心意を胸に故郷出雲崎に足を踏み入れたことでしょう。でも多様で複雑な心をおさえ難く、感無量でもあったでしょう。師国仙から受けた爛藤の杖をたよりに心をこめて故郷の道に歩を進めたことでしょう。厳しい禅の修行はしたものの、今の姿は隠遁の一僧であるのです。

来て見ればわがふるさとは荒れにけり
**　庭もまがきも落葉のみして**

この歌には「くがみにてよめる」と詞書されていますから、後に国上で詠んだものですが、恐らく出雲崎のわが家の前に立ったときの実感であろうと思います。

十七年前の、父と母との別れの言葉を思い出し、今は父も母も亡く、枯れ葉に悲しい思を托すしかない心のなげきを訴えているようです。

良寛は家には寄らず、郷本（寺泊町）の空庵（塩焚小屋）に一時住んでいました。

此の草庵での良寛のようすが、三条市の橘茂世（崑崙《こんろん》）の『北越奇談』の中に、次のように記述してあります。

……さてかの五合庵に近ごろ一奇僧を住す。了寛道僧と号す、人皆其無欲清塵外施俗の奇を賞ずる所なり、即出雲崎橘氏某の長子にして家富み門葉広し。始メ名は文孝、其友、富取・笹川・彦山等と共に、岑《しん》子陽先生に学ぶこと総て六年、後禅僧に随って諸国に遊歴す。その出るとき書を遺して中子に家禄をゆずり、去って数年間高門を絶す。

後、海浜郷本といえる所に空庵ありしが、一夕旅僧一人来って隣家に申し、彼の空庵に宿す。翌日近村に託鉢して其の日に足るときは即ち帰る。食あまる時は乞食鳥獣にわかち与う。如ㇾ此事半年、諸人其奇を称じ、道徳を尊んで衣服を送るものあり。即ちうけてあまるものは寒子にあたう。其居出雲崎を去ること僅かに三里、時に知る人在り、必ず橘氏某ならんことを以て、予が兄彦山に告ぐ。

彦山即ち郷本の海浜に尋ねて、かの空庵を窺うに不ㇾ居。只柴扉鎖すことなく薜蘿《へきら》相まとうのみ。内に入りて是を見れば、机上一硯筆、炉中土鍋《どなべ》一つあり。壁上皆詩を題しぬ。

これを読むに、塵外仙客の情おのずから胸中清月のおもいを生ず。其の筆跡まがう所なき文孝なりしかば、是を隣人に告げて帰る。

隣人即ち出雲崎に言を寄す。爰に家人出で来り、相伴いかえらんとすれども了寛不レ随。又衣食を贈れども用ゆる所なしとして、其の余りを返す。

後行く所を知らず。年を経てかの五合庵に住す。平日の行い、皆如レ此。

実に近世の道僧なるべし。

（羽賀順蔵氏本『人間良寛の全貌』）

× × × × × × ×

崑崙の筆録によって、郷本の空庵での良寛の乞食草庵生活の始まりの様子がうかがえます。一見して思われますことは、約二年前に土佐で会った近藤万丈の「寝覚めの友」の記述にみられる草庵生活のありさまに似ていることです。故郷の地に入った彼の心意の深い信念が見えるようです。

空庵は柴扉鎖すことなく、自然のつたが相まとう粗末な住み家であります。でも内に入りて見れば、机上に一硯筆あり、炉中に土鍋があるばかりで、壁には詩がはられております。この詩を読めば、胸中清月の思いを生じさせるというのです。その筆跡は疑うことなく文孝（良寛）のものだといっております。

郷本空庵に宿して翌日には早速近村に托鉢し、其の日の食に足るときはすぐ帰り、食あまるときは乞食鳥獣に分かち与えました。

このような生活を半年ほど過しましたが、人々はその奇妙なふるまいや、道徳をわきまえた行動を敬って衣服を送るものもありましたが、うけても余るものは貧しい子らに与えてやりました。

隣人が、出雲崎の家に伝え、家人が来て、相伴いて帰ろうと言っても良寛は帰らず、衣食を贈っても用ゆる所なしと言って、其の余りを返したというのです。

この無欲恬淡《てんたん》ぶりは、出家、禅の修行、そして諸国行脚による聖胎長養の成果であり、さらに人生後半生の長養大成の地として故山の第一歩の姿そのものであったのではないでしょうか。

良寛の心の奥深くにあったものは、小成に安んぜず、寺を持って住職となることは考えず、全生涯を

懐かしい日本海を見渡し、思う母への情感こもる良寛

かけて乞食草庵生活に徹し、仏道の真理を求めようとする尊い人間の姿に見えてなりません。

このような厳しい良寛の内心には、懐しい日本海を見渡し思う母への情感を次のような歌に託していたようです。

いにしへにかはらぬものはありそみと
むかひにみゆるさどの島なり

××××××

「古《いにし》へに変はらぬものは荒磯廻《ありそみ》と向かひに見ゆる佐渡の島なり」の歌が、橘屋跡の良寛堂の石地蔵の下部に、自筆の書が刻まれた碑があります。

懐しいふるさとに来てみると、昔に変らないものは、荒磯《いそ》に打ち寄せる波と海のかなたに見える母の故郷の島だけであるという意味です。母への熱い思いがにじんでいます。

良寛は、帰郷後半年ほど郷本空庵に住みながら乞食托鉢の行脚を続け、其の後、一七九二年（寛政十年）、四十歳の頃、一時五合庵に住み、子陽塾の同門の原田鵲斎と交流し合いました。

出雲崎町中山にある西照坊（庵）

その後は、中山村（三島郡西越村）の草庵、国上の本覚院、寺泊の照明寺密蔵院、野積の西生寺等、各地を転々として、一所不住の乞食修行の生活を数年間続けました。

帰郷後、一所不住時代に詠んだと思われる次のような詩歌があります。

越《こし》に来てまだこしなれぬ我なれや
うたて寒さの肌《はだ》にせちなる

××××××

越後に帰って来たのは秋深く、冬の寒さも感ずる頃であったようです。越後の寒さになれぬ自分なのだからひどく寒さが肌に痛切だといっています。単なる秋や冬の寒さと共に自らの心のわびしさ、つらさをも思わせているようでもあります。

二十年来帰郷里　二十年来郷里に帰る
舊友零落事多非　旧友零落《れいらく》　事多く非なり。
夢破上方金鐘曉　夢は破る　上方金鐘の暁
空牀無影燈火微　空牀《くうしょう》影なく　灯火微かなり。

（渡辺秀英氏本『良寛詩集』）

××××××××

二十年を経て、帰郷しました。旧友はおちぶれ、どうしたらよいのだろうか。お寺の鐘で夢は破れ、からの寝床に灯がゆれています。

帰郷してのさびしい心情を表わしています。

良寛は帰郷後、早いうちに、少年の頃に、漢詩・漢文の基礎を学んだ狭川塾での師大森子陽先生の墓を訪れております。子陽先生の墓は長岡市寺泊町当新田、万福寺の境内にあります。既述のように「訪子陽先生墓」と「弔子陽先生」の二詩に、師への思いが述べられています。

良寛の人生にとって、大森子陽、国仙和尚、貞心尼の三人は重要な出会いであったといわれております。とりわけ、少年時代に学んだ子陽先生の影響は、彼の人間形成の基盤としてかけがえのないものでありました。故郷越後への志向の要因のきっかけとなっていたであろうことが想像されます。

㈡　五合庵の生活―四十歳頃～五十九歳―

五合庵は良寛が約二十年間も生活した草庵です。

良寛研究家原田勘平氏によれば、初めの頃は処定めず彼地此地の空庵を借りて、居処が定まらなかったが、文化元年国上寺住職義苗《きびょう》が亡くなってから、五合庵に定住するようになったと述べています。しかし事実はそうではなくて、最初から本処は五合庵に置いて、時に各地の空庵に住まって、やがて五合庵に来ていると言われています。当時はかなり荒廃していたようですが、良寛は約二十年間ここを根拠に暮らしておりました。現在の建物は、大正三年七月国上寺住職故石橋門阿師が再建されたもので、新潟県指定の文化財になっています。(『良寛雑話』)

「わがやどは竹の柱に菰《こも》すだれ　しひてをしませひとつきの酒」と良寛の歌にあることからその粗末な様子がわかります。

五合庵は、今では良寛敬慕者の憧れとなっております。良寛研究家、石田吉貞氏の『良寛　その全貌と原像』に次のように述べています。

「今日、五合庵を訪れる者は、ひとひらの落葉からも、魂の隅々までしみわたるほどの深い大きい感動をうける。天地万有を包んでなおあまりあるほどの大きな自由、あくまで自己を無にする絶対の没我、比類を知らない従順と温和と謙虚、万象と温かになごみあい融けあう絶大な融和…」な心になれるというのです。

　良寛がこの五合庵に住めるようになったのは、狭川塾で共に学んだ原田鵲斎の紹介、努力によるものであったようです。

　一七九七（寛政九年）年に、良寛四十歳の頃初めて五合庵に住み、鵲斎と長男正貞らと深く交流し、多くの詩や歌を詠み交わしております。

　さらに、四十三歳の頃、原田鵲斎と五合庵で詩歌を贈答し合い、四十四歳の頃には、大村光枝、原田鵲斎、阿部定珍らが五合庵を訪ね、歌を唱和しております。

　以後ずっと五合庵で、原田鵲斎を中心として、江戸から来訪の亀田鵬斎らとの詩歌の交流が頻繁に行われるようになりました。

　では、次に、五合庵における詩歌に触れてみたいと思います。

索索五合庵　索《さく》々たり五合庵
室如懸磬然　室は懸磬《けんけい》の如く然《しか》り。
戸外杉千章　戸外　杉　千章
壁上偈數篇　壁上　偈《げ》　数篇
釜中時有塵　釜中　時に塵あり
竈裏更無烟　竈裏《そうり》　更に烟なし。
唯有東村叟　唯あり　東村の叟《そう》
仍敲月下門　仍《な》ほ敲《たた》く　月下の門。

　ひとりわびしい　五合庵
　室はがらんと　何もない。
　外は緑の　杉木立
　壁には偈頌《げじゅ》が　二三篇。
　釜には時に　塵もあり
　かまどにたえて　烟なし。
　ただ時折は　村人が
　月に浮かれて　訪《おとず》れる。

（渡辺秀英氏本『良寛詩集』）

××××××××

良寛は内心深く誓った乞食草庵生活を通して仏道の真理へと向う人生に挑戦しようとしています。その生活の衣食住は生きるための最少のぎりぎりのものを考えていたのです。

土佐で会った近藤万丈の「寝覚の友」の記述、橘崑崙の筆録した『北越奇談』、そして良寛自筆詩にみられる「五合庵」のいずれも彼の望む荒廃の草庵であります。

このようにさびれた草庵に、良寛自身の書いた詩歌や偈が掛けられてあったり、彼の筆硯が机上にあるというように、詩歌を詠じ、それを筆で書くという芸術へのたくましい挑戦の様相が感じとられます。自ら詠じた詩歌が硯の墨で筆を使って書かれた作品が壁に貼られ、それが残されていたことが考えられます。

「五合庵」の詩歌を通して、良寛の草庵生活を検討してみたいと思います。

五合庵は、四十歳頃から約二十年近い住居でありました。良寛にとっては座禅修行による宗教、詩歌書の芸術の修行に明け暮れた生活の住居であり、自らの人間形成の重要な場所であります。ひとり寂しい草庵であり、室はがらんとして何もありません。周辺の山地は緑の杉木立です。壁には自ら詠じ、自ら書いた、詩歌、偈が数篇貼られてあります。良寛の芸術への挑戦、努力の姿が見えるようです。

食についてはぎりぎりの表現がなされています。「釜中時に塵あり、竈裏《そうり》更に烟なし。」極めて厳しい簡素な食生活を意味しています。釜の中に塵がたまるほど食事づくりをしなかったといい、かまどに煙が立たないというほどであったというわけです。驚くほどに、細々とした質素なぎりぎりの食生活を続けようとする信念の表われといえましょう。

良寛を崇敬し、良寛から高く評価されていた鈴木文台氏が、五合庵を訪れたところ、室はがらんとして、ただ机の上に石硯と禿筆《とくひつ》と、漆の如く書きつぶした五十枚の紙があり、机側には双鉤塡墨の唐の時代懐素の書いた自叙帖があっただけだと言っております。良寛の書道への厳しい挑戦が感じられます。

人間が生きるための最小限の衣食住の生活に徹した宗教的な修行と、崇高な芸術的な美を求める修行の草庵生活こそ、良寛の生きる真実さが見えてくるようであります。

いざこゝに我が身は老いむあしびきの
**　国上の山の松の下かげ**

この歌に見えるように、彼がいかに国上の里を愛好していたかが想像されます。

我が宿は国上山もとこひしくば
**　たずねて来ませたどりたどりに**

と、人々を誘ってもおります。

私も何度か国上山に登りましたが、弥彦山に続き、低い山ではありますが、欝蒼たる杉林に囲まれ、岩清水、山鳥、山椿など大自然の高山の趣があります。国上山にのぼりての歌に、

国上山岩の苔道ふみならし
**　いくたび我はまいりけらしも**

とあります。五合庵の位置は古刹国上寺の坂下の老杉に囲まれ、さらに少し坂を下れば、国上の里があり、行乞に便利がよく、彼の老後の長養大成の地としては、此の上ない理想郷であったと思っていたようです。

露霜の秋の紅葉とほとゝぎす
**　いつの世にかは我れ忘れめや**

と、五合庵の静寂さに心をなごめています。

又、厳冬の草庵生活の心境について、

我がいほは国上の山もと冬ごもり
行き来の人のあとさへぞなき
我が宿はこしの山もと冬ごもり
**　氷も雪も雲のかかりて**

と詠じております。

五合庵時代の山の生活の一端の詩があります。

擔薪下翠岑　薪を担うて翠岑を下る
翠岑路不平　翠岑　路　平らかならず。
時息長松下　時に息《いこ》う　長松の下《もと》
静聞春禽聲　静かに聞く　春禽《しゅんきん》の声。

××××××××××

国上の山路を五合庵へ下るときの様子を表わす歌でしょう。自給自足の生活の実態でありますが、山路の自然の中で、春の鳥の啼き声を楽しみ、松の木の下で汗を拭き拭き、ゆったりとのびのびしている心情がにじみ出ているようです。

そして、良寛は五合庵生活を満足している様子が次の歌に托されています。

山かげの岩間《いわま》を伝ふ苔水の
かすかに我はすみわたるかも

（山かげの岩の間から泌み出す苔水のように、かすかに、自分はこの世の日々を過ごすことである。）

夜もすがら草のいほりにわが居れば
杉の葉しぬぎ霰《あられ》降るなり

（一晩中寝もやらでこの五合庵にいると、外に立つ杉群《すぎむら》の葉をおしわけて霰の降る音がきこえる。）

（吉野秀雄氏本『良寛和尚の人と歌』）

天気がよければ、一鉢を手に近隣の村里へ乞食に出かけたでしょう。寺も持たず、檀家もおらぬ良寛にとって托鉢行脚だけが唯一の生活手段であったのです。頭陀袋に米がほどよくたまれば、野辺のすみれなどを摘んでは心をなごませていたようです。

飯乞うと我が来《こ》しかども春の野に
すみれつみつつ時を経にけり

と歌っております。

托鉢しようと村里にやってきたが、春の野に咲くすみれの可愛らしさに心ひかれ、これを摘んでいるうちにいつのまにか時がすぎてしまったという心情を表わしています。

良寛の姿を見つけると子どもたちが喜び合って、声をあげて寄ってきます。彼もまた嬉しそうにこれに応え、一緒になって、毬つき、おはじき、草相撲、かくれんぼや鬼ごっこをして遊びすごしたようです。次のような歌があります。

子どもらと手まりつきつつこの里に
あそぶ春日は暮れずともよし

雪にうずもれる越後にとって、寒く厳しい冬を乗り越え、暖かく明るい春の訪れの喜びは格別の実感が湧くのです。良寛もふるさとでの春の味わいを喜び、子どもと遊ぶ歌がたくさん詠じられております。

「乞米」と題した次のような詩があります。

蕭條三間屋　蕭条《しょうじょう》たり三間《げん》の屋《おく》
摧残朽老身　摧残《さいざん》朽老《きゅうろう》の身《み》。
況方玄冬節　況《いわん》や玄冬《げんとう》の節に方《あた》り
辛苦具難陳　辛苦具《つぶ》さに陳《の》べ難し。
啜粥消寒夜　粥を啜って寒夜を消し
数日遅陽春　日を数えて陽春を遅《ま》つ。
不乞斗升米　斗升の米を乞はずんば
何以凌此辰　何を以て此の辰を凌がん。
静思無活計　静思するも活計なし
書詩寄故人　詩を書して故人に寄す。

さびしく狭い庵《いおり》にて
老いさらぼえた身を宿す。
ましてや冬の寒い時季
苦しさ言わんすべもなし。
粥をすすって夜を過し
日数よみつつ春を待つ。
僅かの米ももらわねば
何で生命《いのち》がつなげよう。
静かに思えどてだてなく
詩を書きつけて友へやる。

終日望烟村　終日烟村《えんそん》を望み
展轉乞食之　展転食を乞うて之《ゆ》く。
日落山路遠　日落ちて山路遠く
烈風欲斷髭　烈風髭《ひげ》を断たんと欲《ほっ》す。
納衣破如烟　納衣《のうい》破れて烟の如く
木鉢古更奇　木鉢《もくはつ》古《ふ》りて更に奇なり。
未厭饑寒苦　未だ厭《いと》はず飢寒の苦
古來多如斯　古来多く斯の如し。

ひねもすかすむ村を見て
つぎからつぎと托鉢す。
山路は遠く　日が暮れる
髭もちぎれるひどい風。

衣《ころも》は破れてぼろぼろだ
木鉢は古くおもしろい。
饑と寒さで苦しくも
昔のならい厭《いと》やせぬ。
（渡辺秀英氏本『良寛詩集』）

×　×　×　×　×　×　×

前詩は狭く貧しい五合庵での冬の生活の実状が見えます。質素、倹約し、粥をすすって寒夜を過ごし、春待つ気持ちを表わしております。

後詩は、托鉢行脚の実際の姿が見えるようです。終日の托鉢を終えて、遠い山路のつらさが身にしみて、髭はちぎれ、衣は破れ、木鉢は古くなり、自らの哀れさを痛感しながら昔のならいを厭わず、安んじている良寛らしさが見え、感心させられます。

㈢　乙子神社草庵の生活―五十九歳頃～六十九歳頃―

良寛は、一所不住の生活から五合庵の生活を通し、自ら望んだ、乞食草庵生活を通して、座禅修行と共に、歌、詩、書の修行への挑戦の月日を送り、五十九歳の頃、体力の限界を感じ、惜別止み難き五合庵を去ってやや下山麓の乙子神社の脇にありしささやかな草庵に移りました。

次のような歌をしたためております。

乙宮の森の下やの静けさに
しばしとて我が杖うつしけり

×　×　×　×　×　×　×

乙子の宮の森の下の草庵に、その静けさを慕って、しばらくここに住もうと思って、老の杖をついて移ってきました。というのです。

いざここにわが世は経なむ
国上のや乙子の宮の森の下庵

とも詠じております。これは、乙子草庵に移ってかなりの年月を経た歌でしょうが、前の歌と同じ形で歌い続けています。

さらに、人気《ひとけ》のない乙宮の森の下屋にいると、お宮のかねの音を聞いて人が来たことを懐しんでいる歌があります。

乙宮の森の木下《こした》に我が居れば
鐸《ぬて》ゆらぐもよ人来るらし

乙子の草庵に移り住んだ心情を次のように詩を賦しております。

六十有餘多病僧　六十有余多病の僧
家占社頭隔人烟　家は社頭を占めて人烟を隔つ。
巖根欲穿深夜雨　巖根穿たんと欲す深夜の雨
燈火明滅古窗前　燈火明滅す古窓の前。

六十過ぎた　弱い僧
乙子の庵に　世を避ける。
岩をもうがつ　夜の雨
窓のあかりも　ゆれほそる。

（渡辺秀英氏本『良寛詩集』）

×　×　×　×　×　×

乙子草庵の生活そのものは五合庵のときと特に変わったように思われないようですが、彼自身の内面は一段と透徹し、詩歌および、書における芸術性の深化がすすみ、彼の思想、精神の円熟大成がみられました。そして、此の乙子草庵で、自らの余世を終らんと決心していたように伺えます。

その心境を「国上」と題する長歌に詠じております。

国上の　山のふもとの　乙宮の　森の木下に　庵して　朝な夕なに　岩が根の　こごしき（険しい）道に　つま木（たき木）こり　谷に下りて　水を汲み　ひと日ひと日に　日を送り　送り送れば　いたつき（労苦）は　身につもれども　うつせみの　人し知らねば　はてはては　朽ちやしなまし　岩木のもとに

（渡辺秀英氏本『良寛歌集』）

乙子神社の境内に、かの有名な「生涯懶立身……」の詩と、次の歌とを彫った石碑が立っています。

朝づく日向かひの岡に小男鹿立てり
神無月《かみなづき》時雨の雨にぬれつつ立てり

㈣　木村家別舎の生活—六十九歳〜七十四歳遷化まで—

良寛は乙子草庵生活十年を経て、老衰により、独りでの生活に耐え難く、弟子の遍澄や理解者の世話で、外護者の島崎村（現長岡市）の能登屋木村元右衛門の勧めにより、文政九年、六十九歳の時、木村家邸内にある別舎草庵に移住いたしました。

此の草庵について、木村元周《もとちか》氏の『晩年の良寛さま』に次のように述べられております。

「晩年、良寛さまは当地三島郡島崎村（現長岡市）のとやの屋敷内の一軒屋に、のとや主人元右エ門の懇請を入れて移って来られた。時に師は六十九歳であった。この一軒屋は当時木小屋に使っていたもので、八畳二間に炊事場、便所等もついていたとの事であるから完全な一軒屋である。木小屋とは大工が使う用材を常に相当量準備してあり、角材、板等を何時でも大工はそこから出して仕事をしていたもので、ちょっとした家位は建てられる程の材料があった。それに大工は常雇いで毎日通勤するわけである。角材を入れるものであるから仲々シッカリした建物で床を張りさえすれば直ぐに住居として使用出来たものである。

良寛禅師庵室跡の碑

私の家では大工も用材も屋敷もあるので本式の庵を立てようと思えば何時でも建てることは出来た筈であるが、遂に最後までこの家に住んでおられた。この二間の方が万事に便利であったのではないかと思う。当時既に良寛さまは書の達人として著名な方であるから、来訪者もあり又病にかゝられても二間の方が便利な筈であるからそのまゝになっていたのではないか。

言い伝えによると、師の老いが目立ち始めたので元右エ門が「私の所へおいで戴けませんでしょうか」と、お願いしたところ「よし」と仰しゃってその翌朝直ちに引越しておいでになられた。それでお部屋が間に合わず取り敢えず木小屋を改善してとの事であったらしく、当初は別に本式の庵を建てるつもりでいたらしいが、師自身がこの二間の方がよいとの御意向があったのではないか。とにかく相当来客もあり、書の依頼者等もあったので二間の方が都合の良かった事は事実であろう。

師自身は歳はとられたと言っても当時は未だ病気と言う程の事はなく、時には托鉢等にも出ておられ、自由な気楽な毎日であったが殆んど座禅が生活であった。」

良寛最晩年に住んだ木村家裏手にあった木子屋が彼の最後の草庵でありました。木村家では、新しい庵を作らんと言っても望まず、与えられた木小屋に住み通したのです。広さでは二室あり、来客への応待や、書を書くにもほどほどであったのでしょう。托鉢にも出かけたり、自由に気楽な生活ができたようでもありましたが、座禅が殆んど毎日の生活であったという最晩年の良寛の姿が思い浮かびます。

良寛は、嶋崎の木村家への移住を親友の阿部定珍へ二回の手紙で知らせています。

定珍老

野僧も此冬嶋崎に冬こもり致候　一寸御しらせ申上候

十月九日

如仰此冬は嶋崎のとやのうらに住居仕候

信にせまくて暮し難候　暖気（に脱）成候ハヽ又何

方へもまいるべく候　酒烟草菜恭納受仕候　早々以上

しはす廿五日

定珍老

木村家では母屋のどこかに住んでもらおうと思ったが、良寛は遠慮したらしく、木小屋を急いで改築して住んでもらったらしいのです。木村家の話しでは、木小屋はかなりの広さで、設備もほぼあったようですので、良寛は自分が住む庵として心よく思っていたものと考えられます。

「信にセまくて暮し難候」というのは、良寛研究家・谷川敏朗氏の『良寛書簡集』によれば、「人家が目の前に見えたり、人声が常に聞こえる生活をせま苦しく感じて述べたのであろう」と言っているように、今まで住まいしていた国上山の森の下の静けさに比べての実感であったのではないでしょうか。

また「何方へもまいるべく候」と手紙にあるように、良寛は翌年夏には、阿部定珍へ次のような書簡で知らせております。

僧も此度は密蔵院へ移り候　観音堂のもり致、飯は照明寺にてたべ候　一寸お知らせ申上候　以上

定珍老

良寛には、此の照明寺の密蔵院は、余程気に入っていたらしく、密蔵院での仮住は、享保二年、文政十年、文政十二年の三回に及んでいるようです。やや高台にあり、日本海が展望でき、母のふるさと佐渡への郷愁がよみがえる佳き地であったのではないでしょうか。そして多くの詩歌を残しております。

おほとののはやしのもとをきよめつつきのふもけふもくらしつるかも

てらどまりいづるとき　えにしあらばまたもすみなむおほとののゝもりのしたいほいたくあらすな

後でも述べますが、貞心尼が初めて木村家の良寛を訪ねた折り、寺泊の密蔵院に良寛は滞在していて留守でありました。

木村家の草庵での感慨深い一詩があります。既に掲載しましたが再掲して吟味したいと思います。

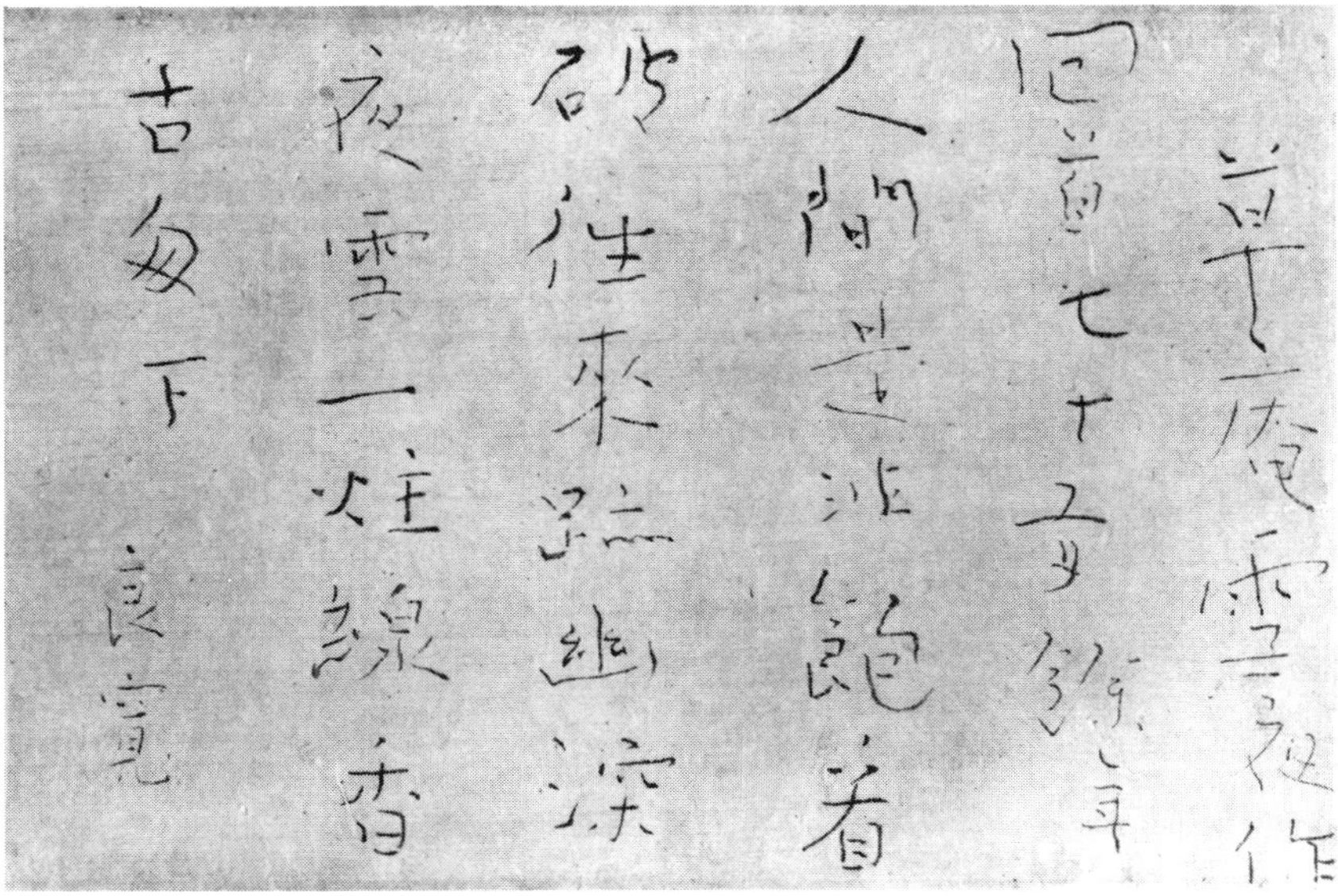

良寛の最晩年の書「草庵雪夜作」

草庵雪夜作
回首七十有餘年
人間是非飽看破
往来跡幽深夜雪
一炷線香古窓前

草庵雪夜《そうあんせつや》の作
首《こうべ》を回らせば七十有余年
人間《じんかん》の是非《ぜひ》看破《かんぱ》に飽《あ》く。
往来跡幽《かす》かなり深夜の雪
一炷《しゅ》の線香古窓の前。

思えば長い七十年
人のよしあし見も飽きた。
往き来も絶えた雪の夜
香をともして窓による。

（渡辺秀英氏本『良寛詩集』）

良寛は、十代で大森子陽の狭川塾で、漢学漢詩をしっかり学び、「論語」を自ら書したものが残されています。

「子曰く、吾れ十有五にして学に志し、三十にして立ち、四十にして惑《まど》わず。五十にして天命を知り、六十にして耳に順《したが》い、七十にして心の欲する所に従って、矩《のり》を踰《こ》えず。」

良寛の生涯の生き方の段階は、この論語の章句を追っているように思われます。

七十歳を越えて「人間の是非看破に飽く」は、論語に言う「心の欲する所に従って、矩を喩《こ》えず」の意を追うが如き観を呈しているように考えられないでしょうか。

そのような境地にあった良寛について、木村家の当主元右衛門が、越後塩沢の『北越雪譜』の著者である鈴木牧之《ぼくし》への次のような手紙が残されています。

良寛師御座《ござ》候《そうら》得《え》者《ば》、世間の風聞よく、寔《まこと》に狐が虎の威をかると申すごとく、御一笑可レ被レ下《くださるべく》候。

地域の旧家、豪家である木村家のあるじが牧之にこのような手紙を送っていることに大きな意味合いを感じます。

良寛の全人格を、高く評価し、信頼してのものであると言えないでしょうか。「世間の風聞よく」というのは、地域の人々、里人も子どもからも親しまれ、信頼され、愛されている人格者の良寛と見られていなければ、木村家の当主からこのような言葉は出ないのではないでしょうか。さらに「狐が虎の威をかると申すごとく」と言っていることから、自分を狐と考え、弱き者として、良寛を虎にたとえて、その威をかりているということに、如何に良寛の人間性にあやかり、助けや恩恵を得ていることに満足の意を示していると思われます。

良寛を虎ととらえることは、単なる力だけではないと考えます。良寛の芸術性に見られる歌や詩、そして書の価値が、世間に認められ、高く評価されていることが、根底となって、彼自身の人格全体からにじみ出ている風聞のよさとしてとらえられないでしょうか。

さらに手紙文に、

寛上人様儀は八月上旬より御不快、痢病いまだ本復に相見え不レ申、乍レ去《さりながら》師歩行杯は御自由に候へ者《ば》、あつかひ人（看護人）を侍置《はべらせおく》程の儀に無二御座一《ござなく》候間、御存命のうちに、春暖にも相成候はば御来駕奉二待上一《まちあげたてまつり》候。兼て御承知の通りの御方故、一向あいそもなき体に御座候得者、只得二貴顔を拝し一候迄にも御来駕可被遊《あそばされ》候

とあります。

木村家主人は、良寛の体調も余りよくないことを察知し、牧之に春暖になったら、存命のうちに会いに来ていただきたく、お待ちしております。といいながら、良寛について、「一向あいそもなき体」と言って良寛像の表情を率直に述べていることから、良寛と木村家の人々との親密感や、暖かいつき合いの様子が伺えます。良寛としても、自らの草庵生活として「せまくて暮し難候」という気持ちは薄らいでいたのではないでしょうか。

身を捨てて世を救ふ人もますものを
草のいほりにひまもとむとは

と、長いこと草庵生活を謙虚に反省し、

行く秋のあはれを誰れに語らまし
藜籠《あかざこ》にいれて歸る夕ぐれ

行く秋の夕暮、あかざを籠に入れて帰る老の身のさびしさが見えるようです。

良寛が老いの悩みを憂れい、さびしい心情をおさえがたい心境の木村家草庵での生活を過ごしていたとき、良寛の高徳に憧れ、仏の道と、歌の師として、追慕していた長岡出身の貞心尼が、良寛の前に現われました。

老いの良寛に、光りを照らす若き貞心尼の出会いは、良寛の生涯にとって重要な価値ある現象であることは後世にまで光り輝く人間の生き方として注視されております。

この事実については、次章の長岡とのかかわりにおいて詳述いたします。

良寛が島崎へ移ってから二年目の一八二八年（文政十一年）、七十一歳の秋旧暦十一月十二日に、三条を中心に、大地震が起こりました。

良寛は、阿部定珍と与板の山田杜皐に地震の見舞状を送っています。

地しんは信に大変に候　野僧草庵ハ何事もなく親るい中死人もなくめて度存候
うちつけにしなはしなすてながらへて
かかるうきめを見るかは（わ）ひしさ
しかし災難に逢時節には災難に逢かよく候

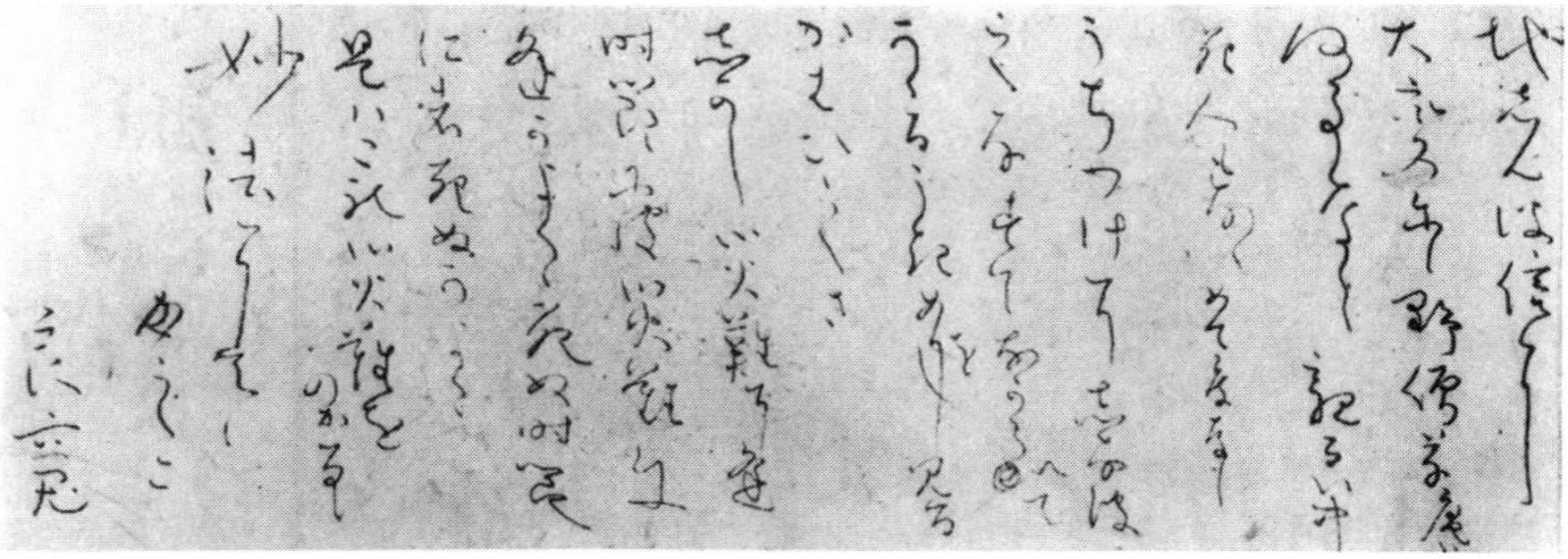

地震の見舞状（良寛書）

死ぬ時節には死ぬかよく候　是ハこれ災難をのがる丶妙法にて候。

かしこ

山田杜皐老　　良寛

（谷川敏朗氏本『良寛の生涯と逸話』）

良寛の詩に、よく「騰騰任天真」ということばがあります。何事も天真に任せるというのが良寛の自然順応の思想です。「災難に逢う時節には災難に逢うがよく候」というのはまさに、彼の思想であり、人生観というべきものであるのです。

何事も天真に任せ、現実を率直に受け入れるという心情が、この大地震の見舞状にはっきりと述べております。

さらに「死ぬ時節には死ぬがよく候」といい、人は死を免れたいと我を立てて、さまざまな配慮や抵抗をするのでなく、自然に従い、自然を受け入れることによってこそ、かえって心の平穏を得ることができるという教えを実感として書簡に述べているのです。

平凡な人間には決していえないことを、まさに良寛ではのことばで言っております。

良寛はいかにも禅坊主らしい深味のある心情を述べ、自然随順の死生観をもって眠るが如く空に帰したことでしょう。

しかし、良寛は、「地震後之詩」と題する詩の中で、此の地震に対する厳しい見解を述べているのです。

当時の社会状態で、人々が互いに利を争っているだけだから、天災が人々の暮らしに大きな影響を与え、それを人間がさらに助長し、結局は人災になると言っております。

世の中はどんどん軽薄になり、まごころも正しさもなくなってしまい、利益だけを求めてつまらぬことに争っていると嘆いております。さらには仏道に生きる者も無知の者しかいなくなり、うぬぼれて自分が名僧だと人を欺き、真実と異なることを説いていることを批判しております。

良寛は、此の地震を通して、社会の退廃や一人一人の無責任に深い悲しみを表しているのです。

そして、此の詩の最後に、「この度の災禍なお遅きに似たり。大丈夫の子すべからく志《し》気あるべし。何ぞ必ずしも人を怨《うら》み天を咎《とが》めて児女《じじょ》に倣《なら》わん」と、高齢な良寛とも思えぬ気慨を示しております。

（羽賀順蔵氏本『人間良寛の全貌』）

大地震の事象を期して、社会のあり方、人間一人一人のあり方について自らが歩んできた人生観からの誠実な叫びであったように思われてなりません。

良寛は、この大地震に、厳しい批判的な詩を残している反面、二十余年前に亡くなった法弟三輪左一を夢み、覚めた詩を楷書で書き残しています。


夢左一、覺後彷彿　左一を夢み、覚めて後、彷彿たり。

二十餘年一逢君　二十余年、一たび君に逢《あ》う。
微風朧月野橋東　微《び》風《ふう》朧《ろう》月《げつ》野橋の東。
行行攜手共相語　行く行く手を携えて共に相語り
行至與板八幡宮　行きて与板の八幡宮に到る。

二十余年目　君に会う

長岡市・与板、八幡宮

そよ風月夜の橋のへり。
手をとりながら　語りつつ
着いたは　与板の八幡宮。
（渡辺秀英氏本『良寛詩集』）

×　×　×　×　×　×　×

良寛が、七十二歳か七十三歳頃の詩、書であろうと思います。三条の大地震の翌年の頃であります。地震で心の動揺の激しい頃に、何故か良寛は、法弟といわれ、親友か兄弟のような交わりのあった左一の夢を見たのでしょうか。その夢が、まさに、二十余年目に、左一に逢い、そよ風の吹く月夜の橋のへりを、手をとりながら語りつつ歩き、行きついた所が与板八幡宮であったのです。夢が覚めてもまさにそっくりそのままのようであったというのです。

現在、与板八幡宮（都野神社）の境内の右手奥に詩碑が建てられております。私は与板へ行く度びに何度か此の詩碑を訪れております。

良寛は、晩年の木村家草庵生活中の感慨を「草庵雪夜作」「地震後詩」「夢左一覚後彷彿」等の詩に托しております。

「草庵雪夜作」では座禅に徹した自らの生き方を示し、「地震後之詩」においては、天災も結局は人災であるといい、社会と一人一人のあり方に鋭い批判を加え、「夢左一覚後彷彿」で、人間としての友情に触れ、暖かい人の生き方に心を寄せているように見えます。

良寛の晩年における内面の複雑な境地が伺われます。

〈良寛の遷化〉

一八三〇年（文政十三年）の夏ごろから良寛の体調は次第に悪くなり、弱っていきました。

貞心尼の『蓮の露』によって、その様子をうかがってみたいと思います。

ある時与板の里へわたらせ給ふとて、友だちのもとよりしらせたりけれバ、いそぎもうでけるに、明日ハはやことかたへわたり給ふよし人々なごりをしみて物語り聞えかはしつゝ、打とけて遊びけるが中にきみハいろくろく衣もくろけれバ　今よりからすとこそまをさめと言ければ　げによく我にはふさひたる名にこそと打わらひ給ひながら

いづこへもたちてをゆかむあすよりは　師
からすてふ名をひとのつくれば

とのたまひければ

やまがらすさとにいゆかば子がらすも　貞心
いざなひてゆけはねよはくとも

御かへし

いざなひてゆかばゆかめどひとの見て　師
あやしめ見らばいかにしてまし

御かへし

とびハとびすゞめはすゞめさぎはさぎ　貞
からすはからすなにかあやしき

日もくれぬれバ宿りにかへり又あすこそとはめとて

いざさらばわれハかへらむきみはこゝに　師
いやすくいねよはやあすにせむ

あくる日はとくとひ来給ひければ

うたやよまむてまりやつかん野にやでむ　貞

きみがまに〳〵なしてあそばむ

御かへし

うたもよまむてまりもつかむ野にもでむ
こゝろひとつをさだめかねつも
師

×　×　×　×　×　×

与板には良寛が托鉢行脚で立ち寄った家がたくさんありますが、貞心尼がここに取り上げているのは山田杜皐の家であるといわれています。良寛が同家でつけられたあだ名は、「からす」「すがた」「かます」「ほたる」などがあります。良寛がこのようにあだな呼ばわりされているのは互いの親しさを表わしているものでしょう。

この唱和の歌も、良寛の「からす」に対して貞心尼が「子がらす」として互いの愛の心を交わしあっているのです。年老いた良寛が、若い女性と一緒にいるのを見たら困るとためらいの気持を見せているのです。それに対して貞心尼は、お互いに墨染めの衣をまとう「カラス」同志だから少しも構わないと真剣な心を表わしているのです。そして、さらに「うたやよまむてまりもつかん野にやでむきみがまに〳〵なしてあそばむ」という貞心尼に対し、「うたもよまむてまりもつかむ野にもでむこゝろひとつをさだめかねつも」と良寛が返し、唱和し合っています。

老いた良寛と、若き貞心尼との二人の間には恋の意識があったかどうかは分かりませんが、交わされた歌に、貞心尼の筆らしい次の遺墨があります。

恋学問妨

いかにせむまなびの道も恋ぐさの
しげりていまはふみ見るもうし
貞心

いかにせんうしにあせすとおもひしも
恋のおもにを今ハつみけり
良寛

こんなうるわしい歌を交わしながらも、良寛の衰弱は次第に増していたようであります。

八月に入ってからは、良寛の衰えを一段と感じられたようです。『はちすの露』に次のように続けられてあります。

あきハかならずおのが庵りをとふべしとちぎり給

ひしが、こゝちれいならねバしばしためらひてなど御せうそこ給ハりける中に　師

あきはぎのはなのさかりもすぎにけり
　ちぎりしこともまだとげなくに

右の詞書の中の「御せうそこ」が残されており、眼や足、腹の痛みのため地蔵堂中村氏に宿って寝込んでいたことが書かれております。

十月頃には一時、体調よくなり、弟の由之や友人との手紙や歌のやりとりもあったようです。しかし、病状も進み、十二月二十五日頃に良寛の危篤の報を受け、貞心尼と由之は島崎へかけつけました。「はちすの露」に、次のように筆録されております。

かくてしはすのすゑつかた俄におもらせ給ふよし人のもとよりしらせたりければ　打おどろきていそぎまうで見奉るに　さのみなやましき御気しきにもあらず床のうへに座しゐたまへるが　おのが奉りしをうれしとおもほしけむ

いつ〳〵とまちにしひとはきたりけり
　いまはあひ見てなにかおもはむ

むさし野のくさばのつゆのながらひて
　ながらひはつるみにしあらねば

かゝれバひるよる御かたはらに有て御ありさま見奉りぬるに　たゞ日にそへてよはりによはりゆき給ひぬれば　いかにせんとてもかくても遠からずかくれさせ給ふらめと思ふにいとかなしくて　貞

いきしにのさかひはなれてすむみにも
　さらぬわかれのあるぞかなしき

おかへし　師

うらを見せおもてを見せてちるもみぢ

こは御ミづからのにはあらねど、時にとりあひのたまふいとたふとし

また良寛は弟の由之が、この冬に身を案じて駆けつけた折り、

さすたけの君と相見てかたらへば
　この世に何かおもひのこさん

と詠んでおります。

良寛は病いのため、肉体の苦痛を感じながら、心には全くこの世での執着を切り捨てて、大自然の中

に崇高な精神を余すところなく人々に示していたのではないでしょうか。

晩年に、互いに思いやり深く信じ合い援け合って来た身内の由之には「この世に何か思い残さん」といい、年老いて出会い、愛を交わし合った貞心尼は「いまは会い見て何か思わん」と心の奥深くから清純高雅な心情をにじませております。

良寛が死の床にありました時、四人の親しい人々が枕元におりました。

親族であり最も血のつながりの濃き弟の由之、国上の草庵生活以来、身のそばにあって細かい世話をしてくれた法弟の遍澄、誠心誠意、外護者として衣食住の身のまわりの世話をしてくれた木村家の人々、そして、晩年に出会い、仏教の真理を語り、座禅を共にし、永遠に生きる人間の聖なる愛を語り合い、愛の歌を唱和し合った貞心尼らに囲まれて、良寛は眠るが如く息を引きとりました。

時に、一八三一年（天保二年）正月六日（今の二月十八日）午後四時過ぎでありました。

貞心尼は「浄業余事」の中で、「師病中さのみ御なやみもなくねむるが如く座化し玉ひ」と記しており、座したまま眠るように亡くなったようであります。

三、芸術への修錬

〈序〉

良寛は徳高き宗教家である一方、すばらしい芸術家であり、その歌と詩と書に卓越しておりました。ところが良寛には三つの嫌いなものがあると自ら高言しておりました。

余に三嫌あり、料理人の料理、歌よみの歌又は詩人の詩、及び書家の書之れなり

また『良寛禅師奇話』に、

師　嫌フ処ハ書家ノ書、歌ヨミノ歌、又題ヲ出シテ歌ヨミヲスル

ともあります。良寛の歌は、千三百余首ありますが、題詠と思われるものはないそうです。また、良

寛の詩に、

誰か我が詩を詩という。我が詩は是れ詩に非ず、我が詩の詩に非ざるを知って、始めて与《とも》に詩を言う可し

と言っております。我が詩はいわゆる詩ではないのです。我が詩が多くの人の言う詩ではないことがわかる人なら共に詩を話し合うことはできるが、そうでなければ話しをすることはできないと言うのです。次のような詩もあります。

憐《あわれ》む可し好丈夫、閑居して好んで詩を賦す。古風は漢魏に擬《ぎ》し、近体は唐を師となす、斐然《ひぜん》(りっぱに)として章を成し、之れに加うるに新奇を以てするも、心中の物を写さずんば、多しと雖《いえど》も復《ま》た何をか為さん

気の毒なことだ、今の人たちは好んで詩を作り、古くは漢や魏の時代の真似をしたり、近くは唐時代の詩人の真似をして、幾らか新味を加えているが、自分の真実な心の奥深くからの物を表現しなければいくらたくさん作ってみても何にもならないと言い切っているのです。漢詩には、いくつもの約束があってまとめあげるには容易ではなく、自分の思うように表現できないものなのです。

良寛はこういう規格に拘束されるのが嫌いであると言っております。今日残っている良寛の詩は、約六百首くらいありますが、仏語を除いては、平明で、とてもわかり易く、しかも深遠な真理や広範な思想が内在し、現在の世代にも合う多くの内容が含まれております。

良寛が、自分のいちばん嫌いなのは歌よみの歌、書家の書、料理人の料理と言っている意味を誤解してはなりません。彼は、単なる精神のないものまねの技巧、手慣れた安易な処理を嫌っていたのです。すぐれた芸術には特有の修錬を積まねばなりません。

良寛は、近藤万丈が土佐での記述にあるように、若い頃からの求道生活に徹した修錬による、芸術性の人間の深さを身につけていたものと考えられます。

さらに、ふるさとと越後の山里の生活に入ってから、芸術性の高い古典に心をひかれていったようです。

歌においては、万葉集に、詩においては寒山詩に、そして書においては、王羲之、懐素、そして、伝道風の秋萩帖等に芸術の根源を求め、挑戦し続けました。

古典の価値の新鮮で格調高いものがあることを理解し、いいものはいいとして、自分自身の芸術向上の師として学んだのではないでしょうか。

良寛自身の古典への挑戦は、素直に伝統を学ぶことを通して、自分らしさを形成していくことをわきまえて修錬し続けたのだと思います。

良寛の芸術への修錬の構えについて次のような記述がみられます。

原田勘平氏は、

「和尚の嫌ったのは、形式であり技巧であり、躰裁であり、偽りであった。そして和尚は常に自由に、自然に、真実の世界に生きぬいたのです」と。

（『良寛雑話』）

芸術における三嫌を通して、自分自身の芸術への挑戦の基本的構えから、自由に、自然に、そして真実の世界に生きる信念が見えるように思われます。

吉野秀雄氏は、良寛の芸術について次のように述べています。

「良寛の芸術は常に真実をもって人に迫り、温雅によって人を包みますが、真実は彼の生活から出てをり、温雅は彼の人間の発露であります。彼の芸術はまことに人間的、生活的であり、要するに彼自体の生命に即して寸分の隙もない感じがいたします。彼は参禅苦修の末、小さな我《われ》をすてて大きな我、即ち大我《たいが》の域に到達しましたが、それと同様に彼は芸術におきましても、遠い世の古い作物にひたすら伝統の滋味を汲みながら、畢竟その個性を生かしきった人であります。或る意味では、良寛の芸術ほど個性のあざやかなものはめずらしいといっても差支えないのであります」と。

（『良寛和尚の人と歌』）

吉野氏のいうように「良寛の芸術は常に真実をもって人に迫り、温雅によって人を包み、真実は彼の生活から出ており」というように多くの良寛研究家の記述にみられます。

大島花束氏は「良寛の芸術は、生活そのものであった。人の生活から取り放した芸術も宗教もない。宗教も芸術も皆人の生活に依って来た、同じい生活の様式でなければならない」（『良寛全集』）

相馬御風氏は「良寛その人の生活乃至人格おのずからなる表現に外ならない」（『大愚良寛』）そして渡辺秀英氏も「宗教も芸術もすべて生活と一体となり、平常心是道という境地から出発している」（『良寛詩集』）と述べています。

いみじくも解良栄重が、『良寛禅師奇話』に「師平生ノ行状詩歌中に具在ス」とみた良寛の平生の生活に帰一するように考えられます。

㈠ 歌の心

良寛の歌の本質について、私なりにささやかな考えを述べてみたいと思います。

第一に、良寛の歌は、彼の人間性そのものであり、生活そのものからにじみ出たものであると思います。騰々任運、自然随順の生活を根源とし、彼の温良にして厳正な心情が平易、明快に表現されているものと考えます。

第二に、古典、とりわけ万葉集を深く学び、良寛独自の個性的な歌を創りあげています。

解良栄重の『良寛禅師奇話』に次のような良寛との問答があります。

余問う、歌を学ぶ、何の書を読むべしや。師曰く、万葉を読むべし。余曰く、万葉は我輩解すべからず。師曰く、分かるので事足れり。時に曰く、古今はまだよい、古今以下、読むに堪えず

第三に、良寛の歌には題詠がなく、兄弟、友人、法弟らと唱和し合う暖かみやうるおいが、単純素朴に表現されております。

まだまだたくさんの特色があると思いますが、以上の三つの視点にそって、ほぼ年代順に、私の感想を述べていきたいと思います。

良寛が歌に心を打ち込んだのは帰郷後、国上山麓の五合庵での草庵生活からのようであります。

(1) **ふるさとへ行く人あらば言《こと》づてむ**
今日近江路をわれ越えにきと

× × × × ×

帰郷の気持ちがはやっている様子が見えるようです。

(2) **思うどち門田《かどた》の畔《くろ》（あぜ）に円居《まどい》（車座）して**
夜は明かしなむ月の清きに

× × × × ×

五合庵への定住以前、大森子陽の狭川塾で一緒に学んだ原田鵲斉らと夜明かしした雰囲気がよくわかります。

(3) **月夜には寝《い》も寝《い》ざりけり大殿の**
林のもとにゆきかへりつつ

一所不住の頃、寺泊照明寺密蔵院に仮住して、いろ〳〵のことを考えて、ねられずに本堂前の林の下をゆきかえりしている月のよい晩の様子を詠じています。遠くの日本海を眺めて母のふるさと佐渡の島に心をはせてもいたのではないでしょうか。良寛四十五歳頃の歌のようです。

(4) **この里の往き来の人はあまたあれど**
君しまさねばさびしかりけり

× × × × ×

この「君」は与板の豪商三輪左市のようです。左市は良寛の法弟ともいわれ、親友でもあったことから、彼の死を悼んでの歌でありましょう。良寛五十歳の頃で、五合庵に定住して三年目位の落ち着いて来た頃ではないでしょうか。「君しまさねば」は万葉歌にあり、良寛の万葉調の研究も深まり、その影響もみえるようです。

(5) **この里の桃のさかりに来てみれば**
流れに映《うつ》る花のくれなゐ

× × × × ×

「この里」は、良寛の道友禅僧有願の住んだ「田面庵」のある新飯田（新潟市白根）の里であります。中ノ口川の流域は桃の名所です。私も何回か訪ねてみましたが桃の花咲く頃は実に美しい地域であります。良寛には、この桃花を看て、田面庵を訪ねた詩があります。有願は書にも優れ、張旭《ちょうぎょく》の狂草に卓越し、良寛が懐素《かいそ》の『自叙帖』や『草書千字文』を学んだのも、有願の影響があるのではないかといわれております。

此の歌は良寛五十一歳の頃の作のようです。

(6)**人の子の遊ぶをみればにはたづみ**（雨が降って地上に流れる水、(枕)ながるにかかる）
流るる涙とどめかねつも

親の心にかわって詠んだり、親になりきって詠んでいる良寛の心には感服させられます。

良寛、五十四・五歳の頃の作といわれております。「にはたづみ」の枕詞は万葉にあり、良寛の歌には万葉調の影響が深まりながら、良寛自身のものに高められているといわれております。

(7)**国上山岩の苔道ふみならし**
いくたびわれはまゐりけらしも

×　×　×　×

五合庵生活の折り、国上山へは度々行ったことでしょう。私も何度かのぼりましたが、岩の苔道の実感がよくわかります。帰りにはとんとんとはずむ心にのっており心地よさを味わって何度ものぼりおりしたのでしょう。

(8)**いざここにわが身は老いむ**
あしひきの国上の山の森の下蔭

×　×　×　×

生涯の草庵生活を決意して、一所不住の草庵生活から、五合庵への定住の心を決め、老いの心境に入る心のさびしさと、胸の奥深く何となく生きる安らぎが感じられるようです。

(9)**あしひきの岩間をつたふ苔水の**
かすかにわれはすみわたるかも

五合庵の裏手の岩をおおう緑の苔からしたたり落ちる水の情景が見えるようです。

岩間をつたう苔水の澄んだようすに、自分がこのような美しい苔水につつまれて、この五合庵に住む心を映して豊かな心情になっているように思われます。澄みわたるという澄むと、住むを同一にとらえての表現のたくみさが、人々に好感を持たれているようです。

(10)**山住みのあはれを誰に語らまし**
あかざ籠《こ》に入れかへるゆふぐれ

××××

山中の五合庵に住む身のさびしさ、悲しみは、なか〳〵抜き切れなかったのでしょう。そのあわれな心情を誰に語ったらいいのか、いやいや語らない方がよいのか、語る人もいないと思っているようです。そんなあわれな自分は今晩のお菜にするあかざを籠に入れて五合庵に帰りゆくさびしさが見えるようです。

禅の修行による悟りの境地があっても、日々生きる厳しさの現実に対応する心の悩みのふっ切れない状態はかなり続いていたのでしょう。山住みのあはれさと、あかざの食の貧しさの自分を語れる人もないことをなげいているように思われます。

良寛でさえもそのような現実の悩みから抜け切れない心情があったことを思えば、今の私たちも現実の悩みを克服する苦しみのあることを認識し、その解決のために、良寛の人間性や生き方に謙虚に目を向け、学んでいくことを忘れてはならないと考えます。

⑾**月よみの光を待ちてかへりませ**
山路は栗のいがの多きに

××××

月の光を待ってお帰り下さい。山路には栗の毬《いが》がたくさんあってけがをなさるといけないからという意味だと思われます。

良寛の外護者であり、親友であり、歌を詠み交わした阿部定珍が、五合庵を訪れ、帰るときに与えた歌であります。良寛歌研究の第一人者である吉野秀雄氏は、此の歌を代表的秀作としてあげられ、「息の楽な、すらすらとした詠み口だが、上句には少しも永く友人を引きとめたいという気持をひそめ、また下句の栗の外皮の刺《とげ》で怪我をせぬようにと心遣いした、その濃まやかな感情に心打たれる」と述べておられます。（『歌と生涯』）

まさに、良寛の生活そのものからにじみ出た人間性を深く思わせられます。親友に対する暖かい思いやり、もう少し五合庵に溜まっていてもらいたいという思いが、此の歌を見れば見るほど鮮やかに実感として胸に湧いてくるようです。

私には、歌についての深いことはわからないのですが、万葉集の影響の大きい歌であるようですし、単なる模倣ではなく良寛そのものになっている万葉調の詞句が口を衝いて出て来ていると言われております。

此の歌と同時の作であろうと思われる次のような歌があります。「月読《つきよみ》の光を待ちて帰りませ君が家路は遠からなくに」と。定珍の家は、国上山の山麓、裾野の渡部にあることからの近さに甘んじての歌のように思われます。良寛自身が、親友の定珍にもうちょっといてもいいじゃないかという甘えのような心情の表われじゃないかと思われてなりません。

⑿**わが宿は越《こし》のしら山冬ごもり**
往き来の人のあとかたもなし

×　×　×　×　×

越後の冬の雪白き山の宿に、行き来の人の足跡も残らないさびしい冬ごもりの実感が見えるようです。良寛は、此のさびしい草庵での冬ごもりの中で、詩歌や書の修錬を続け、秀れた芸術を生み出していたことをしっかりわきまえることが大切だと考えます。

⒀**乙宮《おとみや》の森の下屋《したや》の静けさに**
しばしとてわが杖うつしけり。

×　×　×　×　×

乙子の宮の森の下かげの小屋の静けさに心ひかれ、しばらくの間の住まいにしようと思ってやって来たようです。

乙子の草庵に移って間もなくの歌のようです。老衰のため、国上山西坂の急な上り下りが困難になり、乙子の草庵に移ったのだと思われます。これから後十年間ほど乙子の草庵生活を過ごしました。

乙子の草庵時代は、良寛にとって、詩、歌、そして書の創作の旺盛な円熟完成の作品が多く見られます。

⒁**この宮の森の木下《こした》に子供らと**
あそぶ春日になりにけらしも

×　×　×　×　×

乙子の森の下で子供らと遊ぶことができる暖かい春の日永になったことを喜んでいる様子が目に浮かびます。良寛には、子供らと、まりつき、はじき、かくれんぼ、草相撲などと遊ぶ喜びの詩歌が多くあります。良寛にとって禅の修行の境地を子供らとの遊びによって自らの生の充足を求めた生活の表現を詩歌に表わしているものと思います。次のような類歌があります。

この宮の森の木下《こした》に子供らと
あそぶ春日は暮れずともよし
この里に手まりつきつつ子供らと
遊ぶ春日は暮れずともよし
霞立つながき春日を子供らと
手毬《まり》つきつつこの日暮しつ

雪国の長い冬が明けて子供らと遊べる喜び、子供らと遊ぶ春日の暖かさ、日永の喜び、願望の歌が、特に此の乙子の草庵生活に多くみられます。乙子草庵のすぐ下近くに集落があり、子らが乙子草庵の良寛を訪れて、宮のひろばで遊んでいたのではないでしょうか。

子供らとの遊びに元気をもらい、自らの芸術への意気込みが高まっていたことなども大いに想像されます。良寛のほのぼのとした温良な人格の高まりと共に、自らの内面深き人間性を表現しようとする厳正な修錬への強烈な精神力の高揚をこの乙子草庵生活中にみなぎらせていたことに思いを深くさせられます。

⒂ **乙宮《おとみや》の森の木下《こした》にわれ居れば**
鐸《ぬて》ゆらぐもよ人来《きた》るらし

× × × ×

乙子の宮の周辺はとても静かなところです。宮で鳴る鈴の音に人の気配を感じ、「人来るらし」を、良寛の人なつこさの心情をいみじくも表わしております。

⒃ **草の庵《いほ》に足さしのべて小山田《をやまだ》の**
山田のかはづ聞くがたのしさ

× × × ×

この草庵は五合庵か、乙子草庵のいずれかはっきりしませんが、此の類歌も詩もあり、国上山の山田での歌であろうと思われます。

両脚をのんびりのばして、蛙の音を聞く境地がいずれの歌にも見えております。次のような類歌もあります。

草の庵に足さしのべて小山田の
かはづの声を聞かくしよしも

これらの歌のいずれも萬葉集の応用がみられるようです。吉野秀雄氏は、万葉調中の良寛調について、「第一にわかりやすく流暢《りゅうちょう》であること。第二に温みと潤おいを持ってしみじみと浸み込んで来ること。」（前掲、吉野秀雄氏本）といわれております。良寛が古典に学び、それをのり越えての良寛調の歌の円熟味の高まりが顕著になっておりました。

⒄**飯乞ふとわが来しかども春の野に**
菫摘みつつ時を経にけり

×　×　×　×　×

托鉢行脚にやってきたのだが、春の野の菫に心ひかれていつのまにか永い時を費してしまったようです。托鉢は良寛の生活手段であり、禅の修行の大切な行ないでありますが、野べの菫の可愛いらしさに心をうばわれるという現象は、まさに彼のいのちの止みがたい欲求であったのでしょう。この歌も万葉集の影響のようであり、良寛らしく、自然にひたる気持ちがうるわしく詠じられているのではないでしょうか。良寛の歌の本質がしっかり現われている一首だといわれております。

⒅**水や汲まむ薪《たきぎ》や伐《こ》らむ菜やつまむ**
朝のしぐれの降らぬその間に

×　×　×　×　×

自らの手で、自給自足の生活に挑戦する姿がみえるようです。毎日の生活に必要な水を汲み、薪を切り、菜をつもうと気ぜわらしさをほのめかし、朝時雨の降らぬわずかの隙にやってしまおうとはやる気持を出しています。

良寛の生活の実感がにじんでおります。まさに『奇話』にある、良寛の生活の行状が詩歌に具在するという記述そのものが見えるようではありませんか。

⑲**草の庵《いほ》にねざめて聞けばひさかたの**
霰《あられ》とばしる呉竹《くれたけ》の上に

飯乞《いひ》ふと里にも出でずなりにけり
昨日も今日も雪の降れれば

×　×　×　×

霰とび散る草庵の冬入りのきびしい様相、托鉢行脚に出られなくなった雪降り続ける山麓の寒々とした情景に何気なく心を痛め、寂しい思いに心ふさがれているのでしょう。

次のような歌もあります。

み山びの雪ふりつもる夕ぐれは
わが心さへ消ぬべくおもほゆ

このつらい冬ごもりから、春待つ心情を次のような歌に托しております。

⒇**あしひきのこの山里の夕月夜**
ほのかに見るは梅の花かも

×　×　×　×

乙子草庵のある山里も暮れていつしか月夜になったが、ほのかに望みをかけて見るのは梅の花のようだなと詠んでいます。待ちこがれている春への思いを現わしているものと思います。

㉑**あしひきのみ山を出でてうつせみの**
人の裏屋に住むとこそすれ

×　×　×　×

余り評価されない歌のようですが、国上の山麓、乙子の草庵から、木村元右衛門家の裏屋に住むようになった事実が明解でありますので取り上げておきたいと思います。

既に述べておきましたが、阿部定珍氏への手紙により木村家の庵室に引き移ったこともわかっております。良寛六十九歳の文政九年（一八二六）の時といわれています。

㉒**いざ子ども山べに行かむ菫《すみれ》見に**
明日さへ散らば如何にとかせむ

×　×　×　×

良寛七十一歳の頃の作のようです。さあ子どもらよ、菫を見に山へ行こうよ、明日になれば散ってしまうかも知れないし、どうしようと、とまどっているような感じですね。やや住みづらい雰囲気の里にきて、無雅気な子どもたちに接し、愛情こみ上げる気持ちが菫見への心がかきたてられているような何ともいえないふっくらとした心の状態を想像したくなります。

(23)**うちつけに死なば死なずて永《なが》へて**
　かかる憂き目を見るが侘《わび》しさ

×　×　×　×　×

文政十一年（一八二八）十一月十二日の三条地震の折り、与板の山田杜皐《とこう》への手紙の中の歌であります。良寛七十一歳の頃です。

あっさり死んでしまいばよかったのに、死なずにいてこのような大地震にあうのは心わびしいことじゃないかというのでしょう。

「騰々任天真」の境涯の良寛らしい感懐と思われます。

(24)**いそのかみふるの古道さながらに**
　み草ふみわけ行く人なしに

×　×　×　×　×

古く尊い道は存在するのだが、すたれてしまい繁茂する深い草を踏み分けて進んでいこうとするものもいなくなってしまったなあと嘆いている晩年の良寛です。年老いても自らはひるまず宗教・芸術・学問に挑む気慨を持ち続けている姿が見えるようです。古道を尊ばない世の中になったことを嘆く次のような歌もあります。

ますらをの踏みけむ世々の古道《ふるみち》は、
　荒れにけるかも行く人なしに
いにしへの人のふみけむ古みちは
　荒れにけるかも行く人なしに

歌における萬葉集の古典としての価値を大切にし、それを乗り越えて自らの良寛調を形成したと同じように、彼にとっては、詩歌書の芸術のみならず、宗教・学問の古典への挑戦の精神のなくなりつつあることに悲憤慷慨していることは明らかです。

良寛が子どもらと手まりをついて遊ぶ温和な表情に見えるのに、内面にはこの歌にみられるような厳正な根を据えている人間性に限りない尊崇の禁じ得ないものがあります。良寛という人間の全体をとらえるのに、内面に根を為す厳正な精神に立脚して、彼の自然愛、人間愛の美しい姿が見られるのでしょう。このような良寛という人の人格に学ぼうとする人々が多くいるのではないでしょうか。

そうかと思うと良寛の自然へのやさしい眼《まなこ》の向けられた晩年の歌もあるのです。

㉕**ゆきかへり見れどもあかずわが宿の**
薄《すすき》がうへにおける白露

×　×　×　×　×

良寛七十三歳、最晩年の七月七日の作です。ゆきかえりに、何度見ても飽きないよ、わが庵の薄においた白露の美しさを詠じているのではないでしょうか。

前述の厳しい歌に対し、此の歌のように、閑雅な境地を詠じていることに良寛らしさを感じさせられます。その上に、老いと病いの苦しみや、はかないいのちのあり様をこの白露に托して心のよりどころを求めているのではないかとも思わせられます。

㉖**しほのりの坂のあなたにきみ置きて**
ひとりし寝《ぬ》れば生けりともなし

×　×　×　×　×

最晩年の良寛が弟由之への深い思いやりの心のにじむ歌であります。塩法峠《しおのり》の向うに君を置いて、自分はひとりで病で寝ているが、生きていける心地もしない、と実感を現わしております。

この歌は由之の日記「八重菊」から出てきたもので、良寛の臨終に近い頃の歌の反故《ほご》の中にあったものといわれております。

この歌も万葉風の語句が入っていますが、良寛自身の実感を重んじたいわゆる良寛風になりきっているといわれております。

良寛は臨終近くまで、弟思いの類歌があります。良寛には身内のものは勿論のこと、周辺の世話になっている人々への感謝の気持ちの強かったことが考えられます。

良寛示寂の一、二か月前に次の歌を詠じております。

(27) **わが命さきくてあらば春の野の**
若菜つみつつ行きてあひ見む

自分の命が無事であったならば、またくる春の野の若菜を摘みながら、与板の君に会いに行きたいものだね、と言っているのです。

今は、この塩入峠はトンネルが通っておりますが、旧峠も残っております。十数年前頃　島崎にある北辰中学校の全校生徒とこの旧峠を共に越え、感慨無量の感でいっぱいになりました。この峠の入口に良寛の歌碑が建てられております。

(28) **しほのりの坂は名のみになりにけり**
ゆく人しぬべよろづ代までに

(29) **形見とて何かのこさむ春は花**
山ほととぎす秋はもみぢ葉

××××

この歌は、形見といっても、死に際して詠んだというわけではありません。

由之の日記「八重菊」によりますと次のように記述されています。「おはしませし世に、よし子（与板・山田氏）が御形見乞ひし歌の御かへし」とあります。

またこの歌は、良寛の尊崇した道元禅師の、

春は花夏ほととぎす秋は月
冬雪さえてすずしかりけり（傘松道詠）

の影響を受けているものといわれております。

良寛の「形見とて」の歌は、歌としての評価は高くないようでありますが、彼の自然随順主義の考えを叙べた自然を愛する心情を示したものとして心に残る一首であります。

良寛の晩年における貞心尼との出会いは極めて重要な事実であります。これについては、次章において、二人の相聞歌『蓮の露』の中で詳述いたします。

(二)「詩」の思想

私の手元に昭和五十年三月一日発行の小冊子があります。根っからの出雲崎町の人、良寛研究家・田村直次氏（良炳）の『良寛さまの詩と心』という著

書です。田村氏は「良寛さまは何よりも先ず、偉大な思想家であり宗教家だった」し、「どなたでも良寛詩に親しんでもらいたい。そうして、あまり紹介されていなかった反面の厳しさを加えて、人間であり仏であり、その接点にあられた良寛さまに気付いていただけたらと思います」と述べておられます。田村氏の生存中の蘊蓄のある良寛詩のお話を思い出しながら、詩に込められた思想に目を向けていかねばならないと考えております。

良寛の詩歌は、まさにその生活の表現であり、そこに込められている思想や自然への観照の内容にささやかな理解を掘りおこし、述べてみたいと思います。

此の項に述べます、詩の読み等は主として渡辺秀英氏の『良寛詩集』に拠りました。

(1)乞食

十字街頭乞食了　**十字街頭食を乞ひ了《おわ》り**
八幡宮邊方徘徊　**八幡宮《はちまんぐう》辺《へん》方《まさ》に徘徊《はいかい》す。**
兒童相見共相語　**児童相見《あいみ》て共に相語る**
去年癡僧今又来　**去年の癡僧今又来る。**

町のさなかで托鉢し
八幡様へとやってきた。
子どもが見つけて語り合う
去年の坊主《ぼうず》がまたきたぞ。

×　×　×　×

私は、度々三条市八幡宮でこの碑を見ていますが、高さ二・五メートルもあります。

三条市では、この八幡宮は三条市の八幡神社を詠んだものとしております。

良寛は東裏館の真言宗寺院宝塔院住職隆全氏と大変親しく、三条へ出かけるとよく立ち寄っていたようです。良寛は禅の修行である乞食に三条の町へやって来て、終った後いつも来ている八幡様をうろついていると子どもたちが見つけて、去年の癡僧がまたやって来たぞとわめき合っている雰囲気に見えます。良寛は詩の中で自分を癡僧と思っているのです。子どもたちがきっと自分を風変りな僧と思っていることを認めているのでしょう。それほど子どもたちの無邪気さに好感を持ち、子どもたちと相語り合うことを此の上ない楽しみと思っているのではないでしょうか。子どもたちは、始めは奇僧としか思わなかった良寛の人間としての清純さに心惹かれ、良寛も子どもたちの純粋さに溶けこみ禅坊主の良寛と、無邪気さの子どもたちとの美しい交流がこの八幡様の境内で展開されていたものと考えます。乞食を終えた満足感が、子どもたちとの遊びに発展して生き生きした生活のいのちの交わりが美しくつくり上げられているともいえるでしょう。

(2)騰騰　　騰《とう》々

裙子短兮褊衫長　　裙子《くんす》短く褊衫《へんさん》長し
騰騰兀兀只麼過　　騰々《とうとう》兀兀只麼《しも》に過ぐ。
陌上兒童忽見我　　陌《はく》上の児童忽ち我を見
拍手齊唱放球歌　　手を拍《う》ちて斉しく唱《うた》う放球歌。

短いはかまに長上衣
身まま気ままに世をすごす。
道の子供がすぐ見つけ
手拍子そろえて手毬歌。

×　×　×　×　×

手拍子をそろえて、歌い合う手毬《てまり》の歌です。何とのどかな大自然のなかの子どもらと良寛のいのちのはち切れそうな暖かい遊びの様子が美しく見えるようですね。無心な子どもたちの遊びの姿に共鳴して良寛も自らの生き方を「騰々兀々」と言い切っております。

「騰々」の文字は、前の章に述べたように、師国仙和尚の与えた「印可の偈」に「騰々任運」と良寛の人間性を評価して述べられていますように、良寛の生きる生活ぶりが現わされているものと考えます。

のんびりと無心な子どもたちと遊ぶことは、自然随順の心で、その因縁のままに生きようとする良寛の人格が此の上なく美しく見えます。

年齢的には、五十代後半から六十代の、五合庵時代の後半から乙子神社草庵の十数年間のようであります。手まりの詩と共に、手まりの歌も前述のように此の時代にたくさん詠じられていたことからも、そのように思われます。

(3) 闘草《とうそう》

也與兒童闘百草　也《また》兒童と百草を闘わし
闘去闘来轉風流　闘い去り闘い来り転《うた》た風流。
日暮寥寥人歸後　日暮《にちぼ》寥《りょう》々《りょう》人帰りし後《のち》
一輪明月凌素秋　一輪の明月素秋《そしゅう》を凌《しの》ぐ。

こどもといっしょに草ずもう
引きあい、切りあいおもしろい。
日暮れ、ひっそり人はなく
秋の夜空にお月さま。

× × × ×

私自身ふるさとのお宮の境内で草相撲遊びに夢中になった子どもの頃が思い出されます。「おおばこ」をからめ合って引っぱり合い切れた方が負けとなる単純な遊びですが盛り上がると大変面白かった雰囲気が記憶に残っています。良寛と子どもたちが、わいわいさわぎながら、勝った負けたと競い合う、無心な光景が目に浮かぶようです。純粋で無邪気な子どもたちと遊ぶ良寛の無心な表情の姿のおだやかさは彼自身の厳しい修行の内心からにじみ出たうるわしい人間性の発露であったのではないでしょうか。

(4) 日日日日又日日　日々日々又日々
閒伴兒童送此身　閒《のど》かに兒童を伴なって
　　　　　　　　此の身を送る。
袖裏毬子兩三箇　袖裏《しゅうり》の毬子《きゅうし》兩三箇
無能飽醉太平春　無能飽酔《ほうすい》す太平の春。

毎日毎日また今日も
子供と遊んで暮らしてる。
袖に手まりが二つ三つ
太平楽で酔っている。

× × × ×

毎日、朝から晩まで子どもたちと遊んで暮らしていたようです。袖の中には手まりをいくつか入れてあります。何の能もなく酔ったようにのどかな境涯を過ごしているというのでしょう。

僧に非ず俗に非ずの心境で、寺も持たずに質素な草庵に住み、乞食托鉢して食をうけ、托鉢行脚が終れば、無心になって子どもらと手まり、かくれんぼ、おはじき、草相撲の遊びに酔って太平楽の境地になって生活しているのどかな良寛のいくつかの詩について述べてきました。

良寛は、人間の生にとって何が最も大切なことかを問う、次のような詩があります。

(5)**富貴非我願**　**富貴は我が願に非《あら》ず**
神仙不可期　**神仙は期すべからず。**
満腹志願足　**腹を満たさば志願足《た》る**
虚名用何為　**虚名用《も》って何為《なんす》るものぞ。**
一鉢到処擕　**一鉢到る処に携《たずさ》へ**
布嚢也相宜　**布嚢《ふのう》また相宜し。**
時来寺門傍　**時に来る寺門の傍《かたわら》**
偶與兒童期　**偶《たまたま》児童と期す。**
生涯何所似　**生涯何の似たる所ぞ**
騰騰且過時　**騰《とう》々且《しばら》く時を過《す》ごす。**

金も官位もほしくない
仙人などになれはせぬ。
腹一ぱいでことたりる
あだな名誉は何にする。
どこへも鉢の子持ってゆき
頭陀ぶくろをも持ってゆく。
時には寺の傍《そば》へ来て
子供といっしょに遊んでる。
こんな生涯どこにあろ
気のむくままに世を過ごす。

××××

良寛は、金持ちであったり、社会的地位の高いことなど求めはしなかった。さればとて仙人などにはなれないし、只腹を満たせば結構だといっております。実質の伴なわない世間の名声を得ても何にもならない。只一つの鉢の子をたずさえて托鉢に出かけ、頭陀袋をそこそこ満たせばよい。そして時には寺のそばあたりにくると、たまたま子どもたちと出会ったりして遊んでいたりする。こんな生涯の人間はどこにいるだろうか。何のこだわりもなく自由に気のむくままに生きがいを感じながら楽しく時を過ごしています。

まさに良寛の生の根本が見えるようであります。

良寛は僧に非ず、俗に非ずともいっております。富貴や虚名の世間からはみ出た人間であればこそ、大人として子どもらと遊んでいることもできるのでしょう。そういう意味では子どもたちとの遊びは、出世間という意義の象徴とも思われます。「生涯何の似たる所ぞ、騰々として且《しばら》く時を過ごす」といっておりますように、真の自由の境涯の実現を果し、自在の生を心ゆくまで楽しんでいるように思われます。

良寛のこのような生に対する考え方は、子どもたちとの遊びという行状が核心的な象徴として考えられます。しかも良寛の子どもたちとの遊びには、単なる出世間的な自由な境地にとどまらず、禅の修行による深い大悲心に拠るものであることを見失ってはならないと思います。

しかも、良寛には、当時の僧のあり方についての批判の精神が強くあったことにも大きな要因があったものと考えます。

良寛には次のような「僧伽」という詩があります。良寛が沙門、修行僧、出家僧としてどのような思想を持っていたかを総合的に知ることのできる詩であります。

僧伽

落髪爲僧伽　髪を落して僧伽《そうぎゃ》となり
乞食聊養素　食《じき》を乞《こ》うて聊《いささ》か素《そ》を養う。
自見已若此　自ら見ること已《すで》に此の如し
如何不省悟　如何ぞ省悟《せいご》せざらん。
吾見出家兒　吾出家の児《じ》を見るに
晝夜浪喚呼　昼夜みだりに喚呼す。
祗爲口腹故　祗《ただ》口腹の為の故に
一生外邊騖　一生外辺に騖《は》す。
白衣無道心　白衣《びゃくい》の道心なきは
尚是爲可恕　尚《な》ほ是れ恕《じょ》すべきと為す。
出家無道心　出家の道心なきは
如之何其汚　これその汚《お》を如何《いかん》せん。
髪斷三界愛　髪は三界の愛を断ち
衣破有相句　衣《ころも》は有相《うそう》の句《こう》を破る。
棄恩入無爲　恩を棄《す》てて無為《むい》に入るは

是非等閑作　是れ等閑《とうかん》の作《しわざ》にあらず。
我見彼朝野　我彼の朝野を見るに
士女各有作　士女各作《しわざ》あり。
不織何以衣　織らずんば何を以てか衣《き》
不耕何以哺　耕さずんば何を以てか哺《くら》はん。
今稱佛弟子　今仏弟子と称するも
無行亦無悟　行《ぎょう》もなくまた悟《さと》りもなし。
徒費檀越施　徒《いたず》らに檀越《だんおつ》の施《せ》を費《ついや》し
三業不相顧　三業《ごう》相顧みず。
聚首打大語　首《こうべ》を聚《あつ》めて大語を打《たた》き
因循度旦暮　因循《いんじゅん》旦暮《たんぼ》を度《わた》る。
外面逞殊勝　外面は殊勝《しゅしょう》を逞《たくま》しうして
迷他田野嫗　他《か》の田野嫗《おうな》を迷はす。
謂言好箇手　謂《おも》う言《われ》好箇手《こうこしゅ》と
吁嗟何日寤　吁嗟《ああ》何《いず》れの日にか寤《さ》めん。
縱入乳虎隊　縦《たと》い乳虎《にゅうこ》の隊に入るも
勿践名利路　名利《みょうり》の路を践《ふ》むことなかれ。
名利纔入心　名利纔《わず》かに心に入らば
海水亦難澍　海水も亦澍《そそ》ぎ難し。

阿爺自度爾　阿爺《あや》自ら爾《なんじ》を度《ど》せしは
不為衣食故　衣食の為の故ならず。
阿母撫爾頭　阿母《あぼ》爾《なんじ》が頭《こうべ》を撫で
親族遠迷路　親族遠く路に迷る。
青容従茲隔　青容茲《これ》より隔たり
暁夜何所作　暁夜何の作《な》す所ぞ。
燒香請佛神　香を焼《た》いて仏神に請い
永願道心固　永く道心の固きを願へり。
似爾今日作　爾が今日の作《しわざ》に似ば
豈得不牴牾　豈《あに》牴牾《ていご》せざるを得んや。
三界如火宅　三界は火宅《かたく》の如し
人命似朝露　人命は朝露に似たり。
好時常易失　好時常に失い易く
正法亦難遇　正法《しょうぼう》も亦遇い難し。
宜著精彩好　宜しく精彩の好《よ》きを着《つ》くべし
毋待換手呼　手を換えて呼ぶを待つことなかれ。
今我苦口説　今我苦口《くこう》に説く
竟非好心作　竟《つい》に好心の作《しわざ》にあらず。
自今熟思量　今より熟《つらつら》思量《しりょう》して

可改汝其度　汝が其の度《ど》を改むべし。
勉哉後世子　勉めよや後世の子
莫自遺懼怖　自ら懼怖《くふ》を遺《のこ》すことなかれ。

髪をおろして僧となり
托鉢しつつ修行する。
自分でこうと知るからは
何でその身を考えぬ。
いま坊さんをよく見れば
むやみにでかく経をよむ。
身の欲だけに身を入れて
仏道修行をよそに過ぐ。
在家の人の不信心
これはまあまあしかたない。
出家した身の不信心
何で許しておかれよか。
愛欲絶って髪おろし
俗界すてた黒染だ。
恩愛すてたこの出家
なまやおろかなことでない。

静かに人の世見わたせば
人はそれぞれ仕事あり。
機《はた》を織らねば着もせぬし
鍬《くわ》を取らねば食いもせぬ。
いま坊さんと言いながら
修行もせずに悟りなし。
ただお布施だけいただいて
修行なんどはみもしない。
坊主が寄ればほらをふき
のんべんだらりと日を暮らす。
見れば如何にも殊勝顔
いなかばばあをだまかして。
おれはやりてといばってる
ああ、このばかはいつさめる。
乳のみ子かかえた虎よりも
名利の路はなお危険。
名利にちょいと気が向くと
海ほどかけてもすすげない。
父が出家を許したは

着るや食うやのためでない。
母はわたしの頭なで
親類たちは見送った。
お顔も声も隔たれど
明け暮れわが身案じつつ。
神や仏に香をたき
かたい修行を祈るだろ。
今のたわけたふるまいは
出家の旨とちがうだろ。
愛欲の世ははかなくて
人の命も露と消ゆ。
教を聞くも稀にして
仏に遇うはむつかしい。
どうか仏道修行して
はたの心配なくされよ。
気も進まぬに我は説く
少しも好きで言うでない。
今よりよくよく考えて
その行いを改めよ。
勉めよ、若い出家たち
のちに後悔残すなよ。

×　×　×　×

何故か此の長詩が良寛禅師墓の右方に刻されております。良寛が「この子は将来きっと大成するだろう」と賞讃した鈴木文台氏撰によるものです。これほどまでに厳しく仏教界、僧侶のあり様を批判した良寛の詩が、文台がどうして撰したのかを思いめぐらすと、極めて意味深いものを感じさせられます。良寛の生に対する思想や宗教に対する毅然たる信念が示されたものと考えます。

良寛のイメージからすれば、おだやかな口数少ない温良な表情で、子ども達と無心に遊んでいる姿の人のどこから、僧伽の詩に表わす厳正な言葉が出てくるかと驚かされます。

これこそ、まさに良寛の持つ、禅の修行からにじみ出ている厳正な思想そのものであり、良寛の真の人間性であろうと考えられるのではないでしょうか。

良寛の人生の上から考えてみますと、及そ二十年に及ぶ、禅の修行、諸国行脚の後、懐かしい故山に帰り、一山の住職にもつかず、無住庵に転々として移り住み、果ては国上山の五合庵に定住し、乞食托鉢行脚と座禅の悠々自在の生活に身を投じたのであります。この壮年期の血気盛んな時に、彼自身自らへの戒めとしての思想を形成し、自らへの戒語を意識し、予の堕落を長詩に説き、後世子への戒めを説いたものでありましょう。

換言すれば、この「僧伽」の長詩は、良寛の宗教観の神髄であるものと信じます。本詩の構成は、先ず自らの出家の本旨から始めて、当時の仏教界の堕落の現状に鋭い目を配り、その悔悟の上に立っての戒めを語り、改悛のことばを説いているものと思われます。

自らも言う如く「今、我、苦口《くこう》に説く、竟《つい》に好心の作にあらず」と、止むに止まれずに言っているのだと述べております。彼のこの詩は、一般の人々に対しては勿論、当時の出家に対しての教化活動として意識しているものと考えられます。

本詩から、良寛の思想に目を向けてみましょう。「髪を落して僧伽となり、食を乞うて聊《いささ》か素を養う。自見すでにかくの如し、いかんが省悟せざらんや」と。冒頭から出家の根本について反省を促しております。そして僧門の人びとの生活のあり様をのべ、厳しく批判しています。禅思想の働かざるもの食うべからずの精神を説き、僧侶として修行もせず、悟りを得る努力もせず、檀家の布施に甘んじてのうのうと暮していることにあきれかえっています。名利の欲はほんの少しでも起こしてはならないし、父が汝を仏道に入門させた本旨を忘れてはならないし、母が頭をなで、親類の者たちは別れを惜しんで送ってくれました。

良寛は「出家の歌」の中で述べています。

母が心の睦まじき、その睦まじきみ心をはふらすまじと思いつぞ、常《つね》憐れみの心持《じ》し、浮世の人に向いつれ、父が言葉の厳《いつ》くしき、この厳くしきみ言葉を思い出でてはつかの間も法《のり》の教をくたさじと朝な夕なに誡めつ、これの二つを父母がかたみとなさむ

わが命この世にあらむ限りは、と。

彼は、自らはこのような堅固な精神で修行し、印可偈頌を受けたわけであります。当時の仏教界には良寛のような厳しい修行をしない破戒著しい状況がみられたのです。

さらに彼は、世のはかなさを説き、人の命も朝露のようなものにすぎないことを述べ、修行の好時期は失ない易く、正しい仏の教えには遇えがたいものであることを強調しております。それ故に自らの精彩を表わす精神を打ち出すように努めなければならず、人が覚醒させてくれるのを待つようであってはならないことを戒めております。

だから、今よりよく考えて、自らの行いを考えて改めていかねばならないことを示唆しています。

若き出家たちよ、勉励せよ。そして後々に後悔を残すことのないようにと厳しく訓戒しているのです。

良寛自身、自らへの戒しめと思い、自覚の上に立って、草庵生活での座禅修行に徹し、乞食行脚を通して、仏の真理に向かっての悟道を歩み続けていたものと信じます。

さらに彼は「唱導詞」という詩の末尾に次のように誌しています。

吁嗟余小子　吁嗟《ああ》余小子
遭遇於此時　此の時に遭遇す。
大廈将崩倒　大廈《たいか》の将《まさ》に崩倒《ほうとう》せんとするや
非一木所支　一木《いちぼく》の支《ささ》うる所に非《あら》ず。
清夜不能寝　清夜寝《い》ぬる能《あた》はず
反覆歌此詩　反覆して此の詩を歌う。

ああ、おろかなるこの吾は
かかる衰時に生れ来ぬ。
高楼《たかどの》今や崩るるに
ただ一木《いちぼく》の支《ささ》うべき。
憂えつのりて寝もやらず
ただくり返し歌うのみ。

×　×　×　×

良寛は越後に帰って草庵座禅、乞食行脚の修行に徹しようと思いながらも、その衝天の志気を失いがちな精神状態に落ち入りがちなこともあったことでしょう。

　さらに、尊崇せし、永平寺の始祖道元が世を去って以来、正法の仏道は次第に衰え、寺は荒れ、僧は堕落し続けている実態に嘆き悲しんでいたのです。

　その上に、彼の生まれてきた江戸時代の中末期の世の中の頽廃、政治の悪弊に抗し切れない自らの奥深い心情が明らかに見えるようです。此の暗い社会にあきたらず、名利にあくせくする俗人をも嫌い、僧にもあらず俗にもあらずの複雑な心境になり「虎を描いて猫も成らず、只是従来の栄蔵生」と自ら思い続けていたのでしょう。そして少しでも自らの心を慰めようと、此の唱導詞に訴え、ただ繰り返し歌うだけだと述べているのではないでしょうか。

　彼が生涯寺を持たず、托鉢草庵生活に一生を終ったその精神、思想の根底は、出家として「道元に帰れ」「釈尊に帰れ」ということであったのでしょう。そして単なる学問上の主張でなく、身をもって実践しようとする生活の事実を見れば如実にわかることでもあります。


　彼の真精神はこれらの詩に見られるように、寺院、僧への批判、そして頽廃した社会への批判の思想を胸に秘め、自らの自由、自在な不断の修行を日々の生活の中で継続することにあったものと信じます。

　このような思想の根底は、良寛の「読永平録」の詩に述べられております。次にその全詩を提示し、その心を学びたいと思います。

読永平録

春夜蒼茫二三更　春夜蒼茫《そうぼう》たり二三更《こう》
春雨和雪灑庭竹　春雨雪に和《わ》して庭竹《ていちく》に灑《そそ》ぐ。
欲慰寂寥良無由　寂寥《せきりょう》を慰めんと欲して良《まこと》に由無く
晴裏模索永平録　晴裏模索《もさく》す永平録。
焼香點燈静披見　香を焼《た》き灯を点《てん》じ静かに披《ひら》き見るに
一句一言皆珠玉　一句一言皆珠玉。
憶得疇昔在玉島　憶《おも》い得たり疇昔《ちゅうせき》玉島に在りて
圓通之先師　円通の先師
提示正法眼　正法眼《しょうぼうげん》を提示せしを。

當時已有景仰意
当時已《すで》に景仰《けいごう》の意《い》有り

爲請拜閲親履踐
為に拝閲を請《こ》い親《した》しく履践《りせん》す。

始覺從前漫費力
始めて覚《さと》る従前漫《みだ》りに力を費《ついや》せしを

由是辭師遠往返
是《これ》由《よ》り師を辞し遠く往返す。

嗟嗟永平有何緣
嗟嗟《ああ》永平何の縁か有る

到處逢著正法眼
到る処逢著《ほうぢゃく》す正法眼。

參去參來凡幾回
参じ去り参じ来る凡そ幾回ぞ

其中往往無呵嘖
其の中往々呵嘖《かしゃく》なし。

諸法知識參學到
諸法知識に参学し到り

二把此錄約參同
二たび此録を取りて約《ほぼ》参同す。

噫無奈何諸方混
噫《ああ》諸方の混ずるを奈何《いかん》ともするなく

玉也石也無與分
玉《ぎょく》と石と与《とも》に分つなし。

五百年來委塵埃
五百年来塵埃《じんあい》に委《ゆだ》ねしは

職由是無擇法眼
職《しょく》として是れ法を択《えら》ぶの眼なきに由《よ》る。

滔滔皆是爲誰擧
滔《とう》々皆是《こ》れ誰《た》が為にか挙《こ》する

莫言感今勞心曲
言う莫《なか》れ今に感じて心曲《しんきょく》を労《ろう》すと。

一夜燈前涙不留
一夜燈前涙留《とど》まらず

濕盡永平古佛錄
湿《うるお》い尽くす永平の古仏録《こぶつろく》。

翌日隣翁來草庵
翌日隣翁草庵に来り

問我此書何爲濕
我に問う此の書何為れぞ湿いたると。

欲道不道心轉切
道《い》わんと欲して道《い》わず心転《うた》た切《せつ》なり

心轉切兮說不及
心転《うた》た切なるも説き及ぼさず。

低頭稍久得一語
低頭稍《やや》久しくして一語を得たり

夜來雨漏濕書笈
夜来《やらい》の雨漏書笈《うろうしょきゅう》を湿すと。

春はほぐらく夜は更けて
雨と雪とが竹に降る。
寂しさやらんすべもなく
正法眼蔵取りいだす。
香華たむけておし開く
一言一句あな尊《とう》と。
思えば昔玉島の

円通寺にて国仙は
正法眼蔵示された。
当時敬《うやま》い慕いつつ
読ませてもらって行《おこな》った。
無駄骨折りし前非《ぜんぴ》悔《く》い
師のもと離れ行脚した。
正法眼蔵縁ふかく
いたる所にめぐりあう。
その折ごとに参学し
時折ひどく責められた。
知識に学び経を読み
はじめて眼蔵ほぼさとる。
ああ、今、諸説入り乱れ
玉石わかつすべもなし。
五百年来捨てられて
正邪をわかつすべもなし。
ああ、この潮流に何をなす
乱れを痛むと言うなかれ。
よすがら涙とどめなく
正法眼蔵濡れとおる。
あくる日隣のじいさんは
此の本何で濡れたという。
言おうと思うが言葉出ず
心あせれど話せない。
うなだるうちにうかんだは
ゆうべ本箱雨もりだ。

×　×　×　×

良寛の還郷《げんきょう》の志気は高く、真実の僧たらんとすることを貫く信念に基くものであると信じます。その気迫に燃えた詩、「僧伽」及び「唱導詞」に当時の社会、仏門、僧に対する批判の考えを示してきました。

これらの二詩は、外に対する批判と同時に自らへの戒めでもあるように考えます。

ここに示しました「読永平録」は「僧伽」「唱導詞」に示した批判の思想の根底を爲すものと考えられ、彼の崇敬する道元の『正法眼蔵』を読んだ深い意味合いを表現しているものと考えます。帰郷後の五合庵での草庵生活時代に書かれたものであろうと言われております。次のような「五合庵に題す」という歌があります。

濁る世を澄めともよはず（言わずの方言）
わがなりにすまして見する谷川の水
山かげの岩間をつたふ苔水のかすかに
われはすみ（住みと澄みの掛詞）
わたるかも

衝天の志気が、前詩と共に気魄に燃えた情感として詠じられているようにみえるのではないでしょうか。「読永平録」について詳しく探求してみたいと思います。

既に述べた如く、良寛は備中玉島の円通寺において、国仙和尚の会下にあって、道元禅師を宗祖とする曹洞宗の禅の修行に徹しておりました。そして師国仙和尚によって提持された道元禅師の『正法眼蔵』に接し、仏道を極めていく上に決定的な心情を胸の奥深く刻み込むことができたのではないでしょうか。

五合庵にあって、春の夜も深まり、雨と雪とが竹にそそぎ、寂しさになすすべもなく、『正法眼蔵』を取り出しました。香華をたむけて、おし開き一言一句はまさに尊きものでありました。思えば円通寺にありし時、国仙が『正法眼蔵』を提持されました。当時、まさに敬い慕いつつ読ませてもらい座禅の修行を実践し続けました。今までは自分のための修行に無駄骨を折ってばかりいたことを悔い、他人のためにへの修行に努めるべく、師のもとを離れ、乞食行脚に出かけました。

良寛にとってこの『正法眼蔵』との出会いは、まさに仏道の本質の何たるかに目覚め、自らの心のはたらきを奥深くにじませる大きな源泉となったのだと考えます。

『正法眼蔵』は大冊の書物であり、且つ難解な内容であります。良寛はきっと書き写したり、幾度も読んでいたのだと思います。彼の感銘深い部分を書き出していたものの中で、「菩提薩埵四攝法」の巻から、特に「愛語」の部分を抄き書きし、生涯身から離さずに持ち歩いておりました。既に述べましたように、良寛にとってこの「愛語」は、彼の生き方そのものであったものであります。この愛語は今でも残されており、書としても高く評価され、彼の人間性を表わしているものと認められております。

良寛は、『正法眼蔵』を読み、縁の深いことを自覚し行脚するうちに到る所で『正法眼蔵』にめぐり会い、その意味することの実際のむずかしさに痛感した面も多くあったのではないでしょうか。その折りごとにいくたびも熱心に参学し、その諸法に学び、理解を深め、行脚による修行を続けたようであります。

しかし、今故郷へ帰ってきて、親しんできた『正法眼蔵』を取り上げて読んでいるが、玉か石か論ずる人もなく、諸説入り乱れているようであります。道元禅師が書かれてから五百年もほこりの中に眠っていたにすぎず、真の仏教を追求しようとする眼力がなかったようであり、『正法眼蔵』こそ、真の仏教と思う者がないことを良寛は嘆いていたのではないでしょうか。

今、このように道元禅師の教えを学ぼうともせず、僧侶は堕落し、自分も仏門を離れようとしていることを深く考えると自らの心もさまざまな苦しみでいっぱいであることにどうしようもない気持ちにさせられていたようであります。

そして、今この夜に灯をともして、道元禅師に思いを致せば、涙とどまることなく、その涙が、『正法眼蔵』をすっかり濡らしてしまったといっております。きっと言いようのない複雑な境地であったのでしょう。

そして、翌日隣りの老人が草庵を尋ねて来て、「この本はどうして濡れたのですか」と聞いたのですが、そのわけを語ろうと思ったけれども、あまりにも心苦しく、なかなか返事ができなかったのです。僧侶の堕落、仏法が地に墮《お》ち、誰もがこの真実を学ぼうとしない実情を語り尽しても無駄だと考えていたのです。言葉にならず、恥ずかしく頭を垂れていたのですが、ようやく「ゆうべの雨で、草庵に雨もれがあって、すっかりこの本を漏らしてしまったんです」とつぶやくことができたというのです。

良寛の道元禅師への心と、『正法眼蔵』の一字一字の刻み、社会、僧侶、仏門の堕落に対する複雑な嘆き、批判の心情がからんだ彼の姿が浮びあがってくるようであります。

良寛が、いかに道元禅師の教えに従い、己をむなしくして、身心脱落《とつらく》の行の実践に邁進せんとする気慨を感じとることができるのではないでしょうか。

ここで、良寛の詩に対する考え方に触れてみたいと思います。次のような詩があります。

孰謂我詩詩　孰《たれ》か謂《い》う我が詩は詩なりと
我詩是非詩　我が詩は是《こ》れ詩に非《あら》ず。
知我詩非詩　我が詩の詩に非ざるを知らば
始可與言詩　始めて与《とも》に詩と言うべし。

わしの詩を詩と誰がいう
わしの詩なんぞ詩ではない。
それがほんとにわかったら
始めて詩をば談じよう。

× × × × ×

良寛は詩の本質は心にあると言いたいのだと思います。渡辺秀英氏は、良寛の詩論について、その著『良寛詩集』の中で、次のように述べられています。

「良寛は詩の出発点そのものが根本的にちがっている。〝詩は心の動きが根本だ〟という、詩意を本質とする良寛と、詩型の美を主とする社会風潮とがその相違の根本をなしている」

このことについて良寛は次の詩に自らの考え方を詠じています。

可憐好丈夫　憐《あわ》れむべし好丈夫《こうじょうふ》
閒居好題詩　閒居して好《よ》く詩を題す。
古風擬漢魏　古風は漢《かん》・魏《ぎ》に擬し
近體唐作師　近体は唐を師と作《な》す。
斐然其為章　斐然《ひぜん》として其れ章《しょう》を為《な》し
加之以新奇　之に加うるに新奇を以てす。
不寫心中物　心中の物を写さずんば
雖多復何為　多しと雖《いえど》も復《また》何をか為さん。

ああ、あっぱれな好男子

家にこもって詩を作る。
古風は漢魏《かんぎ》になぞらえて
近体は唐を模範とす。
詞《ことば》も体《たい》もりっぱにて
新奇の風《ふう》も加えてる。
けれど、本心詠《よ》まぬなら
山ほど作るもむだなこと。

× × × × ×

詩については全く無知な私ですが、「心中の物を写さずんば、多しと雖《いえど》も、復《また》何をか為さん」と詠じていることは、真理だと思います。詩とは心の中のものを言い表わしたものに外ならないものと信じます。外形だけにとらわれた詩と対照させて言っているもので、良寛の考え方の根本となるものであろうと考えられます。

大島花束氏は、その『良寛全集』で、良寛の詩について「心中の物を寫すということが良寛の詩であって」さらに「道元禅師を慕うて其の心身脱落の境地を體得実践した良寛は〝正法眼蔵〟其の他の感化薫染の大なることは言うまでもなく、その詩も〝正法眼蔵〟を味讀して始めて釋然たるものが多いようである」と述べています。そして「詩は歌よりも思想的で急迫したものが多いようである」と述べております。

また、大島花束氏と共に岩波文庫本に訳註された原田勘平氏は、良寛の詩の内容を、自らの『良寛雑話』の中で次のようにわかり易く分類しております。

1、禅の悟りの境地を述べたもの。
2、僧侶や民衆の堕落を慨嘆したもの。
3、空想を詠んだもの。
4、意気を述べたもの。
5、友人知己と応酬したもの。
6、仏の教えに感謝を表したもの。
7、自然の敍景。

このような内容のうち、私は、特に僧侶や民衆の堕落を慨嘆したものの三つについて触れてみましたが、勿論他の内容とのかかわりがあり、自分の心の中にあるものを何かに焦点を当てて詠じております。

良寛は、自らの心の奥深くにある真理を詩に表していると同時に、表し切れない心を、他の人を愛することで優しく言い表わしていたように思われます。その心の根底は、騰々任運、騰々任天真と言うが如く、自分に執着することなく、天真に任《まか》すことで、自らの真の心は、周囲の人々のみならず、虫や鳥や魚に及ぶ共感となり、山や川の大自然と一体化する境地にまで高めたようであります。

前にも述べましたように、自らの心への戒語が愛語となり、その愛語に示された心が、天真に任され、騰々たる真の自由が具現され、まさに自然《じねん》の世界が自らの心の奥に開けたものと信じます。

良寛に次のような詩があります。

花無心招蝶　花は蝶を招くに心なく
蝶無心尋花　蝶は花を尋ぬるに心なし。
花開時蝶来　花開く時蝶来り
蝶来時花開　蝶来る時花開く。
吾亦不知人　吾も亦人を知らず
人亦不知吾　人も亦吾を知らず
不知従帝則　知らずとも帝の則《のり》に従う。

花には蝶をよぶ気なく
蝶は花見る心なし。
花は咲くとき蝶が来て
蝶が来るとき咲いている。
わたしは人を知らないし
人もわたしを知りはせぬ。
互いに何も知らずとも
自然のままに動いてる。

×　×　×　×

「わたしは人を知らないし、人もわたしを知りはせぬ。互いに何も知らずとも自然のままに動いてる」。まさに「騰々任天真」の境地であり、自然随順の姿であります。

人は自己においておのずからに在り、山や川もその本来のそのものとして在るのです。

人、山を見る。山、人を見るのです。

花が蝶を招き、蝶が花を訪れるのです。

春が花を咲かせ、花は春によって咲くのです。

これこそまさに、自然の法則であり、天真の世界であり、詩の世界であるといえるのではないでしょうか。

さらに良寛の次の詩に目を向けてみましょう。

結宇碧巌下　宇《う》を結ぶ碧巌《へきがん》の下《もと》
薄言養残生　薄《いささ》か言《ここ》に残生《ざんせい》を養う。
花落幽禽含　花落ちて幽禽《ゆうきん》含み
林静春日長　林静かにして春日《しゅんじつ》長し。
更無人事促　更に人事の促《うなが》すなく
時見樵采行　時に樵采《しょうさい》の行くを見る。
蕭灑抱膝坐　蕭灑《しょうさい》膝を抱いて坐せば
遠山暮鐘聲　遠山暮鐘《えんざんぼしょう》の声。

巌《いわお》の下に庵《いおり》して
ここに余生を送ってる。
花が落ちれば鳥がくい
林の春は日が長い。
いそぐ用事は何もなく
たまにきこりが通るだけ。
心さばさば腰つけば

与板町　常念寺（住職の墓標に刻されたもの）

遠くの山で鐘の声。

××××

良寛は、ふるさとの自然に帰り、静かな庵で自己に厳正な禅の修行に徹し、人や動植物に対しては温良に接し、生涯を全うしたのです。その生活の事実は、詩に詠じ、まさに詩禅一味の妙境に生きたものと思います。本詩には彼の心の奥深い心情が、山水を描く水墨画の世界そのもののように詠じられております。

良寛の「温良厳正」な人間らしさと、その生活の姿、そして、自然、天真の流れに美しく、奥深い心が詩に表わされているものと信じます。

㈢　書は人なり

(1)　**師嫌フ処ハ書家ノ書**

解良家十三代の栄重《よししげ》は、その著『良寛禅師奇話』に「師、嫌フ処ハ書家ノ書、歌ヨミノ歌、又題ヲ出シテ歌ヨミヲスル」とあります。

また鈴木文台氏の『良寛禅師草堂集序』に、「詩人の詩、書家の書、膳夫《ぜんぷ》の調食なり」とあり、良寛はこれらの三つの嫌いなものがあると人々に語っていたというのです。

これは、古来「書は人なり」と言われていることにその本質を見出すことができるものと考えます。書はまさにその人の人格の内面をそそぎ出すものでなければなりません。

宗教家の森正隆氏は「形にとらわれることなく、自然で心の奥にあるものを素直に自在に表現しようと願っておられたんでしょうナ」(『ある日の良寛さま』)と申されております。まさに名言といえましょう。

私の手元に、安田靫彦《ゆきひこ》画伯拝観名入れの良寛自筆の『般若心経』の経文(複製)がございます。

良寛独特の楷書で、心を込めて書かれておりります。筆の入れ方、おさめ方が確実に書かれており、のびのびと心ゆくまでに筆が運ばれて、前後のしっかりした筆法に心惹かれます。

加藤僖一新潟大学名誉教授が、中国の褚遂良の匂いが強いという解説（『良寛の名筆』）をされていることに深く感銘させられます。

私は父母、姉兄を亡くして以来、可能な限り、毎朝、読経し、良寛の温良厳正な人間性に心を寄せております。以下に『奇話』の中より、良寛の書について述べてみたいと思います。

『奇話』に次のように書き残されています。

師ニ書ヲ求ムレバ、手習《ならい》シテヨクナリテ後ニ書ント云フ。其時アリテ興ニ乗ジ、数巾《ふく》ヲ掃フコトモアリ。敢テ筆硯ト紙墨ノ精粗ヲ云ハズ。自ラノ詩歌ヲ晴記シテ書ス

とあります。良寛に書を求めても、しっかり練習してうまくなってから書いてやりましょう。と謙遜して言っておりますが、気が向くと、筆硯紙墨にこだわらず、心にある自らの詩を立ち所に書いてやりました。自らの内に込められた心情が、自らの人格としてありのままに表現されていくのでしょう。また次のような内容のものがございます。

師草書ヲ好ム。懐素《かいそ》ノ自敍帖《じじょじょう》、佐理の秋萩帖等ヲ学ブト云フ。国上《くがみ》の菴《あん》ニ在リシ筆硯紙墨モアリシヤラン。手習ノ反故《ほご》ナドモミシ、嶋崎ニ徒《うつ》リテ後ハ、紙筆モ不貯《たくわえず》、事アレバ人ノ家ニ行テ書クきのふは御寺けふは医者とのといふハ是時ノタハムレ歌ナルヘシ

（註、『秋萩帖』は藤原佐理でなく、伝小野道風とされています）

良寛は、日本や中国の古典の書をしっかり学び、練習を重ねたのです。栄重が国上の庵に行ったときには、筆硯紙墨もあり、手習いした反故紙なども見たというのです。

良寛は草書を好み、五合庵、乙子神社草庵生活の頃には唐時代の懐素の『自敍帖』や、伝小野道風の『秋萩帖』等の古典を熱心に学び続けたことが、はっきりわかります。晩年になって島崎の木村家の別舎生活に移ってからは、紙筆も蓄えず字を書く事があれば、その寺や、医者の家に行って書いたというのです。

栄重のこの記述から良寛が自らに対して厳正な心

を持ち、熱心に書の稽古に励んでいたかを知ることができます。

その上に良寛の書は、多くは自作の詩や歌や文でありました。だから、造形的な美しさに感動すると共に、書かれている文意を理解して心情を味わうことができるのです。「書は人なり」といわれるように、良寛の書いた書は、自らの詩歌や文と一体となって、良寛自身の人格を見とることができるのだと思います。良寛の書はそれ自体、良寛の人格を表わしているものと考えてよいのではないでしょうか。

では一体、良寛を敬慕し、研究している人達は、良寛の人間性と書についてどう考えているかを関連ずけて述べてみたいと思います。

(2)　書は人なり

大島花束氏は「詩や歌や皆彼の心生活をじっと見つめて書いたものであるが、彼の心そのものの運動を与えたように見えるのは書である」(『良寛全集』)と述べています。

詩・歌も、良寛の心生活によるものですが、彼の心を動かしたのは書であるというのでしょう。書は詩・歌の統一で、自らの生活を動かす源泉であったというのではないでしょうか。

自らの心生活によって表現されている内容が、書くことによって自らの生活の行動の実際に表われており、書そのものの表現によって具体的な、彼自身の人間性が見とれるものと考えます。

原田勘平氏は、「良寛は書家の書をきらいました。初めの頃手本について、真面目に手習をしました。それが、人間にみがきがかかると共に書にみがきがかかって…(中略)曠古以来の一人者となったのです」(『良寛雑話』)と述べています。

良寛は書家の書を嫌ったことをはっきり言い切り、自ら古典書の手習いを熱心にやったことを認め、はじめはうまくなかったけれども良寛自身、人間にみがきがかかると共に書にみがきがかかって、曠古以来の一人者になったと言い切っております。

良寛もはじめは決してうまくなかったが、人間としてのみがきがかかって次第にうまくなってきたと言い、人間としての成長と共に書の成長がみられることをしっかり認めています。人間としての成長と書のうまさが一体であることを認め、良寛の人間性は書のみがき具合いで見とれるものと考えられます。

相馬御風氏は「良寛の書は同時に彼の生活に外ならぬ。即ち彼の書は彼みずからの生活にもっていたものである。彼の書のいいところは、結局彼その人のいいところに外ならぬ」と。（『良寛百考』）

まさに、ずばり「書は人なり」と言っているのではないでしょうか。そして、彼の書の表現は彼の生活そのものだというのです。良寛の人生観が、彼の生きた生活の実際の場で示されていたと言い切っております。良寛の書によって人生の生き方や、具体的な生活の様子が見えるような気持ちにさせられます。

「天上大風」「一二三いろは」「心月輪」など書いてやった時の場面や心の動きが見えるようです。書いてやろうと思った心、書いている文字への心の入れ方、書き上げてその書を与えた心の動きが美しい

天上大風

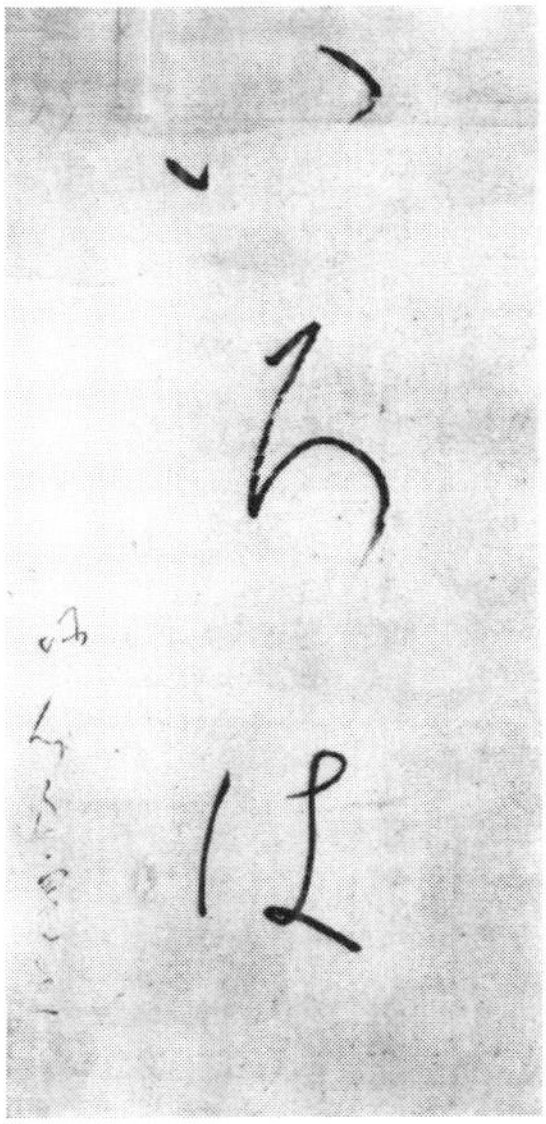

いろは

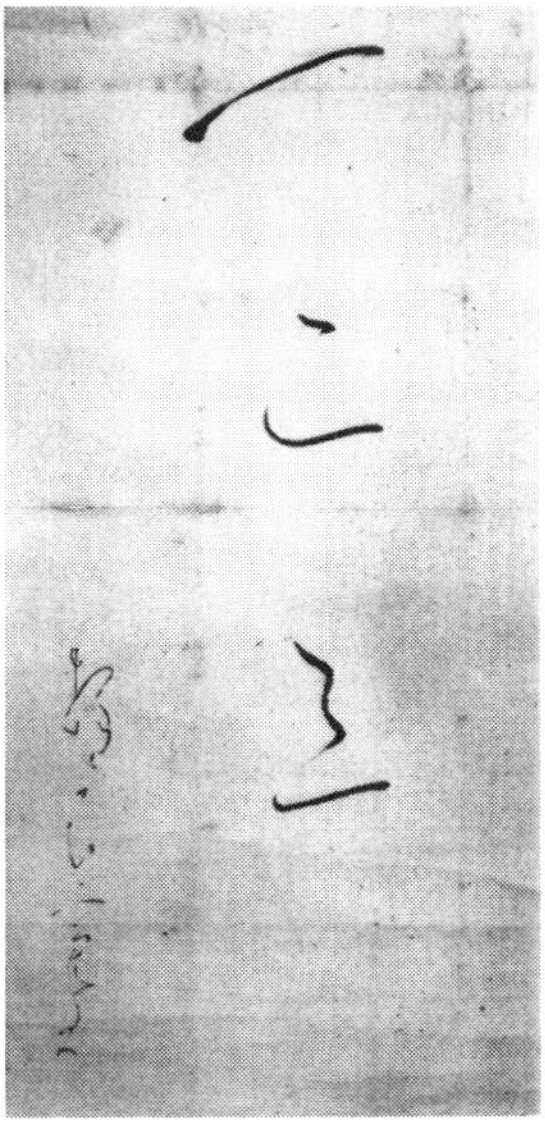

一二三

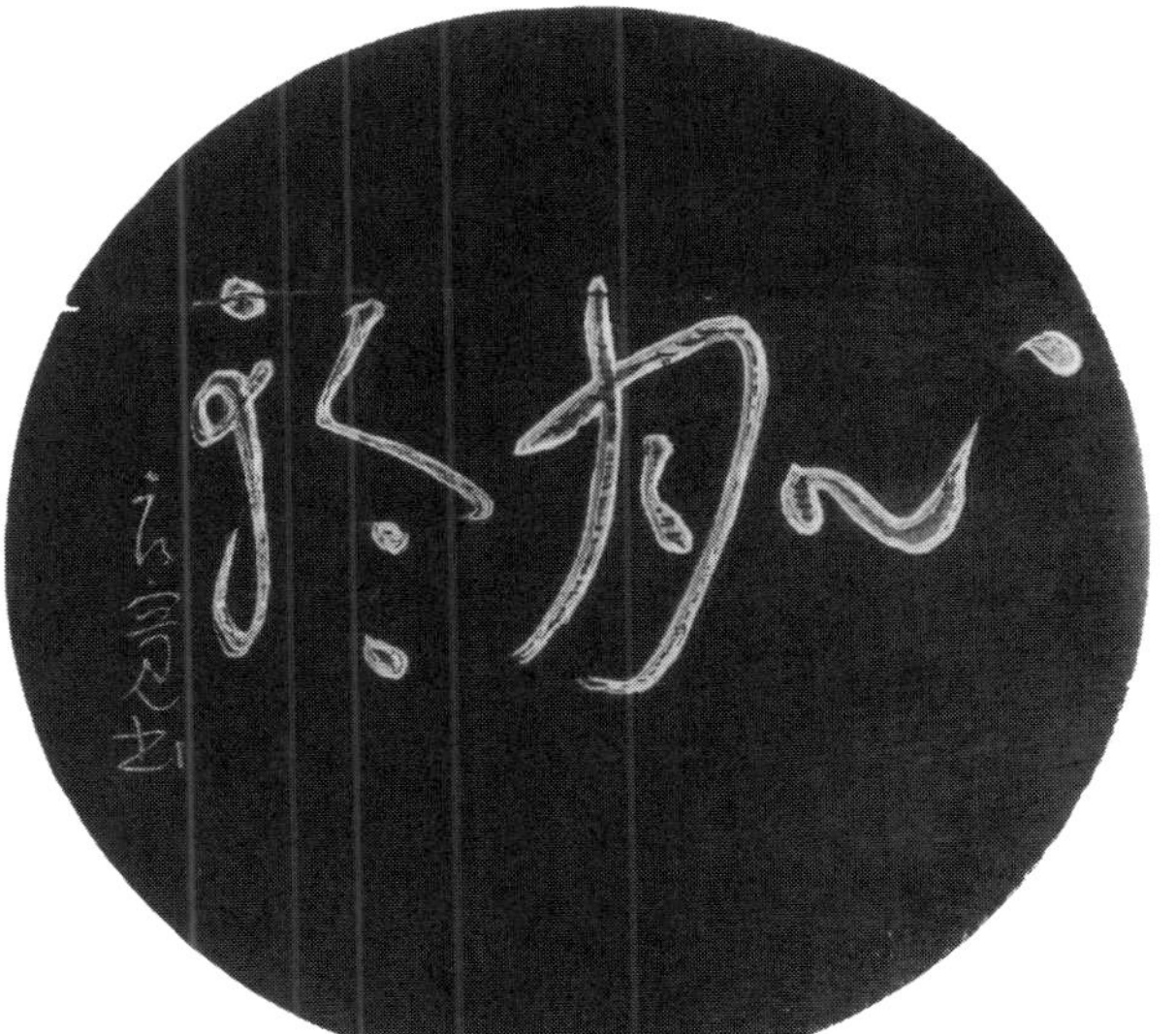

心月輪

ものに想像されます。彼の書のいいところは彼の人のいいところに外ならぬということに、感銘深い心境にさせられます。

宮栄二氏は「良寛の書は表現する内容と書法と素材とが緊密に一体化し、その人の全人格が流露した書である」（『良寛墨蹟探訪』）と、極めて書を構造的に述べ、さらにその書を書いた人の人格の全体がにじんでいることを明確に述べていると思います。言いかえると、良寛の書は自らの詩や歌や文の内容を心の内から表現し、さらに、その詩・歌・文の内容を書法、素材と一体化して自らの人格・人間性が流露して表現されていると述べられております。

良寛の書は、良寛の全人格と一体化して、表現されたものと考えます。まさに良寛の書は良寛自身の人間としての内からにじみ出る心そのものであると信じます。

良寛研究家で歌人である吉野秀雄氏は、『良寛和尚の人と歌』の著書の「良寛の芸術について」の章に、極めて深い書の見解を述べております。

「良寛は宗教的真のためにも勉強した人ですが、また芸術的美のためにも勉強した人であり、真と美の双方をさぐり求めるために一生を賭した人でありました」そして「古来の高僧中、弘法大師の書と肩をならべ、秀でていたという点にかけては、古来の一般芸術家中にもちょっと類のない存在だといっても過言ではないと存じます」と言い、さらに良寛は「自分のいちばん嫌いなものは書家の書だ」と述べております」そして「良寛こそは、ほんとうの意味の玄人《くろうと》であったといったって、少しも間違いないとわたしは信じております」と。

誠に良寛の人と書について平易に述べておられます。全く同感です。弘法大師空海も、良寛も単なる書家ではなくまさに能書家であると思います。

人間として生きていくために生活の中で、字を書き、人に自らの内なる心を伝えたのです。生きた生活に応じて書いた書き物が即、芸術作品として評価されるものになっていたのです。まさに、空海も、良寛もその書そのものが、人そのものと思われても不思議ではありません。

加藤僖一氏は以上の方々の見解を総合評価するが如く、良寛の書について、その著『良寛—日本人のこころ』に次のように述べております。

「良寛はやはり、最も日本的な書を完成させた人であろう。日本書道史の上で、空海と良寛とは二つの頂点であるとともに、いろいろな意味で対照的な特徴をもっている。良寛の書は明るく、清らかで和やかである。力を外にむき出しにせず、内に含んでつつましやかである」と。

良寛と空海が、日本書道史上で二つの頂点であり、いろ〳〵な意味で対照的であると述べていることに関心を寄せています。良寛も空海も、中国、日本の書を学びながら自らの書を確立していきました。

前述しましたように加藤僖一氏によれば、空海と比べて日本的であり、明るく、清らかで、和やかで、力を外にむき出しにせず、内に含んでつつましやかであることを指摘しております。さらに、「良寛はそれに千変万化の変化を与え、形の上でも、線の上でも、可能な限りの多様な表現を行なった。書線としては軽くてきびしく、枯淡で瑞々しい、日本の線を完成させ、書が余白余韻の芸術であることを教えてくれた。これらは単なる技法上の問題というよりは、深く良寛の人間性に根ざしているゆえに、永遠の生命感をもっているのである」と鮮やかに明言しております。

以上の人々の良寛の書についての見解から、良寛の書いた書は、良寛の人格そのものの表われであると言っているものと考えます。そして、良寛自身が、詩歌によって心を表わし、書によって心を統一し、自らの人格を高めることによって書を高める生活を過ごしている人生の幸せな姿を示していることを述べているものと思います。良寛の書は、彼自身の温良にして厳正な人間性そのものであると信じます。

資　料

良寛の芸術生活関連図

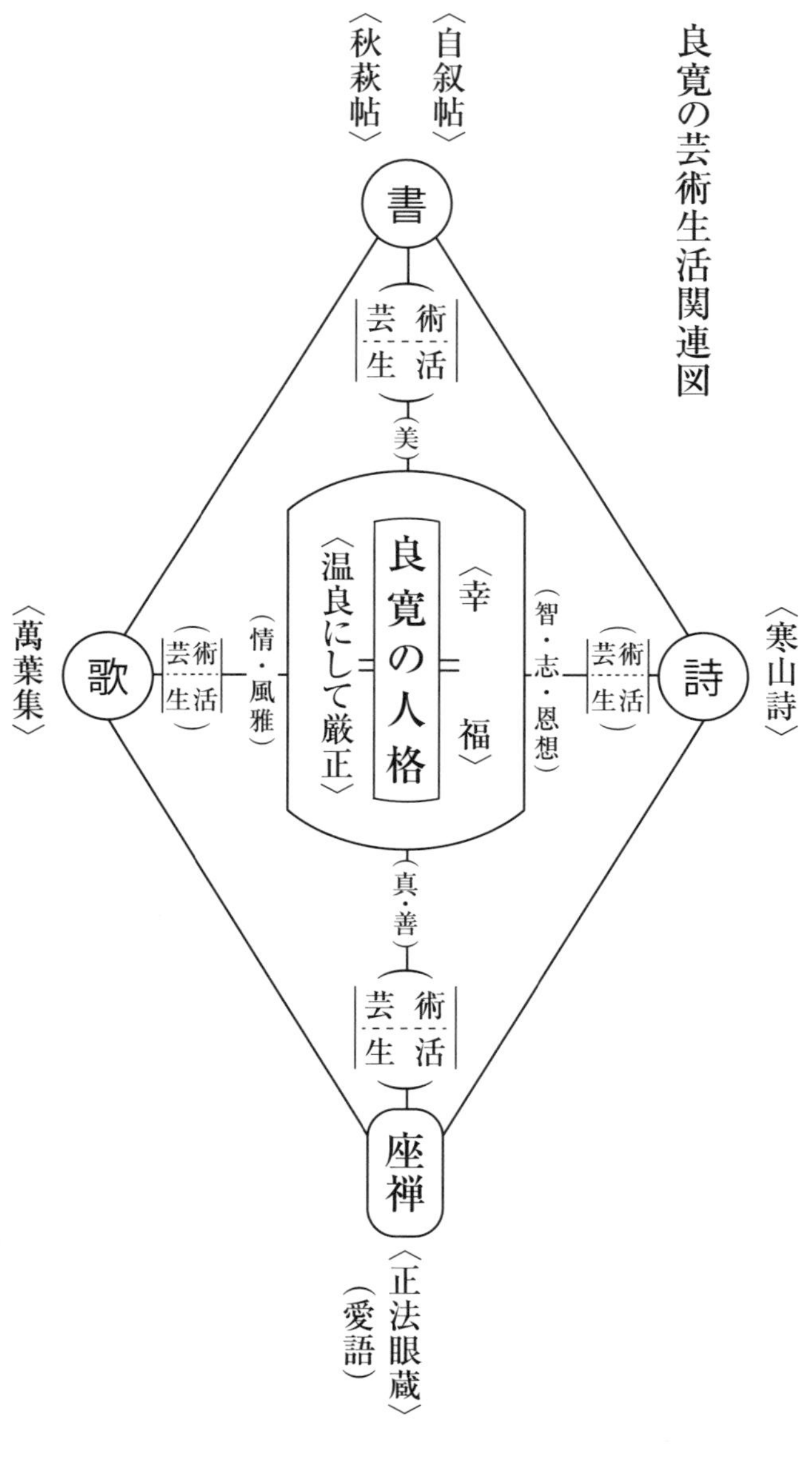

第四章

長岡への托鉢行脚

〈序〉　長岡駅に菫を握る良寛像が立っています。「道のべに菫つみつつ鉢の子を忘れてぞ来しあはれ鉢の子」と歌う温良な心で長岡の里を托鉢していたようであります。

良寛はいつ頃から、長岡のどこへ托鉢行脚に来たのでしょうか、そしてどんな足跡を残していたのでしょうか。その事績にかかわる文献資料、見聞によってさぐり、ささやかな意見の提起を試みたいと思います。後に示す、「年譜、良寛と長岡とのかかわり」を参照。

長岡駅の良寛像

一、長岡のどの地域に托鉢行脚したか

良寛は不住庵時代から長岡への托鉢行脚が考えられます。（年譜）

国上、寺泊、和島方面から主として与板を通り、雁島、渡場から蔵王渡場へと信濃川を渡り、蔵王の柿川（内川）出口から上流へ向かったのではないかと考えられます。

そして今の表町、本町、渡里町、同心町（現在の表町、本町の南側）等の長岡城下の西側の地域の町人町方面へ托鉢行脚をしていたようです。

そして、さらに長岡宮内町から長岡十日町方面への三国街道口まで托鉢行脚していたことが考えられます。

尚、良寛は、長岡北部方面の福島の閻魔堂へ貞心尼を訪ねていることから、此の地域へ托鉢行脚して、近隣の人々と親しく交流していたようであります。

これらの事績について述べてみたいと思います。

（年譜参照）

二、主として長岡町人町へ托鉢行脚

㈠　新木家（与板）と草間家（長岡）は親戚

新木家は与板の庄屋、良寛の父以南の実家であります。長岡（現表町四丁目）の草間助次右衛門の弟が新木家へ養子となり、十代新木与五衛門勝富となります。勝富は良寛の義理の祖父に当たります。

現在の長岡・渡里町通り

良寛は草間家を祖父の家と思って訪ねていたのではないでしょうか。良寛が長岡へ托鉢行脚しようと思うきっかけになったことは間違いないと考えられます。

さらに良寛と親しい山田家（与板）から、新木家の八・九代が養子入りし、姻戚関係にあることから、長岡へ良寛が心を向けていた動機になっていたかもしれません。

二 三輪家と西福寺

三輪家大阪屋（与板）は、もとは長岡の宮内に在住、寛永十一年牧野康成が与板城主として長岡藩より分家したときに与板に移住。良寛は三輪家に親しく出入りし、師の法弟とも言われた三輪左一と維経尼（後述の「シマ女」の叔母）との深い交流がありました。（詩、歌、手紙）
西福寺（現長岡市本町三丁目）十四世了恵の妹が三輪家二代目九郎左衛門直弘に嫁ぐ。三輪家七代多仲長森の娘「シマ女」が享和二年（一八〇二）に西福寺十九世空恵に嫁ぐ。

与板町「橘以南誕生之地の句碑」　朝霧に一段ひくし合歓《ねむ》の花　以南書

良寛は三輪家と親しく「シマ女」と度々会っていたはずであり、西福寺に嫁いだ後、訪ねていたことは考えられます。

三輪家は大阪屋と号し、廻船問屋の豪商でありました。西福寺は内川（柿川）の河戸・問屋（長岡船頭）の有力者であり、両家の交流は深かったものと考えられ、良寛の長岡への托鉢行脚に深い関係があったと思われます。

(三)　上州屋の看板字

酢醤油醸造所、上州屋は長岡市本町二丁目にありました。その創業主、大里伝兵衛は、初代長岡藩主牧野忠成が上州大胡から長岡へ移るとき同行してきました。忠成の配慮によって醤油を製造しました。

この上州屋は、良寛による画仙紙の「酢醤油」と「上州屋」の三文字二枚を家宝にしていました。これを欅板に写し、かまぼこ彫りにして雁木屋根の上に掲げておりました。（下記の書）

亀田鵬斎がこれを見つけて「良寛師の名筆を看板

良寛書　良寛書　鵬斎書　菱湖書　大塊書

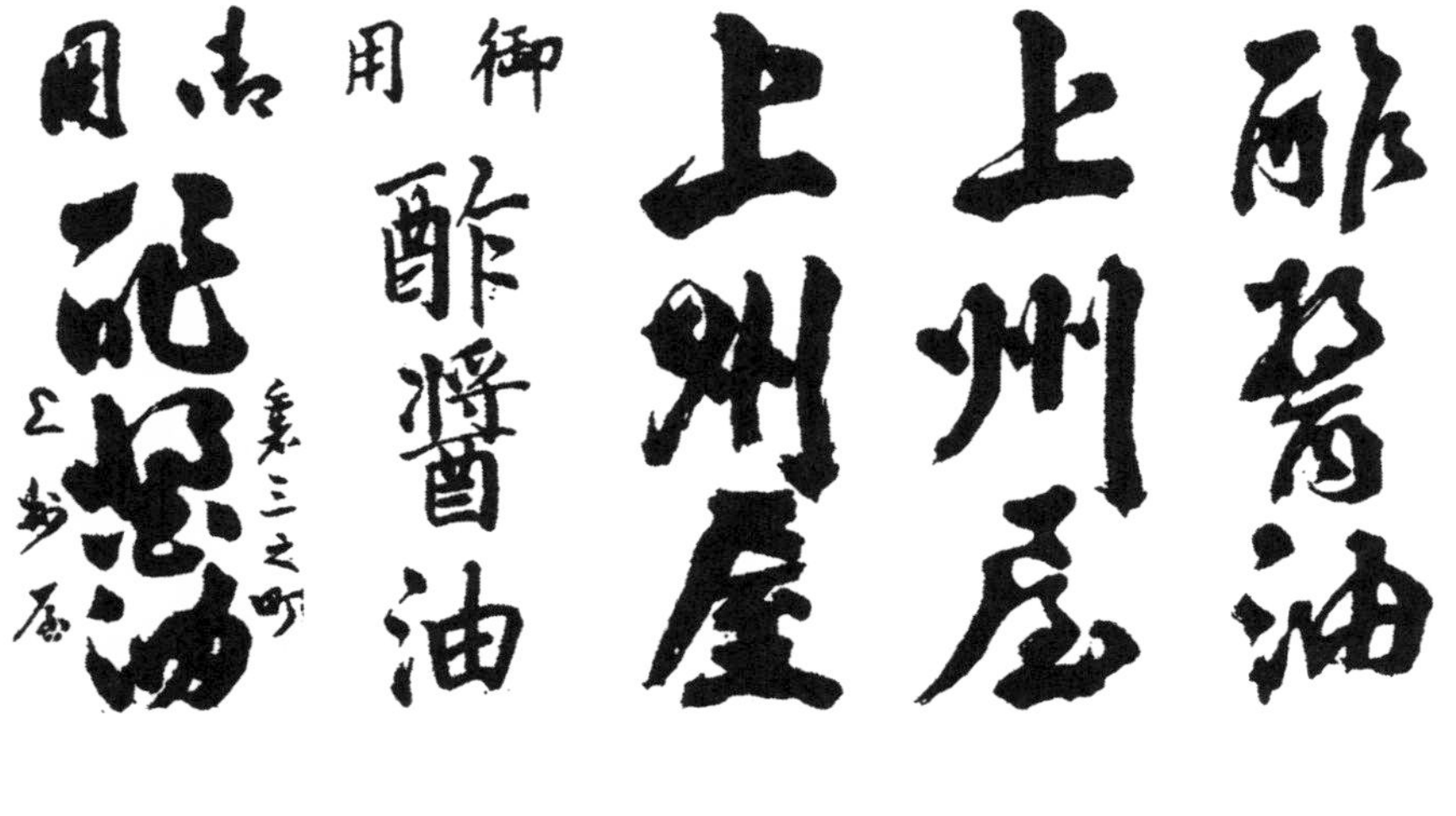

にするのは勿体ない」と仕舞わせ、代りに力強く「上州屋」と書き与えました。鵬斎は文化六年（一八〇九）、良寛を五合庵に訪ね、その草書作品を嘆賞していることからこの後に長岡を訪ねて良寛の看板文字を書き替えました。従って良寛自身の字は、それ以前に書かれたと思われます。さらに江戸で鵬斎の門に入っていた巻出身の巻菱湖が、上州屋鵬斎の看板を見とがめ、「鵬斎先生の看板を風雪にさらしておくことは惜しい。これは大切にしまっておきなさい。その代わりに、わしが書いて進ぜよう。」と約三尺の紙に「御用」と上段横書きに、その下に「酢醤油」と達筆を振るいました。

その後に、長岡の草間家四代俊重の弟源心が、栃尾の富川家に養子入りし、その子孫の書家富川大塊が「酢醤油」の三字の上に「御用」の二字を横書きに、小さく右わきに「裏三之町」左わきに「上州屋」と彼独特の草書体風で書いています。

このように上州屋は四大書家の筆跡を手に入れました。しかし良寛の看板は戊辰の役で、鵬斎・大塊の看板は、昭和二十年八月一日の長岡空襲で焼いたが、原本は蔵に残されました。

上州屋の「酢醤油・上州屋」の看板文字は良寛書でないという人がいます。私は良寛書であると思っています。そのわけの第一は、与板町の良寛研究家石黒秀一氏と、同町良寛書の鑑定家森哲四郎氏を訪ねた折り、森氏から「上州屋の看板文字は良寛書である」ことをお聞きしています。第二は、良寛研究家であり書家の会津八一氏が、上州屋の看板文字に箱書きされていることから森哲四郎氏は、良寛の書であると認めているのです。

三、長岡藩九代藩主牧野忠精が国上へ

一八一九年（文政二年）四月、野積村庄屋星精五郎から代官所へあてて左の伺い書が出されました。（『良寛伝記・年譜・文献目録』）「この度長岡御殿様ご領分へ向け、ご巡村のおついで当村西生寺にご参詣（中略）右通行の節、道ごしらい並びにご案内方

等の義如何取り計らい仕るべきやお伺い申し上げ奉り候」（後略）」さらに渡部組御用留帖（渡辺秀英氏発見）の「御道順書」に次のように書かれています。「（前略）御帰路新潟町より坂井村御昼、内野村より五十嵐浜通り、曽根村御泊。弥彦村御昼、吉田町御泊。（中略）弘智法印入地の地見物、西生寺御昼（中略）寺泊地内御通り、渡部村より国上山御参詣、粟生津村泊。本与板村御昼、それより帰城。右は長岡御領吉田組庄屋より申越候所斯の如くに御座候、以上」

このことから牧野忠精の新潟巡視帰りに国上参詣の事実が確認できます。忠精が国上山で参詣したのは、良寛六十二歳の乙子神社脇草庵の頃であります。良寛はすでに五十歳前後から長岡へ托鉢に来ていたことは十分に考えられ、忠精は城下の関連者から良寛をかなり理解していたものと思われます。

良寛研究家大島花束氏の『良寛全集』に次のような口碑があります。「長岡藩主牧野忠精、良寛の人となりを慕い新潟巡視のついでにわざわざ寄り道をして庵を訪ねることとなった。村人はこれを聞いて留守の庵へ来てすっかりと掃除をした。そこへ帰ってきた良寛はこれを見て『夕べまで鳴いていた虫もすっかり逃げたであろう』と、暫くして藩主は来たが、良寛は一言ものも言わない。忠精は懇ろに城下に迎えたいことを言ったが良寛和尚、黙って筆を執り、

〝焚くほどは風がもて来る落ち葉かな〟と書いた。

たくほどは風がもてくる落葉かな
（こしの千涯画）

忠精、もう強いることもせず、厚くいたわって去った」と。

なお忠精には「来てみれば山ばかりなる五合庵」の発句がある。忠精の国上寺参詣は事実であることから乙子神社脇草庵に良寛を訪れた事も事実であると考えてよいのではないでしょうか。

さらに、良寛研究家、谷川敏朗氏によれば「その前のことか、長岡藩主の命令で重臣がわざわざ庵を訪ね、良寛の爲に寺を建てたいと申し入れてきたが、そんな煩わしいものはごめんだと、良寛が断ったという話もある」といわれています。（『良寛の生涯と逸話』）

しかし良寛は、権力に特に反抗しようとはせず、どちらかといえば従順であり避けていたようであります。宗門においてもそうであったといわれています。

良寛が長岡へ托鉢行脚して交流し合った人達は、長岡藩と多かれ少なかれかかわりのある家柄の者が多かったようであります。

前述した〝焚くほどは〟の句は、良寛の悠々自適の心境をよみ、自然随順の生き方に甘んじている自分の姿をあらわし、忠精の好意に柔らかく断りの意を伝えたのではないかと推測したくなります。

忠精は、長岡藩主として、良寛とほぼ同じ年代に生き、彼を長岡に招いて、徳高き良寛に学び、共に人生を過ごしたいと思ったのではないかと考えたくなります。

四、河井秋紀（継之助の父）邸を訪ねる

良寛は、牧野忠精と会った前後から度々長岡へ托鉢行脚に来ていたものと思われます。長岡の河井秋紀（継之助の父）邸を度々訪ねており、次の良寛詩が残されています。

訪聴松庵　　聴松庵（河井邸）を訪ぬ
托鉢来此地　托鉢して此の地に来る
涼秋八月秋　涼秋八月の秋
池寒荷葉枯　池寒くして荷葉《かよう》枯れ

天高蝉声収
我性無所嗜
起坐思悠然
時自探書帙
満目都牀頭

天高くして蝉《ぜん》声収まる
我が性嗜《たしな》む所無く
起坐して思い悠然たり
時に自ら書帙《ちつ》を探れば
満目都《すべ》で牀頭《（ねどこのあたり）》　（「谷川敏朗氏本」）

（河井家で、良寛が、書籍を開き見て、それに心を奪われている様子が表われている様子）

中島欣也氏によれば「良寛も代右衛門秋紀と親交があり、長岡へ出てくれば、よくその同心町の茶屋、聴松庵を訪ねた」（『愛憎河井継之助』）。また安藤英男氏は「良寛が河井家に上がりこんで気の向くままに書物を探りだして読んだとあるから、よほど親しいあいだであったであろう」（『河井継之助の生涯』）といっています。これらの根底になる秋紀の人柄について長岡の郷土史研究家、今泉鐸次郎氏は次のように述べています。「人となり温雅にして、風流を嗜み深く、最も刀剣を好み、鑑賞に長けたり、後隠退して小雲と号し、悠遊自適、残生を送れり」（『河井継之助伝』）と。

良寛と河井秋紀は、その人柄に似ているところが多く、詩歌を交わしたりして、よく宿泊していたともいわれています。

尚、此の河井家は、現在は長町一丁目の河井継之助記念館として残されているが、もとは同心町といわれ、長岡城下の表一ノ丁の南から裏一ノ丁の南に東西に通る町に住んでいたようであります。継之助が誕生したのは一八二七年（文政十年）であることから、この同心町であったのではないか。良寛が継之助誕生の頃、この秋紀邸を訪ねたとすれば七十歳の頃と考えられます。前述せる草間家、西福寺、上州屋がいずれも、現在の表町、本町にあることからそのすぐ南側の同心町にあった河井家に良寛が訪ねていることは考えられます。継之助は二、三歳位までは良寛の手で頭をなでてもらい、その徳高き人となりに接していたのではないでしょうか。今泉鐸次郎氏によれば「継之助は、父たりし小雲《（秋紀）》の気質を受け継ぎたりといはんよりは、母なる貞子の気性を受け、且つその庭訓に感化せられたること深かりしが

河井秋紀・継之助邸跡（長岡市長町一丁目）

如し」と言い、彼は「上杉謙信、酒呑童子、良寛上人を以て我が北越の三豪傑と評して居った」と述べています。継之助が良寛を越後の三傑の一人に挙げていることは意味深長であります。さらに、今泉鐸次郎氏、今泉省三氏父子により継之助が松山藩（岡山県）の陽明学者、山田方谷に入門して学んだことを紹介しています。（「越佐研究」第七巻『塵壺』）。そしてなぜか継之助は松山藩の大切な川湊である玉島の円通寺を訪ねています。円通寺は勿論、良寛が二十二歳頃から国仙和尚の下で二十年近く修行に努めたところです。継之助が円通寺を訪ねたのは一八五九年（安政五年）九月十九日であります。

「（前略）新町を通り円通寺へ行く、寺は山の頂きにあり、禅寺にて、庭に大石、古松。遠く讃州諸山を見、諸島、小島を見、曽って見し富士に擬すべきほどに思う。暫く石上に休う。久しくかかる快濶の風景に接せざる故、別して面白き楽しみなり（後略）」

円通寺の風景の描写の鮮やかさに驚きます。私事であるが、一九八〇年（昭和五十五年）に円通寺を訪ね、当事の住職矢吹憲道氏からご案内をいただきました。良寛や継之助の話しも交わしましたが、なぜか継之助が円通寺を訪ねたかの事実はありませんでした。今泉鐸次郎、省三父子は「継之助も亦良寛を越後の三傑の一人として推称していたというが、小雲翁（継之助の父）への土産話の種に、暫く円通寺を訪ねたものであろうか」と述べています。

玉島良寛会の井手逸郎氏は「河井は良寛を越後の三傑の一人として推賞していたので、帰宅してから父小雲翁へ土産話にもと参詣したのであろう」と述べています。（『良寛修行と玉島』）

五、貞心尼、良寛の弟子となる

貞心尼は寛政十年（一七九八）長岡藩士奥村五兵衛の娘として、荒屋敷町（現表町一）に誕生。二十三歳で関長温と離婚、自らの生き方の心意を仏道に向け、柏崎で剃髪し、長岡、与板、和島、国上、

貞心尼が生誕の地・荒屋敷町付近で遊んだ稲荷神社と柿川

出雲崎等の地へ托鉢行脚の修行の生活に徹しました。二十九歳頃、長岡福島の閻魔堂に住し、畏敬の念厚き、良寛への仏道・歌の道への弟子入りの機を願望しました。三十歳の春頃木村家を訪ね、良寛へ手作りの手毬と次の歌を置いてきました。

師常に手毬をもてあそびたまふと聞きて奉るとて
これぞこのほとけのみちにあそびつつ　つくやつきせぬみのりなるらむ

良寛は秋頃、木村家に帰り、貞心尼への返歌を送りました。

つきて見よひふみよいむなやここのとををとをとおさめて又始まるを

秋に貞心尼は木村家を訪ね、良寛と初めて会い弟子となりました。（『蓮《はちす》の露』）

この歌と手毬に托した貞心尼の心意の深さはどうとらえられているでしょうか。良寛研究の先駆者、西郡久吾氏は「良寛禅師の高徳を敬慕せしが、文政の末年禅師を島崎村に訪うて和歌を学び且つ道義を受く、師其敏慧にして和歌に堪能なるを愛し、懇切に指導せしと」（『沙門良寛全傳』）。そして長岡の歴史研究家羽賀順蔵氏は、仏教的研究の面から「貞心尼としては、彼の大徳に接し、親しくその道風を受け、又は和歌を学ばんとするにあった」そして「悟り切った境界とは言え、年老いて、身よりの少ない彼の前に、若く美しい貞心尼の出現は彼の心に何かしらぼーっと明るいものを点じさせるに充分であったろう」そして「貞心尼も又彼の道風と人間性に対し心から崇敬して居ったであろう」と言い、さらに『蓮の露』の相聞歌を通して「何とも言えない美しい温かい人間愛に打たるるのである。年老いた墨染の老僧と若く美しい尼僧との色調は、芸術的に見ても正に一幅の画であると言っても差し支えないと思う。この両者の美しい因縁は、彼の臨終間で絶ゆることなくつづいた」という。（『人間良寛の全貌』）。

長岡の風土に生きた羽賀氏が、長岡の藩士の娘として育って、良寛の人となりに心を寄せた貞心尼に対する深い感懐を感じとることができます。

長岡の童話研究家、俵谷由助氏は「良寛の鉢の子一つであっさりして欲がなく、気が向けば書を書き、詩や歌をよくすることや、童心ゆたかにこどもたちと遊び、ときには手まりを僧衣の袖に入れて、手まりをついたりした」。そして「良寛と貞心尼の師弟、相愛の間は約四年にすぎないが、この間に後世に伝えて推称おかぬ、自然の情愛、恋愛の美しさ、心にしみじみとする心情を唱和した」と述べています。（『良寛の愛弟子貞心尼と福島の歌碑』）

長岡の漢学漢文研究家、小林安治氏は『澄みゆく貞心尼』（「長岡郷土史」二十号）の論文に、冒頭の貞心尼、良寛の歌について考究し、両者の出会いへの心意を述べています。「仏の道に遊びつつつくやつきせぬの法」を多面的に深く追求し、「こうした玄理を尼は幾日も苦心を重ねて、器用に一首にまとめ上げた」と、その心意の深さを指摘しています。そして良寛の「つきてみよ……」の歌について深い考究の上に立って「良寛は決して毬つきが道のためだなどと言わなかった」といい「只管毬をつくのみである。一挙一動如法の内に無心自在に遊ぶのみである」といっています。

貞心尼が良寛に会い、弟子になりたい一念から、自ら手づくりの毬と意味深い「これぞこの」の歌を捧げた心意には極めつくせぬ深いものがあります。

長岡島崎の木村元周氏が「貞心尼が初めて良寛さまに会われたのは島崎時代ではないようで、五合庵か乙子神社の時代に既に知り合っていられたようである」（『晩年の良寛さま』）と述べていることから、かなり以前から貞心尼は良寛への弟子入りと念じていたものと思われます。

六、良寛、長岡福島「閻魔堂」へ貞心尼を訪ねる

文政十年（一八二七）の秋、貞心尼は島崎木村家に良寛を訪ね弟子となり、歌を詠み合いました。貞心尼は後日『蓮の露』にその五十余首の唱和の歌を残しました。前掲の二首に続いて対面直後に次のように歌を交わしています。

初めてあひ見奉りて

君にかくあひ見ることのうれしさも
まださめやらぬ夢かとぞ思ふ　貞心

御かへし
夢の世にかつまどろみて夢をまた
語るも夢もそれのまにまに　良寛

いとねもごろなる道の物がたりに
世もふけぬれば
白たへのころもで寒し秋の夜の
月なか空にすみわたるかも　良寛

されどなほあかぬここちして
向ひゐて千代も八千代も見てしがな
空行く月のこと問はずとも　貞心

御かへし
心さへ変らざりせばはふつたの
たえず向かはむ千代も八千代も　良寛

いざかへりなむとて
立ちかへりまたもとひこむ玉鉾の
道のしば草たどりたどりに　貞心

又も来よ山のいほりをいとはずば
薄尾花の露をわけわけ　良寛

人間性に満ちた温かい愛の心を交わし、翌年の文政十一年（一八二八）に良寛が福島閻魔堂へ貞心尼を訪ねています。前掲の俵谷由助氏は次のように述べています。

「文政十一年（一八二八）初夏の頃という。良寛さまは愛弟子の貞心尼をおもうて福島の閻魔堂をたずれられたことがあった。七十を超えた老体の良寛さまはまだ元気で与板から蔵王の渡しで信濃川を越え、中之島の大口をとおって、新組村に入ると福島の入口、筒場の大旦那安藤林泉を訪ねてよもやま話をかわした。

貞心尼の住んだ閻魔堂

貞心尼は閻魔堂に良寛を招じて、とっておきのお茶に良寛さまの好きな飴玉などでいそいそもてなした。『大旦那さまにいかっしゃる坊さん』と、村の子どもたちは良寛さまのあとについてゾロゾロ閻魔堂に来ると、『この飴玉、おいしいから子供たちにもなめさせてあげよう』と、二人はその飴玉を分けてやると、初めは恥ずかしそうにしていた子どもたちも、その飴玉をおいしがってなめてあそんだという」。

「筒場の大旦那安藤林泉といえば、牧野の殿様とは対等に話した人で古志北組二十三ケ村の大庄屋で、長岡へ出るときは帯刀で馬にのり、従者をつれ、いささかも他人の土地は、踏まなかったという豪勢なものであった。良寛さまは当時ときどき林泉をたずね、安藤家にも良寛の書や、歌や身についた記念品もあったときくが、戊辰の役に長岡藩の本陣がおかれ戦禍にあって焼かれたり、明治天皇御巡幸のみぎり、お宿をしたりしたのち、没落してそんな遺品はどうなったものか知るよしもない」とは貞心思慕会顧問、地元の有力者安藤栄吉氏の談である。(『良寛の愛弟子貞心尼と福島の歌碑』)

〝良寛さまは当時ときどき林泉をたずねた〟というように良寛と長岡とのかかわりは長く深かったと思われます。昭和三十二年の貞心尼歌碑除幕式に、当時の長岡市長、内山由蔵氏の祝辞があります。

長岡市福島「貞心尼歌碑」

「（前略）七十歳の老僧と三十歳の貞心尼さまとの間には、親と子のような、あるいは兄と妹、又最も親しき心の友となられ、清く温かく人間的にして、しかも血の通った美しく尊い交際が続けられ、良寛さまが亡くなられてからは、その歌集〝蓮の露〟が残されて師のご坊の名が日本の津々浦々につたえられ（略）これほど功績のあった貞心尼さまが長岡に生まれ、住まわれたことは、長岡の大きな誇りとしてよいのであります」と。

まさに貞心尼と良寛との美しい人間愛の結びつきは、良寛と長岡のかかわりの象徴といえるのではないでしょうか。

七、まとめ

良寛は生誕以来、長岡・与板と深い因縁がありです。彼が国上の五合庵、乙子神社草庵の生活から晩年の島崎・木村家別舎での生活において長岡への託鉢来訪の際に与板は重要な地でありました。

私は平成二十三年（二〇一一）に、島崎の北辰中学校全校生徒たちと、良寛体験学習で、与板から島崎まで塩入峠の昔の山道を一緒に歩いて当時の様子を実感しました。

良寛は長岡への托鉢に際し、心の中に、与板の新木家と関係深い草間家（現、表町四丁目）があるとか、自ら親しくしている三輪家の「しま女」が、西福寺（現本町三丁目）へ嫁いでいることなどをいろ〳〵思ったことでありましょう。良寛がいつ頃から長岡を訪ねたかは明らかではありませんが、先述の事実に基づいてまとめてみたいと思います。

良寛の不住庵時代の頃からが考えられ、特に「しま女」が西福寺へ嫁いだ後に、長岡へ托鉢に来訪しはじめているのではないでしょうか。それは享和二年（一八〇二）以後です。

良寛は文化二年（一八〇四）、四十七歳頃から五合庵に定住し、寺を持たず座禅と托鉢修行に徹し、詩歌、そして書の芸術に傾注しておりました。以後長岡へ托鉢行脚も重ねられたものと考えられます。

「上州屋」や「丹後屋」の看板字を書いたのも文化二、三年頃ではなかったかと考えます。

そして良寛は、文化四年（一八〇七）に三島郡出雲崎町中山西照庵に仮住いたしました。翌文化五年には、長岡七日市山田権左衛門七彦の娘「ゆう」が良寛の甥、馬之助に嫁ぎ、親戚の間柄で度々訪ねておりました。丁度この頃、良寛は長岡（渡里町）の「ますや」本間三郎兵衛家を訪ね、宿泊し交流していたようであります。

文化六年（一八〇九）、良寛五十二歳のとき亀田鵬斎が五合庵を訪ね、良寛の草書を見て嘆賞し、「上州屋」（現長岡市本町二）の良寛の看板字を見て驚き、書き替えて良寛の看板字の書を仕まわせ、以後、菱湖、大塊とが書き替え、四人の書が残されました。

良寛は文化十四年（一八一七）六十歳の頃、乙子神社草庵に移り、詩歌書の探求を進めておりました。その頃文政二年（一八一九）に牧野忠精が国上の良寛を訪ね、長岡へ招きたいと伝えております。この頃から良寛は河井家を訪ね、秋紀（小雲）と知り合い宿泊して交流していたと思われます。河井家は当時同心町（現在の表町一丁目の南から本町一丁目の南に東西に通る町）にあり、良寛が西福寺方面より托鉢したと思われる位置にあります。河井家は天保十五年（一八四四）同心町火災以後、現長町一丁目に移っています。従って良寛の詩「訪聴松庵」は同心町での作であり、河井継之助の誕生（文政十年・一八二七）も同心町であったと考えられます。

此の近くに貞心尼誕生の奥村家（現表町一丁目「荒屋敷」）もあり、既に出家し、長岡周辺地域を托鉢行脚していた彼女を知っていたのではないでしょうか。貞心尼は文政九年（一八二六）に、柏崎から長岡福島の閻魔堂に移り、文政十年（一八二七）秋に、長岡島崎の能登屋木村家別舎を訪ね、良寛に会い弟子となりました。翌文政十一年（一八二八）の夏頃、良寛は筒場の安藤林泉氏と福島閻魔堂の貞心尼を訪ねています。此の頃、良寛は七十歳を越えた晩年に、長岡城下町の町人町方面を托鉢行脚していたことが伺えます。

また、現長岡宮内町の万休寺に良寛が書いたという、空也上人の法語及び法歌が現存しております。（羽賀順三氏著『良寛禅師の生涯と信仰』）

さらに、長岡十日町善行寺には「第十二世観玄和尚の歌〝良寛の添削三か所〟と詩「訪良観上人居地蔵堂釈観玄」（良寛の添削二十三字）が所蔵されています。（十見定雄氏著『続・良寛様と長岡』長岡郷土史十五号）これらにより、良寛の長岡における托鉢行脚の広がりがわかります。

以上に述べたことから、良寛は、五合庵、乙子神社草庵から移った、木村家別舎を出て、与板より雁島を通り蔵王の渡し場から信濃川を渡り、福島閻魔堂へ貞心尼を訪ねていたことがわかります。

さらに蔵王渡し場から柿川（内川）に沿って現表町、本町、渡里町、そして同心町、荒屋敷等の長岡城下の西側地域の町屋の家々を訪ねて托鉢行脚していたと考えられます。

そして、さらには長岡十日町の善行寺との交流の事実から、長岡の三国街道口まで托鉢行脚の道を歩んでいたものと考えられます。

良寛禅師の遷化の地・木村家

資料

〈年譜〉良寛と長岡とのかかわり

西暦（年号）良寛年齢 （ ）内：貞心尼	関連事歴（※筆者）
（良寛生誕二十五年前頃）	・長岡・草間家（現草間医院、表町四）助次右衛門弟勝富、与板・新木家（良寛の父以南の実家）へ養子入り。十代新木与五右衛門勝富となる。（良寛の義理の祖父） ・良寛の父以南は「勝富」（叔父）に育てられた。 ※良寛は長岡へ、草間家を祖父の家と思って訪ねたであろう。
一七五八（宝暦八）	・良寛・出雲崎名主山本家の長男として誕生。幼名栄蔵、のち文孝。字は曲《まがり》、父・以南、母・おのぶ。（一説に秀子）
一七七〇（明和七）13歳	・大森子陽の狭川塾（三峰館）に入門。（一七七五頃まで）
一七七五（安永四）18	・曹洞宗光照寺、玄乗破了和尚の弟子となり剃髪参禅。
一七七九（安永八）22	・大忍国仙和尚に得度をうけ、備中玉島（倉敷）の円通寺へ。禅の修行に入る。
一七九〇（寛政二）33	・国仙和尚から印可《いんか》の偈《げ》を受け、翌年より諸国行脚へ。
一七九五（寛政七）38	・河井秋紀（小雲。継之助の父）誕生。（長岡同心町）
一七九六（寛政八）39	・良寛、越後に帰り、郷本の空庵に住む。
一七九七（寛政九）40	・良寛、五合庵に住み始める。（原田鵲斎と交流）
一七九八（寛政十）41	・貞心尼誕生（長岡・奥村家、現表町一）、幼名マス。 ・良寛、不住庵時代（寺泊照明寺密蔵院、牧ヶ花観照寺、野積西生寺、国上本覚院）～一八〇三（享和三）。

一八〇二（享和二）45	・与板三輪家「シマ女」長岡西福寺へ嫁ぐ。 ※良寛、この頃から長岡へ托鉢に訪ね始めたか。（座禅・托鉢修行）
一八〇四（文化元）47	・良寛、五合庵に定住。（詩歌書に傾注、徹底）
一八〇五（文化二）48	※良寛、この頃、長岡の「上州屋」「丹後屋」の看板字を書いた事が考えられる。
(8)	・貞心尼、好学賃糸の余金で筆墨紙を求め、学問した。
一八〇七（文化四）50	・良寛、出雲崎中山の西照庵に仮住。
一八〇八（文化五）51	・長岡七日市《なのかいち》山田権左衛門七彦《しちげん》（庄屋）の娘「ゆう」が、良寛の甥 馬之助（出雲崎）に嫁ぐ。良寛は親類関係となり、親しく往来していたようである。 ※長岡への托鉢も繁くなったのではないか ※良寛、この頃、長岡（渡里町）の「ますや」本間三郎兵衛家を訪ねたようである。

一八〇九（文化六）52	・亀田鵬斎、五合庵の良寛を訪ね、良寛の草書作品を嘆賞する。 ※この後に、鵬斎は長岡を訪ね、「上州屋」の看板字を書きかえたと考えられる。（さらに、巻菱湖、富川大塊が書き直して、四大書家の字が残された）
(12)	・貞心尼、乳母に連れられ柏崎に行き、日本海を眺め感動。この景勝の地で読書消日し、学問したきものという。
一八一四（文化十一）57 (17)	・貞心尼、北魚沼郡小出嶋（現魚沼市小出町）の医師、関長温に嫁ぐ。「字を書き、読書して」いたといわれる。
一八一七（文化十四）60	・良寛、乙子神社の草庵へ移る。（詩、歌、書の良寛調、確立時代）
一八一九（文政二）62	・良寛、国上寺を参詣した長岡藩主九代 牧野忠精《ただきよ》と会う。忠精、良寛を招く。「焚くほどは風が持てくる落ち葉かな」の句で断る。 ※良寛、この頃から長岡・河井秋紀家（同心町）を訪ね、宿泊・交流したようである。詩「訪聴松庵」を残した。

一八二〇（文政三）⑵③ 63	・貞心尼、三月頃、夫・関 長温と離縁し、長岡の生家へ戻る。
一八二一（文政四）(24) 64	・柏崎在下宿《しもじゅく》の閻《えん》王寺で剃髪し、尼僧生活に入る。眼竜尼、心竜尼の弟子になり「貞心尼」の名を受く。
一八二六（文政九）(29) 69	・貞心尼、春、長岡福島閻魔堂へ来る。 ・良寛、晩秋、三島郡島崎村（現長岡市）能登屋木村元右衛門の別舎に移住。
一八二七（文政十）(30) 70	・貞心尼、四月、木村家を訪ね、歌と手まりを置く。 ・良寛、寺泊照明寺密蔵院に滞在。夏、木村家に帰り、貞心尼の歌と手まりをみて返信。 ・秋、木村家で良寛と貞心尼が初めて会う。（歌を交わす） ・関 長温、小出嶋にて死亡。 ・河井継之助、正月元日、河井代右衛門秋紀（一二〇石）・貞子の長男として長岡（同心町）で誕生。
一八二八（文政十一）(31) 71	・良寛、初夏に長岡福島の閻魔堂へ、貞心尼を訪ねる。筒場の大丹那、安藤林泉を訪ねる。
一八二九（文政十二）(32) 72	・良寛、貞心尼と歌を応答する。 ・二人共、雁島の稲川惟清翁と深い交流があったようである。 ※この頃、良寛は長岡の各地を托鉢したと思われる。 ・長岡十日町善行寺第十二世観玄和尚（寛政生まれ）の歌、三か所を良寛が添削。さらに、詩「訪良観上人居地蔵堂釋観玄」を二十三字添削。 ※天保元年（一八三〇）地蔵堂中村家臥床中ではないか。 ・長岡宮内万休寺に良寛の「空也上人法語詩歌」の書が残っている。
一八三〇（文政十三・天保元）(33) 73	・良寛、与板で貞心尼らと歌を詠み合う。 ・十二月末、良寛危篤状態。貞心尼見舞う。

一八三一（天保二）(34) 74	・良寛、正月六日、貞心尼、由之、遍澄、木村元右衛門らに見守られ、永眠。
一八三五（天保六）(38)	・五月一日、貞心尼『蓮《はちす》の露《つゆ》』を完成。
一八三八（天保九）(41)	・長岡荒屋敷町廣井伝左衛門の娘（孝順尼）が六歳で貞心尼の弟子となる。（明治二十八年五月十七日没）
一八四一（天保十二）(44)	・貞心尼、三月、柏崎洞雲寺二十五世泰禅和尚に就いて得度を受け、釈迦堂の庵主となる。 ※この頃、貞心尼『もしほ草』（歌集）に〝水辺螢〟二首あり。
一八四四（天保十五）(47)	・城下の同心町火災、河井家類焼して長町に移った。
一八五三（安政元）(56)	・貞心尼、栃尾の富川大塊を訪ねた。 ※良寛もある時、富川家（草間家と親類）を訪ねたらしい。（玉木礼吉本）

一八五九（安政六）(62)	・五月十四日、長岡荒屋敷町高野治郎兵の娘（智譲尼）が八歳で貞心尼の弟子となる。（昭和七年十一月八日没、八十一歳） ・河井継之助、岡山県玉島円通寺（良寛修行の地）を訪ねる。（三十三歳『塵壺』）継之助は良寛を崇拝していた。継之助、一八六八年死去。
一八七二（明治五）(75)	・貞心尼、柏崎不求庵で死去。墓は洞雲寺。 ・河井秋紀（継之助の父）死去。
一九一四（大正三年）	・旧制長岡中学校教師、西郡久吾が『北越偉人沙門良寛全伝』を発刊。 ・山本五十六は海軍大学生時代以来、良寛を畏敬していた。
一九九七（平成九）	・関 長温の墓発見。（観音寺住職、山本哲成氏）

第五章

今、良寛さんを学ぶ

一、今を生きる良寛さんの人間性

良寛を全国的に紹介し、広め、良寛の人間性、人格を敬慕する素地を作った第一人者は相馬御風氏ではないでしょうか。

相馬御風氏は明治十六年に新潟県糸魚川市に生まれ、明治三十九年に、早稲田大学英文科を卒業しました。そして『早稲田文学』を舞台に、自然主義運動の中核として活躍し、早稲田大学の校歌「都の西北」を作詞し、二十九歳で早大講師を勤めました。しかし大正五年三十四歳の時『還元録』を出版し、東京における地位名声を捨てて郷里糸魚川へ帰り、終生良寛研究に傾倒致しました。

そして大正七年、三十六歳のとき、『大愚良寛』の大冊を刊行し、以後良寛研究を深め、二十数冊にのぼる研究書を刊行し、今日、広く子どもから大人に至るまで、その人柄が注目され、敬慕されております。

相馬御風氏は、昭和二十五年五月八日、脳出血のため、六十八歳で、生涯を閉じられました。

今を生きる良寛の人間性・人格を追求するきっかけとして、先ず相馬御風氏が一九三十年昭和五年五月六日に出雲崎・良寛堂で行われた「良寛一百年忌法要式辞」を紹介したいと思います。（旧字体）

×　×　×　×　×　×　×

相馬御風氏「良寛一百年忌法要式辞」

（相馬氏本『良寛百考』）

「今日こゝに良寛さまの一百年忌法要が嚴修されるにあたりまして、私も一言自分の思っていることを述べさせていただきます。今更申すまでもありませぬが、今や良寛さまの人格と藝術との輝きは日本国中に行きわたりました。そしてその貴い薫化がわが國民の心に年一年と深まりつゝあることが明かに觀取されるのであります。これはかねてから良寛さまを尊崇し、敬慕してまゐりました私達にとりましては、此上なく歡ばしい事であります。しかし又飜っておもひますと、後世の者共がよってたかって名高いえらい人にしてしまったことは、良寛さま御自身の御本意に添はないことであるかも知れません。或は良寛さま御自身は却てそれをうるさく感じておいでになるかも知れません。

尤も私達が良寛さまをお慕ひ申しますのは、決してたゞ無暗と良寛さまを偶像化して喜ぶやうな心からではありません。又かの所謂高僧とか大德とかいったやうな方々に對しますやうに、たゞ徒らに高いところへ祭り上げて、遠くの方から拜んでそれで滿足してゐるやうな心からでもありません。むしろそれとは反對に、どんな場合にでも（中略）、「おう、よう來た、よう來た」といって抱きあたゝめ淨めなごめてくださる此世での最もなつかしいお方として、幼な兒がその親を慕ふやうに、私達は良寛さまを、良寛さまの藝術をお慕ひ申してやまないのであります。

良寛さまの御生活についての話や良寛さまの歌や詩や書にはいつ接しましても、私達はあたゝかなすがく〳〵しい春風に吹かれながら、靜かにほがらかな鳥の聲に聽き入るやうなほがらかさと快さとを感じます。しかもそのほがらかさと快さとのうちにいつとなく又何といふことなしに、私達の心は微妙な安らかさと淸さとを恵まれるのであります。そしてそれによって私達のたましひはありがたい救ひにあづかってゐるのであります。こゝが私達にとりまして、昔から今までの多くのえらい人々の中で、最もなつかしい、類のない、したはしい救主として良寛さまが慕はずにゐられない所以であります。おそらく私達は此の地上での最後の呼吸の瞬間までも、かうした意味で良寛さまを慕ひつゞけることでありましょう。

大宗教家だとか、大學者だとか、又は大聖者だとかいったやうな尊稱を私達は良寛さまに奉らうとは思ひません。さういふ尊稱に値するやうなえらいお方は昔からかなり多くありました。しかし良寛さまのやうに宗教の淨さと高さと、藝術のあたゝかさと廣さとの微妙な渾融の世界を、身を以て私達に示現してくださったお方は極めて稀であると思ひます。そしてこの宗教と藝術との微妙な渾融の世界こそ、私達のあこがれてやまない浄土であり、良寛さまのやうな佛と人間との微妙な渾融を示した人格こそ、私達のあこがれてやまない人格なのであります。私達はかうした淨土人の生活をこの地上に示現してくださされたお方が、つひ百年前まで私達と同じくこの越後の郷土に住んでおいでになったことを思ひますと、何ともいへない貴いいき〳〵とした感激にうたれずに居られないのであります。

今こゝに良寛さまのお生れになったお家の跡に立って、いにしへに變らぬありそ海とむかひに見える佐渡の島とに對しながらしみじみと良寛さまを偲びまつるに當りましても、多くの人々の心は貴い靜かな歡びに充たされてゐることでありませう。

願くば今日のこの渇仰の純情を胸に漲らせた人々の集まりに際し、在天の靈しばらく此土に下りまして、人々の心の耳に「おう、よう來た、よう來た。」といふ一言だけでもおかけくださいますやうに、更に又もろ〳〵の生の惱みに充ち〳〵ている今の此世の大衆の心に、ますます貴い薫化をお恵みくださいますやうに祈念止まない次第であります」

相馬御風氏の式辞は、まさに一貫して良寛の人となり、人格、人間らしさを、今の此の世の私たちに与えて下さったものと受けとめたいと思います。とりわけ次の二点の部分を再掲し、良寛の人間像に心を寄せてみたいと思います。

〈第二〉「良寛さまのように宗教の浄さと高さと芸術のあたたかさとの微妙な渾融の世界を身を以て私達に示現してくださったお方は極めて稀であると思います」と。

相馬御風氏著『渡辺秀英校註大愚良寛』の冒頭に渡辺秀英氏は次のように述べておられます。「御風もいうごとく、〝宗教的自修の生活に入るべく努力し〟良寛を人間的に追求している書はほかに求めることはできない。人間究明の叫ばれる昨今において」『大愚良寛』をじっくり読むことを強調しておられます。相馬御風氏が良寛を人間的に追求していることを指摘しているように、今こそ人間究明のために良寛の人間性・人格を学ぶべきてあることが強調されているものと思います。

〈第二〉「そして、この宗教と芸術との微妙な渾融な世界こそ、私達のあこがれてやまない浄土であり、又良寛さまのような仏と人間との微妙な渾融を示した人格こそ、私たちがあこがれてやまない人格なのであります」と。

この「良寛百年忌法要式辞」の内容は、相馬御風氏が帰郷後、良寛研究十五年目であり、良寛の人格に深い関心と理解を示されたものと考えられます。

相馬御風氏はその著書『大愚良寛』に「良寛は一個の隠遁者《いんとん》であった」と言い、「而も斯の如き韜晦《とうかい》的、隠遁《いんとん》的、回避的生活裡《り》に没頭していた彼の如き人格とその芸術とが、今日の吾々の心胸にしかく切実なる響を伝うるのは、そもそもこれ何故であるか」と疑問を投げかけておられました。でも「今日良寛の光輝がしかく広い世間に認められるに至ったのは、良寛その人の人格は兎《と》に角、その詩と歌と書との非凡な力によるのであると思うかも知れない」と言いながら次のように自らの思いをはっきり述べております。「良寛の芸術は決して普通人の所謂《いわゆる》芸術ではなかった。彼れの芸術は、――詩も歌も書も――凡て之れ良寛その人の人格の表現に外ならなかったのである。良寛の詩も歌も書も、凡てかれの人格と生活とを外にしては到底あり得なかったところのものである。随って、良寛の芸術に対する尊崇は、同時に良寛その人の人格と生活とに対する尊崇でなければならず、彼の芸術から受けるところのものは、悉《ことごと》く彼の人格と生活とから受けるところのものに外ならぬものがある」と。

相馬氏自身は、良寛の芸術＝詩も歌も書も＝彼の人格と生活そのものであり、良寛の人格と生活から彼の芸術として表現されているものと考えます。

こう述べながらも、相馬氏はこの項の最後に次のような疑問を投げかけております。「併し、私は重ねて自ら問はう。現代の人心は良寛に向って何を求めなければならぬか。そも〳〵又良寛が現代の人心に向って与うるところのものは何であるかと」

しかし、相馬氏はその後十二年間の研究を経過し、良寛百回忌法要式辞に際して、次のように良寛が現代の人心に向って与えうるものを示しております。

良寛は、宗教の浄さと高さと芸術のあたたかさとの微妙な渾融を身を以て私達に示現してくれたと言い、その示現した良寛の人格こそ、現代の私たちがあこがれてやまない人格であるというのではないでしょうか。

良寛の人格が、その生活を通して、良寛の芸術に表現され、詩と歌と書によって良寛の人間性・人格を知ることができるものと考えます。

私には良寛の〝書〟は十分に読めません。しかし、例えば良寛の書いた「般若心経」を見ることによって、そしてそれを読経することによって、良寛の温かな人間味に通ずる愛慕の心がにじむような気がします。良寛の歌の心に触れ、詩の思想を理解することによって、良寛の人間性・人格への畏敬の念が心の奥深く湧いてくるようです。

今、良寛を学ぶことは、今を生きる良寛の人間性・人格の探求となっているのでしょうか。現今の人それぞれの心での生き方で、求める特性の違いはあるでしょうが、良寛の人間性・人格を彼の詩歌書を通して学ぶことを求め続ける努力によってこそ、おのおのの人生の幸せに結びついていくものと信じます。

川端康成氏『美しい日本の私』（講談社）

（「ノーベル文学賞受賞記念講演」）（一九六八年 昭和四十三年十二月十日）

（前略）道元の歌「春は花夏ほととぎす秋は月冬雪さえて冷《すず》しかりけり」のあとに次のように話しております。

『別の古人の似た歌の一つ、僧良寛（一七五八年—一八三一年）の辞世、

形見とて何か残さん春は花
　山ほととぎす秋はもみぢ葉

これも道元の歌と同じやうに、ありきたりの事柄とありふれた言葉を、ためらひもなく、と言ふよりも、ことさらもとめて、連《つら》ねて重ねるうちに、日本の真髄を伝へたのであります。まして、良寛の歌は辞世です。

霞立つ永き春日《はるひ》を子供らと
　手毬《てまり》つきつつこの日暮らしつ

風は清し月はさやけしいざ共に
　踊り明かさむ老いの名残りに

世の中にまじらぬとにはあらねども
　ひとり遊びぞ我はまされる

これらの歌のやうな心と暮らし、草の庵《いほり》に住み、粗衣をまとひ、野道をさまよひ歩いては、子供と遊び、農夫と語り、信教と文学との深さを、むづかしい話にはしないで「和顔愛語《わげんあいご》」の無垢な言行とし、しかも詩歌と書風と共に江戸後期、十八世紀の終りから十九世紀の始め、日本の近代の俗習を超脱、古代の高雅に通達して、現代の日本でもその書と詩歌をはなはだ貴ばれてゐる良寛、その人の辞世が、自分は形見に残すものはなにも持たぬし、なにも残せるとは思はぬが、自分の死後も自然はなほ美しい、これがただ自分のこの世に残す形見になってくれるだろう、という歌であったのです。日本古来の心情がこもってゐるとともに、良寛の宗教の心も聞える歌です。

いついつと待ちにし人は来りけり
　今は相見てなにか思はん

このやうな愛の歌も良寛にあって、私の好きな歌ですが、老衰の加はった六十八歳の良寛は、二十九歳の若い尼、貞心とめぐりあって、うるはしい愛にめぐまれます。永遠の女性にめぐりあへたよろこびの歌とも、待ちわびた愛人が来てくれたよろこびの歌とも取れます。「今は相見てなにか思はん」が素直に満ちてゐます。

良寛は七十四歳で死にました。私の小説『雪国』と同じ雪国の越後、つまり、シベリアから日本海を渡って来る寒風に真向ひの、裏日本の北国、今の新潟県に生まれて、生涯をその雪国に過ごしたのでしたが、老い衰へて死の近いのを知った、そして心がさとりに澄み渡ってゐた、この詩僧の「末期《まつご》の眼」には辞世にある、雪国の自然がなほ美しく映ったであろうと思ひます』（以下略）

×　×　×　×　×　×

相馬御風氏の「式辞」に見られる良寛の生活と芸術、そして人格への思いに感銘しながら、川端康成氏のノーベル文学賞受賞記念の講演で、良寛の人間像を世界の人々に向かって語ったことに一段と大きな感動を胸に奥深く刻み込まざるを得ませんでした。

とりわけ、川端氏が、「美しい日本の私」を語るのに、良寛が最も尊敬して止まなかった道元の歌のあとに、良寛の歌を取り上げていることに大きな意義を感じます。そして川端氏は良寛の辞世の歌「形見とて…」は「日本の真髄を伝えたのであります」と言っております。さらには「霞立つ永き春日を子供らと…」の歌で子供らとの遊びを語っております。

そして「風は清し…」では農夫と語り、さらには「世の中にまじらぬとには…」では、信教と文学との深さを語っております。まさに、良寛の人間らしい生活の温良な姿が、彼の厳正な座禅によるさとり、厳しい書と歌と詩の探求から生み出されていることを、むずかしく言わないで、良寛らしい笑顔、愛語として言い表わしていることを伝えております。

そして「現代の日本でもその書と詩歌をはなはだ貴ばれてゐる良寛、その人の辞世が、自分は形見に残すものはなにも持たぬし、なにも残せるとは思はぬが、自分の死後も自然はなほ美しい、これがただ自分のこの世に残す形見になってくれるだろう」と歌い、このような永遠なる自然の動きを尊重するところこそ「日本古来の心情がこもっているとともに、良寛の宗教の心も聞える歌です」と美しく世界の人々に語りかけているのではないでしょうか。

そして、晩年の良寛が、同じ越後（新潟県長岡市）出身の若い貞心尼（二十九歳）とのうるはしい愛の歌を交わし、永遠の女性に会えた喜びを前述の「いついつと…」と歌い、待ちわびた人間愛の喜びに満ちく〜ている澄み渡ったさとりの心を語り伝えております。

川端康成氏はまさに、良寛こそは、日本古来の心情の人であり、日本の真髄を伝えている人であると言っているのです。そして今を生きる良寛の人間性・人格を世界の人々に語っているのです。

×　×　×　×　×　×　×

〈今を生きる良寛さんの人間性〉

自らの人間としての自覚のために良寛研究に努めた相馬御風氏。そして「美しい日本の私」と題してノーベル賞受賞記念講演で、世界の人々に向かい紹介した川端康成氏の、良寛の人間性・人格に対する考え方を述べて参りました。

これら二人の良寛の人間性の探求や啓蒙は偉大であります。さらにはこれらの研究の背景となる地道な良寛の人間性探求の資料の収集に努められた人達がおりますことを忘れてはなりません。

相馬御風氏の著『大愚良寛』に校註を加えた渡辺秀英氏（昭和五年新潟師範卒、新潟大学講師）は、いみじくも次のように述べております。「良寛を人間的に追求している書はほかに求めることはできない。人間究明の叫ばれる昨今において、ダイジェスト的な考えをすて、じっくり座禅する気持で本書に向ったなら必ずや得るところが多いことと思う」と。

このように相馬御風氏を評価する渡辺氏は自ら『良寛詩集』『良寛歌集』そして『良寛出家考』をはじめ、良寛の生活の地を訪ね、そこに建つ碑五十七を解説した『いしぶみ良寛』の著書を書かれております。相馬氏の『大愚良寛』の校註は、渡辺氏自身の良寛の人間性探求の諸要素が含まれており、良寛研究や、人間性理解の「良寛事典」となっていると考えます。渡辺氏は、『大愚良寛』の〝はじめ〟に次のように書かれています。「御風さんが最初に来た時ですか。端的にいえば、西郡《にしごおり》さんの良寛伝（『北越偉人　沙門良寛全伝』）をよく勉強してきたというだけでしょう」と。これは、「まだその当時は若いながら関係深い家におられた原田勘平翁の感想である」と述べています。

ここに示しました西郡久吾氏は明治二十年に新潟師範学校を卒業し、長岡中学の教師を勤め、生涯をかけて良寛研究に尽し、その資料の収集に努め『北越偉人　沙門良寛全伝』の大著をまとめました。原田勘平氏は、明治四十年に新潟師範学校を卒業し、良寛の生活した地域の小学校長を歴任し、生涯、良寛研究に没頭しました。『良寛詩集』『良寛遺墨集』『良寛雑話』などが残されております。さらに原田勘平氏は、明治四十年に同時に新潟師範学校を卒業した大島花束氏と昭和八年に『訳注良寛詩集』の共著を出版し、岩波文庫として第十五刷が発行されるほどのベストセラーとなり、良寛詩の愛読者が激増したと評価されております。大島花束氏の『良寛全集』が昭和三十三年に発行され、良寛の人間性の探求に欠かせない重要な資料を包含した貴重な研究書として現在でも「大島氏本」の愛称のもとに多くの人々に注目されております。

大島氏は『全集』の「はしがき」に「どこまでもゆがめられない心性をもって、本當にかゝわる所なくすなおにいつわらず、人間の道をたどった人がないであろうかと長年月の間たずねて居た。そしてその人を良寛に見出だしたのである。全世界において比類のないまで、明らかで豊かで深くて親しみのある良寛その人が、本書に盛られた藝術と生活とから幾分でも世に傳えることができればこの上もない編者の満足である」と。

良寛こそは真の人間の道をたどった人であることを見出して、彼自身の芸術と生活からその人間性の探求ができるという大島氏の良寛研究への態度と、資料収集への情熱には只々敬服するのみでありま す。そして、氏はこの『全集』の刊行に当っては、「良寛さまの研究者原田勘平氏がその蘊蓄を傾けて、新資料の提供、史實の考證に力を盡して下されたことは編者の感謝しておかない所である」とも述べています。

二人の人間的な結びつきから生れたこの全集のすばらしさに心を向け、良寛の人間性、人格の探求に役立てることのできることを声高らかに言いたい気持ちでいっぱいです。そしてこの二人は、良寛の生活した地域に教員として勤め、良寛の出入りしていた家々と親しく、多くの良寛資料の紹介に努めていたものと考えられます。大島氏は大正八年に三島郡出雲崎尋常小学校に勤められ、良寛生誕の出雲崎にあって、良寛研究に深く努められたといわれております。

良寛の芸術について、大島氏と原田氏の考え方を述べてみたいと思います。

大島氏の『全集』に次のような記述があります。

「良寛の藝術は或は浄業の餘事であったかも知れぬけれども生活そのものであった。遊戯でなくて眞劍であった。人の生活から取り放した藝術も宗教もない。宗教も藝術も皆人の生活に依って来た、同じい生活の様式でなければならぬ。特に良寛の藝術も宗教もそうであった」と。そして、良寛の詩や歌、そして書において、日本、中国の古典等の人の心をかりて自分を伸ばそうとしたことを具体的に述べています。さらに、良寛は詩、歌に彼の心生活から表現されたものであり、その心を動かす力を与えたものは彼自身の書であったのだと思います。そして、良寛の書が、草書や仮名書きにおいて、その妙を示しているのは、良寛の人間性、人格にふさわしいものであると述べていることは極めて意味深いものがあると考えます。良寛の生活と芸術について、原田勘平氏の見方、考え方も極めて、深いものがあります。原田氏の著『良寛雑話』に次のような記述があります。

　良寛の歌の内容について、「一、和尚の生活から流れたもので。二、人間に親しみ、人情にあつい風格が表現されている。三、喜怒哀楽を赤裸々にまる出しにしています。四、自然の移りかわりに対するあこがれと深い理解が見えます。五、教訓的な歌は、絶無ではありませぬが、至って僅かであります」と。

　良寛の詩の内容について、「一、禅の悟りの境地を述べたもの。二、僧侶や民衆の堕落を慨嘆したもの。三、空想を詠んだもの。四、意気を述べたもの。五、友人知己と応酬したもの。六、仏の教えに感謝を表したもの。七、自然の叙景」と。

　さらに、「良寛の習った書の手本は仮名では主として小野道風の秋萩帖を習い、初期には尊円親王の御家流も習っていたようです。中国の漢字については、王羲之の蘭亭序、十七帖、喪乱帖、懐素の自叙帖、孫過庭《そんかてい》の書譜、貞白の瘞鶴銘の記録が、書簡に残っております。いずれの古典の手習いも五合庵の生活が落ちついてからであり、毎日、菩薩の行乞に徹していたことから、晩秋から冬にかけて托鉢に出られない時期に行われていたようであります」と。また原田氏によれば、「和尚は、書家の書をきらいました。併し以上のような手本について、真面目に手習をしました。和尚とて初めの頃は稚拙でした。人間にみがきがかかると共に書にみがきがかかって、いわゆる〝天機の運ぶ所、雲行水流、電撃風驚、竜躍鶴舞、前に前なく、後に後なく曠古以来の一人〟者となったのです」と記述されております。原田氏の指摘されている如く、良寛の芸術は、彼自身の生活そのものからにじみ出たものであり、人間としての親しみや人情に満ちた風格が表現されているものと言えるのではないでしょうか。

　良寛の芸術について、大島氏も、原田氏も禅の修行と共に、彼自身の生活そのものであったことに共通した指摘が深く感じられます。

そして、良寛自身の人間性、人格が一日一日の生活の実態から、宗教的修行と、詩歌及び書の芸術への取り組みが相まって、真面目な手習の積み重ねによって身についていったものと考えます。原田氏の指摘のように、良寛も初めの頃は稚拙であったけれども、人間にみがきがかかって芸術性も高まり、良寛自身のような人間性・人格が相まって高まっていったのだとする考え方に深く心打たれるものがあります。このような二人の考え方によって良寛自身の人間性、人格の理解の深まりが今の私達への大きな影響のあることに深く心するものがあることを大切にしなければなりません。

大島氏、原田氏の良寛研究をさらに私たちに体系的に示してくれたのは、現新潟市内野町出身であり、前述の相馬御風氏の『大愚良寛』の校註を果たされた渡辺秀英氏の良寛への人間性・人格への考え方をもう少し深めてみる必要があります。渡辺氏の『良寛歌集』の「良寛の歌の特色」について次のような見出しがあります。

「⑴天来の歌人だった。⑵文学的の天分は父系にある。⑶禅の修行によって錬成された。⑷天真爛漫で明るい。⑸万物に対して愛情深かった。⑹万葉調で序詞・枕詞が多い。⑺五七調と七五調が混合している」そして氏の『良寛詩集』に、「良寛詩について」解良栄重は〝師が平生の行状、詩歌中に具在す〟(『良寛禅師奇話』)とあるように、良寛の詩歌はその生活の表現である。思想や自然観照の内容を知るためには詩を読まねばならぬ」と。さらに詩風について「生活の諷詠が主となるだけに、宗教人として当時の宗教界を描き、また批判し、その本質論にもふれている」ことを指摘し、「寺院や教壇をもたなかった良寛としては、その宗教活動をここに求めるほかはなかったのである」と明言し、良寛の詩歌に対する考え方を見事に整理して、今の私たちにその特性を示しております。

さらに、今を生きる良寛の人間性、人格を学ぶために、渡辺秀英氏以後の良寛研究家の二氏についてどうしても述べておきたいと思います。

そのうちの一人は、谷川敏朗氏であります。氏は新潟県白根市の生まれで、東北大学文学部を卒業され、新潟県内の高校教育に勤め、歌人として良寛研究に生涯、尽されました。『良寛伝記年譜文献目録』の編集に当たり、自ら『良寛の生涯と逸話』を出版されました。そして良寛研究一覧をまとめると共に、良寛の日常生活の様子がにじむ、書簡を調べ、『良寛書簡集』をまとめられたことが、まさに良寛の人間性・人格を知り学ぶための資料として、注目しなければなりません。

谷川氏は、その著『良寛の生涯と逸話』の〝あとがき〟に次のように記述してあります。「良寛はどんな人であったか。それは、もちろん会ったわけではないし、今後も会えるわけがないから、体験を通しては分からない。しかし、かりに良寛が再びこの世に姿を現わしたとしたらどうであろう。何か恐ろしくて、近づけなくなるのではなかろうか。

宗教に、芸術に、学問に、またそれらを通した人間性の偉大性に圧倒されて、こちらがどうにもならなくなってしまいそうだ。

ところで、同じ越後の土地に立って、良寛が踏みなれた大地、仰ぎ見た山々、あるいは良寛の感触が、まだ残っているのではないかと思われる木々に接すると、一種の懐しさと同時に、心の清まるような思いが湧いてくる。

この書を作るにあたり、本当にたくさんの書のお世話になり、多くの方々から教えて戴いた。また良寛ゆかりの土地土地で、親切なもてなしを受け、昼食まで熱心にすすめられた。誠に善意の有難さを深く感じた」（以下略。傍点は筆者）

何とすばらしいあとがきでしょう。谷川氏が、今になって良寛と会って、人間対人間として、心を打ち明けて、話し合っている姿が見えるようではありませんか。良寛研究者であり、文学、詩歌を身につけている谷川氏が、今の私たちが、良寛の人間性・人格に憧れて止まない心情を代表して言ってくれているような気持ちにさせられます。

「天上大風」茂木弘次作ブロンズ像

もう一人は、新潟大学名誉教授であり、書家として良寛研究に励まれている加藤僖一氏であります。加藤氏は、末尾の「良寛」参考文献にありますように、書家の立場から、良寛書の研究を深め、世に紹介し、啓蒙に努められております。そして、ずっと新潟大学教育学部で、教育者育成の貴重な職責を果たされました。全国良寛会の重責を負われ、『良寛』誌発行の大黒柱でありました。新潟大学教育学部総会の記念にあたり、全国良寛会会誌第二号に「新潟大学に建立された良寛像」と題されて次のように記述されております。

「(前略) それを記念して、学部の同窓会、後援会、改築委員会の皆さんが、良寛のブロンズ像を寄贈して下さいました。(写真参照) ―(中略)―製作者は、良寛像にかけてはわが国の第一人者であられる分水町の茂木弘次氏。〝良寛ブロンズ像〟『天上大風』―良寛と凧を持つ村童―〟というタイトルが示す通り、良寛が子供の凧に『天上大風』の四字を書いてやったという逸話にもとづき、構想されています。

即ち子供が凧を持って坐っています。良寛は左手に矢立てを持ち、これから文字を書こうとしているところです。全国に数多く建てられている良寛像でも、こういう構図の像は全く前例がなく、さだめし評判を呼ぶことと思われます。契約では等身大だったのを、茂木氏が自ら費用を持ち出して一・三倍にと大きくされ、台石を含めると三メートルを超す巨像となりました。茂木氏の作品の中でも、これまでで最大の良寛像だということです。

二年近い歳月をかけ、心血をそそいで制作にあたられた、芸術家としての信念と良心に私は深く心を打たれます。

私は思いもかけず、台座の文字の揮毫を依頼されました。良寛さまに叱られぬよう、茂木氏の作品を台無しにせぬよう、一生懸命書いたつもりです。

―中略―。

落成記念事業のモットーとなった〝良寛さんのように清く、温かく、素直で、おおらかに〟の精神が、教職員や学生の中に浸透するよう、期待してやみません。

新潟大学は開かれた大学です。囲いもなければ門番もいません。このすばらしい良寛像をぜひ見にお出で下さい」と。

私は何度か、母校の庭に立つ此の「天上大風」の良寛像を見に行きました。子どもを愛する良寛の心、良寛の人間性・人格に心を向ける良寛像作成者の茂木氏の心、そして台座に「天上大風」の揮毫をした加藤氏の心が一つに結集された良寛像を見る度びにしみじみと感無量の心境にさせられます。今を生きる良寛の人間性・人格に触れることのできる像と思われます。

加藤氏は、その著『良寛と禅師奇話』に、良寛の人間性について次のように要約しております。「自我を捨てた無欲な人、純粋で正直で人を疑うことを知らない人、愛情が豊かで思いやりがあり、感動の心を持っていた人。

詩・歌・書等のすぐれた芸術活動をし、最も日本人らしい日本人だった人。独処草庵、終生粗食、生涯身をもって禅の修行を貫いた人」と。

また、歴史研究家宮栄二氏はその著『良寛墨蹟探訪』に「良寛の書は表現する内容と書法と、素材とが緊密に一体化し、その人の全人格が流露した書である」と述べております。さらに、歌人の吉野秀雄氏はその著『良寛和尚の人と歌』に「常に真実をもって人に迫り、温雅によって人を包み、真実は彼の生活から出ており、温雅は彼の人間の発露であります」と記述しております。

さらに、唐木順三氏はその著『良寛』に、「最も日本人らしい日本人」と述べ、栗田勇氏もその著『良寛入門』に「良寛さんの生き方こそ日本人の心のふるさと」であると記述しています。

×　×　×　×　×

私が、具体的に良寛の人間性・人格に着目したのは、四十歳の頃、良寛の生誕地、新潟県三島郡出雲崎町の西越中学校及び統合出雲崎中学校に勤める機会を得た頃からであります。

その頃、数名の先輩が町内に在住し、いろ〳〵の角度から良寛研究を続けておられました。私が最初に最も心に残った良寛書は、吉野秀雄氏の『良寛和尚の人と歌』でありました。

座右の書として繰り返し読み、良寛の人間像に感銘し、その人間性の探求へ興味関心が展開して参りました。そのうちに、解良栄重の『良寛禅師奇話』に、良寛は「温良にして厳正」であることを知り、人間の生きる目的という観点からいろ〳〵の角度より心を寄せるようになりました。

日常の生活で、他に対しては温良であるように見られる良寛という人間は、内面にどのような心を持っていたのでしょうか。決してなまやさしい心ではなかったのではないでしょうか。そのために、自らの内面に対し、どう立ち向かいその形成のためにどんな努力をしていたのでしょうか。そして、そのような努力をすることによって人生を幸せに生きることができるのかについて一層、心を寄せるようになりました。

二、幸せに生きる心

㈠「人はその人と《人格》なりによってのみ幸福たりうる」

―Man is happy by what he is.―

これは、私が昭和二十四年に新潟大学受験の参考書にあった、「英文解釈」の問題文の一例であります。なぜか今までの人生の上で脳裏から離れない貴重な内容であります。これは私自身、学校教育にたずさわった人生の上で、常に教育の目的と併せて人生観として持ち続けていたように思われます。

人生における幸福は、人の誠実なる努力に存するものと考えて参りました。従って自己の人格形成に努力する過程にこそ幸福感を味わうことができ、生きる喜びを持つことができると考えました。

教育の目的は、人格の形成にあります。人が幸福であるのは、自己の人格形成によるものでありますから、教育は人が互いに幸福を求めて努力する営みでもあります。

例えば、小学校・中学校教育を職とする教師は、児童生徒の人格形成に努めなければなりません。そのためには、教師自身、自己の人格形成に努めるという生き方に徹する必要がありますし、そのことが教師としての自分の人生における幸福であると考えております。（（註）拙著、『学校の教育目標』より）

㈡自然を愛し、人間を愛する心

良寛の人間性・人格を〝温良にして厳正〟と考えて参りました。その根拠を、良寛の生活の様相、詩歌や書、書簡その他の資料を少々再現し、まとめてみたいと思います。

良寛の生きる姿は、自然を愛し、人間を愛する心の表われと思われます。良寛の生活は人間と自然とのかかわりにその興味が向いており、その自然は、やさしく美しい自然であったようです。そして人間と美しく結び合う和やかな自然であったのではないでしょうか。そのように考えますと良寛は自然を愛し、自然の流れに呼応し、自然の変化に従う自然主義の考え方をしっかり持って生活していたものと考えてよいのではないでしょうか。
良寛の人間性・人格は、日々の生活において、彼自身の自然愛・人間愛の心のにじんだ姿として見えるものと考えます。その事実を表わす詩歌等のいくつかから再掲して見てみましょう。

形見とて何か残さん春は花
　山ほととぎす秋はもみぢ葉（自然を形見に）
花は無心にして蝶を招き　蝶は無心にして
花を尋ぬ　花開く時蝶来り　蝶来る時
花開く　吾れもまた人を知らず　人もまた
吾れを知らず　知らずして帝の則に従う
（自然法爾、自然主義）
災難に逢う時節には災難に逢うがよく候。
死ぬ時節には死ぬがよく候。是はこれ災難をのが
るる妙法にて候（運命、自然随順主義）
「自然《じねん》」「法爾《ほうに》」（書、碑、与板町蓮正寺）
いにしへに変はらぬものはありそみと
向ひに見ゆる佐渡の島なり（母への愛）
月よみの光を待ちてかへりませ
山路は栗のいがの多きに（友人への愛）
風は清し月はさやけしいざ共に
踊り明かさむ老いの名残りに（隣人愛）
世の中にまじらぬとにはあらねども
ひとり遊びぞ我はまされる（社会と個人）
山かげの岩間を伝ふ苔水の
かすかに我はすみわたるかも（自然のなかの私）
冬ごもり春さり来れば飯乞ふと　草の庵をたち出
でて　里にいゆけばたまぼこの　道のちまたに子ど
もらが今を春べと手まりつく　ひふみよいむな　汝《な》
がつけば吾《あ》はうたひ　あがつけば汝《な》はうたひ　つき
て歌ひて霞立つ　長き春日を暮しつるかも
霞立つ長き春日を子どもらと
　手まりつきつつ今日もくらしつ
この宮の森の木下《こした》に子どもらと
手まりつきつつこの日くらしつ

この里に手まりつきつつ子どもらと
遊ぶ春日は暮れずともよし（子どもらと手まり）

いざ子ども山べに行かむ菫《すみれ》見に
明日さへ散らば如何にせむとか
（自然の中に一体化した心）

日々日々又日々
閒《のど》かに児童を伴《ともな》って此の身を送る。袖裏の毬子両三箇　無能飽酔《ほうすい》す太平の春
（子どもらへの愛と手まりへの執着）

師常ニ黙々トシテ、動作閑雅ニシテ、餘有ルガ如シ。心廣ケレバ體ユタカ也トハコノ言ナラン

師常ニ酒ヲ好ム。シカリト云ドモ、量ヲ超エテ酔狂ニ至ルヲ見ズ。又田父野翁ヲ云ハズ、銭ヲ出シ合ツテ酒ヲ買イ呑ムコトヲ好ム。汝一杯吾一杯、其杯ノ数多少ナカラシム

師余ガ家ニ信宿（二、三日泊）ヲ重ヌ。上下自ラ和睦シ、和気家ニ充チ、帰り去ルト云ドモ数日ノ内人自ラ和ス。師ト語ルコト一夕スレバ、胸襟《きょうきん》清キコトヲ覚《おぼ》ユ。師更ニ内外ノ経文ヲ説キ、善ヲ勧《すす》ムルニモアラズ。或ハ厨下《ちゅうか》ニツキテ火ヲ焼キ、或ハ正堂ニ坐禅ス。其話詩文ニワタラズ、道義ニ不及優游《およばずゆうゆう》トシテ名状スベキコトナシ。只道徳ノ人ヲ化スルノミ

師神気内ニ充ケテ秀発ス。其ノ形容神仙ノ如シ。長大ニシテ清癯《せいく》、隆準《りゅうじゅん》ニシテ鳳眼《ほうがん》、温良ニシテ厳《げん》正《せい》、一点香火ノ気ナシ（略）
（温良にして厳正）
（『良寛禅師奇話』より）

師常に手まりをもてあそびたまうとききて

これぞこの仏の道にあそびつつつくやつきせぬみ
法《のり》なるらむ
（貞心）

つきてみよひふみよいむなやここのとを十とおさ
めてまたはじまるを
（良寛）

君にかく逢い見ることのうれしさもまださめやら
ぬ夢かとぞ思ふ
（貞心）

夢の世にかつまどろみて夢をまたかたるも夢もそ
れがまにまに
（良寛）

梓弓《あずさゆみ》春になりなば草の庵をとく訪いてまし逢いたきものを　（良寛）

いついつと待ちにし人は来りけり今はあひ見て何か思はむ　（良寛）

（『蓮の露』より晩年の恋心）

いかにせむまなびの道も恋ぐさのしげりていまは文見るもうし　（貞心）

いかにせんうしにあせすとおもひしも恋のおもにを今はつみけり　（良寛）

（〝恋学問妨〟貞心尼直筆の懐紙、昭和三十三年発見）

××××××

以上、良寛の自然愛・人間愛の詩歌、奇話等を敢えて再掲し、良寛の人間性・人格について、〝温良にして厳正〟という仮設のもと、良寛の生涯を通しての検証に努めて参りました。

良寛は幼き頃より論語等の漢字を身につけ家の立場の継承につくはずでありました。しかし、青年に至りて、自らの性格を自覚し、宗教への心に目覚め、仏教に身を投じ、出家の道を選んで、岡山玉島円通寺で十年余り、国仙和尚のもとで禅の修行に励みました。その後、「印可の偈」を受け、自らを試すべく数年間諸国行脚に徹し、自らの将来への信念を確立し、故郷に帰り、国上山の山麓の草庵生活に入り、座禅と托鉢に徹する生涯を過ごしました。その間に、自らの生活からにじむ人生の諸様相を詩歌及び書に残しました。

良寛がどんな人であったのかは、関心を持って目を向ければ向けるほど、深味がありすぎて近づくことをゆるされません。

それにしても、宗教の心を根底とした生活の偉大さ、詩歌書の芸術や、書簡等に残された人間性・人格の表現のすばらしさに驚くばかりの価値あるものが残されております。

越後の大自然の土地に生きた良寛の真の人間性・人格やその表現された芸術の一端でもいただき、身につけて自らの人生の糧にさせてもらいたいものと思います。

解良栄重が、その『良寛禅師奇話』に良寛は「温良ニシテ厳正」であると記述していることに焦点を当て、謙虚に良寛の人間性・人格に心を向けてみたいものであります。

「形見とて…」の歌で自然そのものを形見として残したいと言い、「花は無心にして…」の詩で、花と蝶と人は互いに無心に自然の法則に従って生きていることを示唆しております。そして「死ぬ時節には死ぬがよく候、是はこれ災難をのがるる妙法にて候」と述べております。良寛は自然主義に徹し、自然随順の心で生活していたのです。

良寛が自然を愛して生活したのは、彼の仏教に対する考え方や、座禅や托鉢による修行の行為に根づいていたものと思われます。

良寛の生家は真言宗であり、禅寺に出家し、禅宗の修行に徹し、最後は浄土真宗に心を寄せ、その墓は浄土真宗の寺にあります。まさに無宗派で通して仏教の真理に徹し、自然の法則に随って生を全うしたものと考えられます。

第二章で「良寛と空海の出家に思う」で述べたように、良寛の生家が真言宗であり、空海の出家の動機等との類似性を思うとき、空海の修行の影響が心に根づいていたように思われます。

さらに良寛は一切衆生に仏性を認め、修行時代には社会奉仕に心を向けていたようであり、宗派を超えて、生涯を通して慈悲と寛容の生き方を全うしたことを私たちに示してくれたのです。

仏教者良寛は内心に厳しさを持ち、只管打座、托鉢行脚、山中草庵での生涯修行に徹した清らかな人間の魂を、温良な生活の姿として、私たちに示してくれたのです。

良寛は自然への愛とともに、人間への美しい愛の生活を歌っています。母や兄弟への愛、友人、隣人等への愛が歌われております。

とりわけ、純真な子どもの姿に良寛の心はひかれ、逸話や詩歌に残されております。良寛の持つ嚢の中には数個の毬が入っておりました。良寛は子ども達と手毬遊び、かくれんぼ、かごめ遊びに興じました。良寛は子ども心になり切ったと言われますが、素直で純真さを保ち得た点では、確かに童心を持っていたと言えますが、全く子どもの心に帰っていたわけではないようです。子どもと同時限に立っていたというよりは、子どもの自我を包み込み、いつも慈しみを持って接していたものと考えられます。

良寛は、「温良ニシテ厳正」と言われていますように、相手に優しく、自己には大変厳しい人でありました。だから良寛にとって子どもたちと遊ぶのは、自己への厳しさ、修行における一時的な休息であり、慰めの面があったのかも知れません。

だから子どもたちと遊ぶ姿は良寛の一面の姿であって、決して良寛の生活の中心であったのではあり得なかったのではないでしょうか。良寛は子どもたちの世界に没入したと共に、心の癒しの世界に没入したのかも知れません。

その上に良寛は、浪漫的な性格を持っていたと考えられる面もありますし、子どもだけでなく、すべてのものに対して、限りなくいたわりや思いやりの心で接していたものと考えます。

㈢　努力の人＝人間良寛さんを学ぼう

良寛の書について、原田勘平氏はいみじくも「和尚とて初めの頃は稚拙でした。それが、人間にみがきがかかると共に書にみがきがかかって」きたと言っております。（傍点筆者）

「人間にみがきがかかる」ということは、良寛の人間性・人格の形成が高まることを意味しているのではないでしょうか。人間にみがきがかかると共に書にみがきがかかるとは、まさに、「書は人なり」を意味するように思われます。

良寛の書のすぐれているのは恵まれた天分に因ることは勿論でしょうが、断えざる努力精進の結果といわねばなりません。稚拙であった書が、人間に磨きがかかると共に書に磨きがかかるということは良寛自身の努力精進によるものです。

良寛の生き方、人生観の根底は幼ない頃に芽生えていたように思います。大島花束氏の『良寛全集』に次のような口碑があります。

「年端もゆかない榮藏が讀書瞑想を唯一の楽しみとして家にばかり籠っていることは、母の喜びでもあり又憂いでもあった。

むせ〱とする晝の熱気もおさまって、町に涼しい夕風の渡る頃であった。幾組かの男女が異様ないでたちをして、出雲崎おけさを亂調子に唱いながら家の前を通った。それが又寄り合って辻々で盆踊りをしていた。母に散策を勸められた榮藏は浮かない顔をして黙って母の前を退いた。街に赤い盆提灯がついた時分、母が庭から裏木戸へ行こうと思ってふと見ると傍の石燈籠の蔭に怪しい人影がある。大に驚き夜盗の忍び入ったものと早合點して、薙刀を提げて近づいて來て見れば、論語一巻を手にして讀書三昧に入っている我が子榮藏であった」（傍点筆者）

良寛の性格や生き方には母秀子（おのぶ）の精神的な影響によるものがあるのではないでしょうか。

母の妹二人が尼僧であり、母の姉妹は信仰心が篤

「月下の読書」こしの千涯画

かった家に育ち、母自身、養子にきた山本家の菩提寺円明院であったことから、母自身、真言宗の深い信者であったことは十分に考えられます。

母親は、賢母であり、慈母であったといわれております。わが子栄蔵には、人間性豊かな人に育ってもらいたいと思っていたに違いありません。他の若者が盆踊りに興じているのに栄蔵は石燈籠の蔭で論語に読み耽っている姿を見て複雑な境地になっていたものと想像されます。町の若者達の中へ入って積極的に踊りに興じてもらいたい気持ちもあったでしょう。けれども栄蔵は生まれつき、優しく穏やかな性格であり、その上に名主の家柄に生まれたということから名主見習役として自らの生き方を規制しているように見えていたかも知れません。

いずれにしても、良寛は幼少の頃には、論語を学ぶ機会を持ち、その中から自らの生き方を考えていたものと思います。生来の穏かな心と名主の家柄を継がねばならないという立場に複雑な心境を持たざるを得ない境遇にあったものと思われます。

良寛は、学問を好み論語等をしっかり学び自らの生き方の指針としていたことは事実であったと考えます。七十四歳までの生涯の経緯は、論語の「吾十有五にして学に志す…」に影響されているように推測したくなります。

栄蔵は、名主見習役の時代には処世的手腕のなさに悲観し、人生とは果して何ぞやと内心強く考え続けていたのではないかと想像し得るようです。

そのようなとき、母の慈愛の心に救われていた様子が、「出家の歌」にある母の熟視や母への誓いから想像できます。

家柄の立場から論語のような堅い書物を読まねばならなかった日常から脱却して、求道への内心の高まりは、母の心の慈愛の情の影響によるものと思われます。

母の真言宗への信仰の心や日常の生活態度からにじむ慈愛のことば、更には、真言宗開祖空海についての話しは栄蔵に与えられていたように想像できないでしょうか。第二章に「良寛と空海の出家に思

「馬之助へ涙の戒め」こしの千涯画

う」として述べましたように考えてみたくなります。

　良寛には、益々求道の心が生長し、出家して宗教に身を投ずることが自らの人生の生き方であると、確信するようになったものと信じます。

　また良寛の人間性・人格に象徴される青壮年時代の口碑が、同じく大島花束氏の『良寛全集』に記録されております。

「五合庵に居った時代かと思われるが、生家橘屋の世嗣馬之助（良寛の甥）が放蕩をして困るので、その母（由之の妻）から頼まれて意見のために出掛けたことがあった。しかし彼れは三日も泊ったけれども別に何も言わない。そしてそのまま暇を告げることにした。立ち際に馬之助を呼んで草鞋《わらじ》の紐を結んでくれと頼んだ。馬之助の母はここで何か意見をして呉れるものと思って衝立の後に立って見て居た。馬之助は今日に限って妙なことをされると思ったが頼まれるままに草鞋の紐を結んで居た。すると、その襟元の所へ冷たいものが落ちた。びっくりして見上げると良寛が涙の目をしばたたいて自分を見つめている。彼は、はっと思った。良寛はやをら身を起して無言のままに立ち去った」

　良寛は幼少の頃に論語のような堅い書物をじっくり読む日常を過ごし、さらに彼自身の内部の要求に迫られ、求道の心は生長して、宗教に身を投ずることにより自らの生き方を仏門に帰したように思われます。そして光照寺玄乗破了の許に走り、さらに二十二歳の時玉島円通寺の師家大忍国仙の許で禅の修行を経て、三十三歳の頃「印可の偈《げ》」を与えられ、数年間諸国行脚の旅を続けました。その間ずっと自身に課した沈黙の充実に目覚め、黙々と修行に耐え続け、自らの真理追求の生き方を身につけ、透徹した人間性・人格を形成したものと信じます。（傍点筆者）

良寛が、生家橘屋の世嗣馬之助の放蕩への戒しめに、草鞋の紐を結んでいる襟元へ涙を落し、しばたたいて馬之助をじっと見つめていたというのです。そして良寛は沈黙して、無言のまま立ち去ったというのです。戒しめのことばを発しないで、涙で戒しめ、さとす良寛の仕草に、彼自身の人間性・人格が見えるように思われます。まさに、この沈黙と涙の行動は、良寛の宗教に身を投じた内部からの要求に迫られ、積極的に求道の情熱を燃やした彼自身の全体的な人間像の具現と思います。

五合庵生活以後の良寛は、この沈黙に徹し、真理追求の座禅、托鉢の苦行に励み、自らの人間性・人格を内心深く無意識に透徹し、高めて人生を歩んでいたのです。こうして良寛は、さらには、その生きる姿を、詩、和歌、そして書に価値高き芸術の足跡をのこし、その心境は益々円熟して人間良寛の姿を世にうつし出していたものと信じます。

高神覚昇師の『般若心経講義』（昭和二十七年発行、角川書店）に次のような記述があります。

「教育や宗教の先生は、古今の聖賢が、身体で書かれた聖典を、十分に心でよみ、身で読んで〝人格〟を磨き、その磨いた人格によって、他人の心の病を治療するのです」と。

さらに、医学と医師について次のように述べています。

「古来〝医は仁術〟。医術の極意は、結局、仁です。慈悲です。宗教的愛です。天下の医師たるものは、すべからく観の眼、心の目を養わねばなりません。そして医学より医術へさらに、医術より医道へのコースへ辿《たど》ってほしいと思います。古来、仏陀《ほとけ》のことを〝医王〟と申しておりますが、〝満天下の医師《せんせい》たちよ。すみやかに医王《ほとけ》となれ〟と。医者とはりっぱな人格者です。教育家や宗教家は、ぜひとも、この〝人格《ひとがら》〟を目的《めあて》とせねばなりません」と。

放蕩者馬之助に、敢えて自分の草鞋の紐を結ばせ、襟元へ沈黙して涙を落し、じっと彼を見つめてそのまま立ち去った良寛の行為を何と考えればよいでしょうか。一時放蕩に身をくずしていた馬之助は、これによって、ハッと我にかえり、以後放蕩の生活が改められ、良寛に抱きつき、改心する事を誓ったといわれています。

良寛の馬之助に与えた感化は何を意味するのでしょうか。良寛は、幼少年時代には、論語のような堅苦しい儒教によって自らの人生の生き方に集中し、青壮年時代には仏門による厳しい求道の心を生き方とし、積極的に宗教への情熱を燃やして修行に努めたものと思われます。この間、約二十年間、伝記における空白の時代に、良寛は自分自身に沈黙の充実を課して修行を続けていたのです。良寛の永い諸国行脚では草を枕とする漂泊であったようです。その間、草庵に黙坐して悟りの心境を一層深め、沈黙して人に接し、難行苦行の真理追求に徹して自らの内心に厳しく立ち向かい、他人に対する穏やかな応対の姿を身につけていったようです。その事実の一つに、先にも述べたように良寛が四国、土佐の国での手記が、江戸の国学者近藤万丈によって残されております。

「おのれ万丈、よはひいと若かりしむかし、土佐の国へ行きしとき、城下より三里ばかりこなたにて、雨いたう降り日さへ暮れぬ。道より二丁ばかり右の山の麓に、いぶせき庵の見えけるを、行きて宿乞ひけるに、色青く面やせたる僧のひとり炬をかこみ居しが、食ふべきものもなく、風ふせぐふすまもあらばこそといふ。雨だにしのぎ侍《はべ》らば何をか求むとて、強ひてやどかりて、小夜更くるまで相対して炉をかこみ居るに、此僧初めにものいひしより後は、ひとこともいはず、座禅するにもあらず、眠るにもあらず、口のうちに念仏唱ふるにもあらず、何やら物語てもただ微笑するばかりにて有しにぞ、おのれおもふにこは狂人ならめと」…（下略）。

これは、まさに良寛の諸国行脚の修行時代の生活の実態を伝える姿そのものであり、自らに課した沈黙の修行の充実を示しているものと信じます。このような沈黙の長い旅の修行はまさに良寛にとって、悟後にもう一度娑婆の世界に出て実際生活の中で煮詰めていく聖胎長養の長い旅であったのでしょう。さらには、良寛はかねてより尊敬し傾倒していた芭蕉の「わび」「さび」という美意識が沈黙の生活の旅から内心深く磨かれ、自らの人間性・人格の高まりとなったものと考えられます。

さて、良寛が、沈黙と涙によって馬之助の放蕩の生活を改めさせたことにもう一度振り返ってみたいと思います。

高神覚昇師は、教育家や宗教家はぜひとも人格を目的とせねばならず、人格を磨き、その磨いた人格によって他人の心の病を治すことができると言っております。良寛が自らの人間性、人格によって、その沈黙と涙で馬之助の心を改めさせたことを思い合せてみると、良寛こそは、偉大な教育家、宗教家であり、医王であったと言えるのではないでしょうか。

良寛の戒語に「言葉は惜しみ惜しみいふべし」と言い、「にくき心を持ちてしかる」ことのないようにと言い、彼は感情の表出を抑えた穏やかな人柄でありました。だから誰とも分けへだてなく平らかな心で人と接し得られたものと思います。だから子どもたちとも素直に遊び、地域の人達とも平等につき合いができ、広く信頼される人間として見られていたものと思われます。

良寛は帰郷後、終身、修行の生き方に徹し、一寺も持たず、全生涯をかけて乞食草庵生活を続け、その地を懐しの郷里山川の自然に勝るところはなく、故山のうちでも国上山こそ彼の理想境といたしました。五合庵や乙子神社脇の草庵生活で、座禅、托鉢の修行を通して、老後長養大成の心境を味わい、自らの人生の生きがいを感じていたものと思います。

×　×　×　×　×　×

以上の如く、良寛は偉大な宗教家であり、徳の高い人でありました。さらに良寛は、生涯かけて、歌と詩と、そして書の芸術を愛好し、山中草庵の生活から彼独自の芸術を生み出したのです。私達が、現在、良寛という人間を理解し得るのは、彼が歌と詩と書の芸術を残してくれたからであります。

　良寛の山中草庵生活での座禅と托鉢による宗教的真へのたゆみない修行と、その背景のもとに、芸術としての美の探求に努め、その表現に一生を賭し、自らの人間性、人格の錬磨を続けたのです。（「第三章」参照）

　解良栄重が、その『奇話』に、良寛は「温良にして厳正」な人だと記述しておりますように、良寛の芸術は、彼の生活からにじみ出ており、彼の人間性・人格そのものの表現であると思います。その上に彼の芸術は素人の余技などではなく、遠い世の古人の滋味を汲みとって自らの個性を極めたものと崇敬いたします。（「第三章・芸術生活関連図」参照）

　今でも、国上山の「五合庵」を訪ねて、「良寛さん」と声をかけますときっと「よう来た」「よう来た」と、奥深い、暖かい心で迎えて下さるような気がします。良寛さんの地を訪ねて五十年。敢えて「良寛さん」と呼ぶことをおゆるしいただき、私なりに次のようにその人間性・人格についてまとめさせていただきますことをお認め下さいますようお願い申上げます。次のように五つの観点から述べてみたいと思います。

××××××

〈努力の人＝人間良寛さん〉

※その一

　良寛さんは幼少年時代に、大森子陽の塾に通って論語を中心として、漢学、漢詩を学ぶ機会を得て、人間としての基本的な生き方を身につける生活に努力した人であると思います。

※その二、

　良寛さんは青年時代に、内心よりおさえ難い求道の情熱で、宗教に身を投ずる以外に自らの生き方はないことを自覚し、大忍国仙和尚に得度をうけ、備中玉島の円通寺で、禅の修行に励み、「印可の偈」

を受け、さらにその宗教性を試し、深めるために諸国行脚し自分自身の人間形成を確立する生活に努力した人であると思います。

※その三、

良寛さんは四十歳近くに帰郷し、越後の大自然の美しさに感動し、生涯、草庵生活を通して、座禅と托鉢の修行に徹し、寺を持たず、終生ぎりぎりの粗食を貫き、人への愛を尽くし、平らかな心で生き抜く生活に努力した人であると思います。

※その四、

良寛さんは生来の芸術性に恵まれ、生活即芸術の心を身につけ、詩歌や書の探求に努め、たゆみなく古典への憧れを持ち、その研究、錬成の心に燃え、自らの個性豊かな、価値高き芸術生活に努力した人であると思います。

※その五

良寛さんは終生無邪気な子どもたちとの手まり遊びなどの深遠な心情を楽しみ、他人に対しては温良に、自らに対しては厳正なる人間性・人格を高め、無心な愛の生活を実践し、自分なりの幸せな人生を全うすることに努力して生きた人であると思います。

× × × × × ×

〈良寛さんを学ぶ〉

(A)良寛さんの『般若心経』

私は、二十歳代に、父、母を亡くし、檀家の住職さんより、父母に捧げる経として、『般若心経』の経本をいただき、可能な限り毎朝読誦したらどうですかと教えていただきました。以来、紆余曲折はありましたが、高齢になりました今に至るまで、在宅の日には、読誦することを何となく続けております。

私の手元に折本仕立ての『般若心経』一巻があります。明治二十六年冬に高橋泥舟氏が跋文を書いている良寛の「心経」の遺墨です。後尾に、「戟彦拝観」、「原田勘平拝鑑」との鑑定が記されております。確か私が、四十歳代の初めの頃、出雲崎駅前の書店で求めたと記憶しております。

原田勘平氏はその著『良寛雑話』に「筆先がせん細で妍美、筆画にリズムがあります」と述べ、さらに「良寛は、よく書こうとか、美しく書こうとかいう作為のない人で、気分のおもむくまま自然に筆を運んだ人ですから、或る時は弱く、或る時は強くなったのでしょう」と記述しております。

また加藤僖一氏は、その著『良寛の名筆』に、「前半は細身の線がピリピリとよくきき、文字のゆがみも自然であり、褚遂良的な匂いが強い。中程の十五・十六・十七行めあたりは虞世南風が加味され、いくぶん線の太さを増している。後半は再び細身となり、線に軽快な動きが出てくる」とし、さらに「本作はかなり華やかな変化に富み、筆の運びがすこぶる技巧的だといえよう」といわれています。

このお二人のご意見から、私なりに思いますことは、良寛の『般若心経』の遺墨は、彼自身の書の表現が、技術的な面からも、心の表われからも、良寛自身の人間性・人格がにじみ出ている書であるといえるのではないでしょうか。私自身、此の良寛さんの『般若心経』と相対するとき、良寛さんの人間性・人格を深く思う心境になっているような気がいたします。

良寛さんの『般若心経』の筆跡をじっくり見ますと、誠に一点一画をゆるがせにしておりません。筆の入れ方、線のひき方、その止め方が実に確実に書かれているのです。驚くほど基本に忠実な楷書で書かれているのです。

良寛さんの『般若心経』を開き、その書きぶりに接すると、その謹厳さに圧倒されるような気持ちにさせられます。

良寛さんの多くの詩に「騰々兀々」という語がよくみられます。何事にも囚われない自由な境地と、山のように動かないかたち、座禅の姿を示しているのです。良寛さんの写経には気持ちのおもむくままに筆を運んだ面と、座禅によって錬磨された山のような不動の魂のこもった文字の書きぶりが見られるのだと思います。良寛さんの人間性・人格が、その『般若心経』の写経文字に良寛さん独自の「温良にして厳正」なものとして示現されているように思われます。良寛さんの『般若心経』と対面し、読誦して良寛さんにあやかれることに人生の幸せを感じております。

(B)臨書への心

私は幸い幼ないころから書を書くことが好きでありました。確か戦時中から、戦後の師範学校に在学していた頃、習字の時間に、欧陽詢の『九成宮醴泉《れいせん》銘《めい》』をお手本に習いました。寄宿舎生活でしたので、友と競って、一日に半紙二十枚書いてみようと約束して、けなげな気持ちになって夜おそくまで競って書いたことがありました。

後日、良寛さんの書のすぐれていることを知るようになり、お手本に書いてみようと考え臨書したことがありました。でも、特色のある良寛さんの書はとても書けません。そこで良寛さんが書かれた古法帖のあることを知り、せめて、良寛さんの書かれた古典に着目して臨書を続けてみようと思いました。私自身が好んで臨書したものと良寛さんの臨書された古典と関連しているものをあげてみたいと思います。

王羲之（『蘭亭序』『十七帖』『集字聖教序』『楽毅論』）

智永（『真草千字文』）

虞世南（『孔子廟堂碑』）

欧陽詢（『皇甫府君碑』『九成宮醴《れい》泉銘』）

褚遂良（『雁塔聖教序』『孟法師碑』）

孫過程（『書譜』）

顔真卿（『争座位稿』）

懐素（『自叙帖』『草書千字文』）

×　×　×

伝小野道風筆（『秋萩帖』）

良寛さんの臨書された古法帖は他にも多種あります。良寛さんは、五合庵に住まわれてから手習に打ち込まれたと言われております。

鈴木文台氏は、良寛さんの練習の様子を次のように述べています。

「上人、禅脱の余、尤も墨戯を好む。余、弱年、嘗つて其の草庵にいたる。机上、石硯禿筆、五六十張、皆な漆の如し。双鉤《そうこう》の自叙一巻あり、嗜好の篤きを見るべし」と。

紙が漆のようにまっ黒にうずまるまで書きつくすほどに錬成している姿が見えるようです。そして、良寛さんは、雨、雪の降らないときは、毎日、菩薩行乞に徹していたことから、晩秋から冬にかけて托鉢のできない頃に書の手習いの修練に励んだようであります。

良寛さんは、古典をくり返し臨書し、基本的な書法を広く、深く学ぶことに徹し、原帖の書き方や、その深い心を乗り越え、良寛さん自身の個性的な書を創り上げたのではないでしょうか。

良寛さんの人間性・人格が今を生きる私達に与える価値あるものとして学びたくなるような、彼の書へ取り組む臨書での錬成の姿に憧れるものでありま す。良寛さんは無意識のうちに、人生における、日々の生活において、臨書へのきびしい生活を通して、価値ある芸術性を身につけていったのでしょう。苦しい臨書への取り組みの努力が、その芸術性の高まりによって自らの人生の美しい人間の幸せな心を身につけていったのではないでしょうか。そしてその美しい幸せな心が、外に対してはおだやかな姿と見えていたように思われてなりません。

もう少し臨書に対する良寛さんの人間力の大きさに着目してみたいと思います。良寛さんとて、決してはじめから書をうまく書けたわけではないと思います。断えざる努力精進の結果であり、自らの人間性・人格にみがきがかかると共に、曠古以来の第一人者といわれるほどにうまくなったものと思います。

それにしても、良寛さんはどうしてこんな古典の書に着目できたのでしょうか。例えば良寛さんの書は一見して、特に懐素の草書『自叙帖』や、伝小野道風筆の『秋萩帖』に着目して臨書し、学んだことは明確にうなずけます。このような着目のよさは、良寛さんの生来の非凡な能力からのものでしょうか。あるいは、この古典としての価値を認めて、長い臨書への積み重ねの経験から、良寛自身の個性的な秀れた書風を創り上げたものでしょうか。いずれにしても、やはり良寛さんの非凡な天性とたゆまぬ錬成への努力の一体化と考えねばならないと思います。

良寛さんの人間像をその人間性・人格という立場から、「温良にして厳正」な姿としていろ〳〵な面からとらえようと努めて参りました。さらに、この「温良にして厳正」な人間像を、良寛さんの書を通して私なりの思いをむすびとして述べることをおゆるしいただきたいと思います。

良寛さんの臨書への長い取り組みの生活には何かの変遷があったのではないかと思います。始めの頃から王羲之の書の臨書に心を寄せ、その楷書、行書の基本をずっと継続していたように思われます。生涯、王羲之の書への憧れを持ち続け、自分を知り、愛し、他を知り、敬すると共に、広くは、大自然の流れの恵みを大切にし、日々の生活の行為を通して、自らの生きる憧れを伸ばし続けていたような気がしてなりません。

さらに良寛さんは、自らの心の憧れが加わり、道風のかなの『秋萩帖』や、懐素の草書の『自敍帖』への臨書に向き、学び、習い続けていったように考えられないでしょうか。

勿論、これだけに限ったわけではなく、楷書の褚遂良の『雁塔聖教序』や、懐素の『草書千字文』等の幅広い臨書に心を向けたことはいうまでもございません。

良寛さんのこのような内容の臨書に憧れましたのは、決してこれらの人を真似るためではなく、その心をかりて、自分の心を伸ばそうとしたものであったものと思われます。

良寛さんの遺墨をみると、かなにおける道風の書に憧れ、草書における懐素の書に励むことによって良寛さん自身の個性に満ちた独特の終始一貫した書風の確立が果されていることに共感させられます。

良寛の芸術は、彼の心生活から、歌や詩に、にじみ出ているものと思われますが、その心を動かしているエネルギーの源泉は彼の書であるように思われます。良寛さんの臨書への取り組みの構えが、楷書より、草書や仮名書きへと変遷しているように見えるのは、まさに彼自身の人間性・人格の磨きの高まりによるものであり、その書の妙を極めているのは彼自身の「温良にして厳正」な人間像のしからしむるものであると信じます。

　良寛さんの生きた越後の大自然には、大河信濃川が、騰々として物を言わずに流れております。さらに越後の原に、弥彦、角田、そして国上の三山が兀々として立ち並び、物を蔵するが如く静かに彼を迎え入れていたのです。

　良寛さんの生涯は自身の心生活を営む、美しい大自然の大河や山々に囲まれて生きていたのです。

　良寛さんは「温良にして厳正」な心をもち、日々の生活、即、書、詩、歌の芸術の錬成に努め、自らの人間性、人格の形成に努力することによって幸せな人生を生き抜いた人であると思います。

散る桜　残る桜も　散る桜

この句は良寛さんが辞世のことばとして残したものといわれております。

　桜の生命は散っても春がくればまた咲いてくるのです。人間も大自然の因縁の計らいで永遠《とわ》に生き続けていくのです。良寛さんの永遠の生命にあやかって私たちも大自然の中で永遠に生きる心をもちたいものと思います。

　書けば書くほどに良寛さんの心はわからなくなります。幸い手元にあります新潟大学教授岡村鉄琴氏の「良寛顕彰山脈の人々」と題する記念講演の要旨の一部を紹介させていただきます。

「微風に体を任せる自然体の歩みばかりでなく、不屈の強靭な意志を良寛に思うときがある。頑愚を通り越し、歪んだ内面性すらをもである。山居生活は人を避けたり世を厭離《おんり》しようとしたものではないことが、詩歌を読めば気付くのだが、やはり孤独の生活は自己に沈潜する精神を増長したに違いない。研ぎ澄まされた孤高の精神から良寛の書芸術は生み出されたもので、当然人に左右されるものではなかった。」と。(「良寛顕彰山脈を中心に」平成25年10月20日記念講演会)

良寛さんは「温良にして厳正」な人間性、人格の人として幸せに生きた人であります。

これからも、良寛さんの書かれた『般若心経』に対面し、読経を通して、その心を味わい、少しでも良寛さんの人間性、人格に思いを致し、その幸せに生きる心を学んでいきたいものと思います。

さらに、自身の健康の許す限り、良寛さんの遺墨をたゆみなく鑑賞する機会を持つと共に、良寛さんの挑まれた古典書の臨書を続け楽しみたいものです。

とりわけ、私自身の心の向く、王羲之の『蘭亭』と、良寛さんも関心を寄せていたと思われる弘法大師空海の『風信帖』の臨書に筆を向け続ける人生を歩みたいものと考えております。この二人の書に打ち込むことを通し、岡村鉄琴氏のいわれる良寛さんの「研ぎ澄まされた孤高の精神から良寛の書芸術は生み出されたもの」に着目し、臨書への努力を通して良寛さんの人生の幸せに生きる心を味わい、私自身の幸せに生きる心としたいものと願っております。

越後平野を流れる大河・信濃川と良寛三山(小林春規・版画)

あとがき

私が「良寛さん」を知ったのは、絵本や、物語りで子どもたちと遊んでいるお坊さんであるということからであります。あたかも四十歳から四年間、良寛さん生誕の地出雲崎町の中学校に勤務して、「良寛さん」への興味・関心が深まりました。

とりわけ、解良栄重氏の『良寛禅師奇話』を知り、良寛さんが「温良ニシテ厳正」な人間であることに深く感銘し、その人間性・人格を追求してみたくなりました。

「温良厳正」という人間性・人格の面から、生涯、芸術を通して、多くの研究者、とりわけ私自身の知り得る先輩の身近かな研究に着目し、自分自身の人生におけるあり方、生き方の糧としたいものと考えました。

けれども、良寛さんの人間性・人格は、知れば知るほど、深いものがあり、わからないことが増すばかりでした。

でも私自身の人生における幸せを考えるために、良寛さんの人間性・人格の一端でもいただき、目覚める光りを得たいものと思い続けて参りました。

同じ越後をこよなく愛した自然の姿を実感できる地を可能な限り訪ね、良寛さんが味わった幸せな心境に思いを馳せ、自らへの励ましとなる事実に接することに心の清まる思いが湧いてくることを嬉しく思い続けることができました。

それにしましても、この書をまとめるためにたくさんの方々の貴重な書や研究物にお世話になり、多くの方々から教え導いていただきましたことに深く感謝し、至らぬ多くの失礼に対し、深くお詫び申上げます。

特にこの出版にあたり、考古堂書店の柳本雄司様からたくさんの写真をいただくと共に、身に余るご教導・ご配慮に深く感謝し、厚く御礼を申し上げます。

終りに、いろいろな不備の点をおゆるし下され、御教示いただければ幸いであります。

温良にして厳正―たくはつ良寛像（長岡市和島・隆泉寺）

「良寛」参考文献 ―順不同―

〈書　名〉	〈著者名〉	〈発行所〉
北越偉人 沙門良寛全傳	西郡久吾	
解題	渡辺秀英	象山社
良寛全集	大島花束	新元社
大愚良寛（複刻校註版）	相馬御風	考古堂
良寛百考	相馬御風	有峰書店
良寛を語る	相馬御風	有峰書店
良寛と貞心	相馬御風	考古堂
良寛伝記年譜文献目録	谷川敏朗	野島出版
良寛の生涯と逸話	谷川敏朗	野島出版
良寛と禅師奇話	加藤僖一	考古堂
良寛と貞心尼	加藤僖一	考古堂
良寛―日本人のこころ	加藤僖一	玉川大学出版
良寛入門	加藤僖一	新潟日報事業社
良寛百科	加藤僖一	新潟日報事業社
良寛和尚の人と歌	吉野秀雄	彌生書房

良寛・歌と生涯　吉野秀雄　筑摩書房

良寛研究論集　宮　栄二　象山社

良寛学入門　共著六名　名著刊行会

書道芸術・良寛（第二十巻）　中田勇次郎 編　中央公論社

良寛詩集　渡辺秀英　木耳社

良寛歌集　渡辺秀英　木耳社

良寛の偈と正法眼蔵　中村宗一　誠信書房

正法眼蔵　禅文化学院 編　誠信書房

良寛雑話　原田勘平　北洋印刷

良寛出家考　渡辺秀英　考古堂

良寛　唐木順三　筑摩書房

良寛　石田吉貞　塙書房

良寛詩集譯　飯田利行　大法輪閣

大愚良寛の風光　飯田利行　国書刊行会

良寛　東郷豊治　東京創元社

良寛全集　東郷豊治　東京創元社

良寛論考　谷川敏朗　新潟日報事業社

良寛修行と玉島　玉島良寛研究会　考古堂

良寛へのアプローチ　三輪健司　野島出版
人間良寛　三輪健司　恒文社
良寛―逸話でつづる生涯　安藤英男　りくえつ刊
良寛の思想と精神風土　長谷川洋三　早稲田大学出版部
良寛　水上　勉　中央公論社
良寛を歩く　水上　勉　日本放送出版協会
ある日の良寛さま　森　正隆　探究社
良寛　竹村牧男　廣済堂
良寛の詩と道元禅　竹村牧男　大蔵出版
良寛入門　栗田　勇　祥伝社
貞心尼物語　田村甚三郎　木耳社刊
良寛の道　平沢一郎　東京書籍
良寛の人間像　市川忠夫　煥乎堂
良寛　宮　榮二　三彩社
良寛　田中圭一　三一書房
良寛（上下）　井本農一　講談社
良寛（漢詩でよむ生涯）　柳田聖山　ＮＨＫ出版
沙門良寛　柳田聖山　人文書院

日本の禅語録　二十良寛　入矢義高　講談社
良寛遊戯　北川省一　アディン書房
良寛その大愚の生涯　北川省一　東京白川書院
良寛・米沢道中の目的　川内芳夫　考古堂
聖良寛と玉島　森脇正之　倉敷市文化連盟
良寛書簡集　谷川敏朗 編　野島出版
良寛の旅　谷川敏朗　恒文社
良寛詩歌と書の世界　谷川敏朗　二玄社
良寛と相馬御風　加藤僖一　考古堂
良寛の書と風土　加藤僖一　考古堂
良寛の書と生涯　加藤僖一　考古堂
良寛の名筆　加藤僖一　考古堂
いしぶみ良寛　渡辺秀英　考古堂
良寛碑をたずねて　吉田行雄　旭光社
良寛の書の世界　小島正芳　恒文社
良寛と會津八一　小島正芳　新潟日報事業社
斎藤茂吉と良寛　伊藤宏見　新人物往来社
良寛の歌と貞心尼　伊藤宏見　新人物往来社

良寛禅師奇話　馬場信彦　野島出版
訳註良寛詩集　大島花束・原田勘平 訳註　岩波書店
河井継之助傳　今泉鐸次郎　目黒書店
長岡の歴史　今泉省三　野島出版
良寛禅師の生涯と信仰　羽賀順三　寿楽荘（長岡）
人間良寛の全貌　羽賀順三　考古堂
澄みゆく貞心尼（「長岡郷土史」二十号）　小林安治
良寛様と長岡（「長岡郷土史」十四・十五・十八・十九号）　十見定雄
良寛の愛弟子貞心尼と福島の歌碑　俵屋由助　長岡童話研究会
蓮の露（復刻版）　貞心尼　考古堂
良寛修行と玉島　玉島良寛研究会　考古堂
長岡市歴史事典　長岡市
学校の教育目標　中川幸次　新潟県立教育センター
栄中学校

著者略歴

1930年（昭和５年）５月　長岡市に生まれる
1948年（昭和23年）３月　新潟第一師範学校予科３年修了
1949年（昭和24年）３月　新潟第一師範学校本科１年修了
1951年（昭和26年）３月　新潟大学教育学部中学校教員科２年修了（長岡分校）
1991年（平成３年）３月　新潟県内教職40年間勤務、定年退職

（・書道師範（財団法人、日本書道教育学会）
・全国良寛会会員　・長岡良寛の会会員）

温良にして厳正　**良寛さん**　―幸せに生きる心―

2021年（令和３年）12月15日発行

著　者　中 川 幸 次
発行者　柳 本 和 貴
発行所　株式会社考古堂書店
〒951-8063
新潟市中央区古町４番町563
電話　025-229-4058

ISBN978-4-87499-896-0